KB274821

비교사회복지 제3집

복지국가 위기와 사회정책의 전망

한림대학교 사회복지연구소 편

한울

비교사회복지 제3집

복지국가 위기와 사회정책의 전망

한림대학교 사회복지연구소 편

▒ 머리말

전후 본격적으로 등장하기 시작한 복지국가체계가 현재 변신의 몸부림을 치고 있다. 1970년대 말 자본주의 경제의 침체와 함께 서구 복지국가에서 일기 시작한 복지국가의 위기 상황은 1990년대 중반인 현재에 이르러서도 이의 해결을 위한 명확한 대안을 발견하지 못하고 있다. 특히 신보수주의의 물결이 거세게 휘몰아치고 있는 현재의 상황에 비추어 보았을 때, 복지국가의 입지는 더욱 좁아질 가능성도 없지 않은 것이다.

현재 서구 복지국가에서 나타나고 있는 높은 실업률과 새로운 빈곤층의 등장, 저급한 복지급여 수준, 시장원리의 강조 등은 사회통합을 저해하고, 또한 평등과 자유 그리고 우애와 같은 사회복지체계의 주요한 가치틀을 훼손시키고 있다. 더욱이 이와 같은 현상들은 과거 40여 년 동안 복지국가가 이룩해놓은 사회적 성과에 관한 평가들을 왜곡시킬 위험성마저 강하게 내포하고 있는 것이다.

'복지혼합(welfare mix),' '민영화(privatization)' 등과 같은 사회복지체계에의 시장원리 도입으로 특징지어지는 신보수주의적 복지국가 재편과정에서 우리가 주목해야 할 부분은 변천의 기본논리 파악과 함께 사회복지체계의 변화 형태이다. 즉 복지국가의 위기가 자본주의 경제의 침체에 따른 자연스러운 결과인가 아니면 노동계급의 계급력 약화에 따른 결과인가? 또한 사회복지체계의 변화가 양적 측면에서만 나타나고 있는가 아니면 질적인 변화까지도 수반하고 있는가?

현재 진행되고 있는 복지국가의 재편과정에서 나타나고 있는 특징들은 예전의 보편주의 원칙과 사회적 적절성의 원칙에서 많이 후퇴하고 있는 것으로 평가된다. 이는 바로 복지원리의 약화와 시장원리의 도입 및 강화라는 사실과 직결된다고 볼 수 있다. 이러한 변화가 시장의 회복을 내세우고 있는 보수주의자들의 의도를 충족시켜 줄 수 있을는지는 앞으로의 추이를 좀더 살펴보아야 되겠지만, 현재까지의 결과를 보아 이를 낙관할 수만은 없는 상황이라고 하겠다.

이상과 같은 시대적 변화를 보면서, 한림대학교 사회복지연구소에서는 이번에 본 연구소 발간 전문학술지인 <비교사회복지> 제3집을 '복지국가 위기와 사회정책의 전망'이라는 특집주제로 잡아 발간하게 되었다. 이번의 제3집에서는 복지국가 위기론 등장 이후 서구 복지국가들의 복지국가 재편과정과 유럽통합에 따르는 사회정책의 전망, 한국사회의 사회복지체계 형성과 과제, 마지막으로 최근 관심이 집중되고 있는 조기퇴직제와 관련된 논문 등 8편의 논문을 수록하였다. 옥고를 실어주신 연구자 제위께 이 자리를 빌어 심심한 감사의 말씀을 드리고자 한다.

본 연구논문집이 나오기까지 원고정리와 교정에 힘써 준 한림대학교 사회복지연구소 김춘근 군과 사회복지학과 송정은 조교에게 감사의 뜻을 전하는 바이다. 또한 본 논문집의 발간을 흔쾌히 수락해 준 도서출판 한울의 김종수 사장님과 소재두 부장님 그리고 편집에 각고의 노력을 기울여 준 오현주 과장과 서영심 씨에게 다시 한 번 이 자리를 빌어 감사한 마음을 전하는 바이다.

1996년 10월

춘천 봉의산 자락에서

사회복지연구소장　최균

차례

차례

서구 사회보장의 위기와 한국 사회보장의 과제*

나병균
한림대 사회복지학과 교수

1. 문제제기

1) 연구의 목적

본 연구는 서구 사회보장의 위기와 관련한 사회보장의 철학적 논의를 시도함을 그 첫번째 목적으로 한다. 이 글의 전반부에서는 주로 사회보장의 원리의 문제와 관련된 필자의 사상체계를 정리하려고 한다. 나름대로의 이러한 시도는 사회보장의 기본원리와 제도 그리고 이들 존재의 사회적 가치를 찾아내는 데 그 궁극적 목적이 있다. 이는 위기의 국면에 처해 있는 서유럽 국가들의 사회보장제도들의 정당성을 변호하기 위한 것이다.

이 글의 두번째 목적은 서구 사회보장의 위기가 우리에게 주는 시사점을 찾아내는 것이다. 물론 서구 사회보장제도들이 당면하고 있는 과제 전부가 우리 사회보장의 과제라고 할 수는 없지만 위기의 내용에 대한 인과관계의 분석과 전문가들이 제시하는 서구 사회보장의 과제와 미래에 대한 예측은 사회보장제도의 정립단계에 있는 우리에게 시사하는 점이 적지 않을 것이다.

서유럽 국가들과 비교해보면 우리나라의 사회보장제도와 정책은 시작부터 전개과정에 이르기까지 파행적인 경로를 거쳐 오늘에 이르고 있다.

우리나라의 사회보장은 1960년대 초 제3공화국의 지배세력을 이루고 있었던 군부의 일방적인 제안에 의해 시작되고, 기술관료 집단에 의해 제도화되어 오늘에 이르렀다고 할 수 있다. 전개과정에서도 가입자들의 자치원칙에 기초한 정책결정 또는 운영보다는 정치적인 요인과 기술관료들의 행정적 의사결정 등에 의해 좌우된 경향이 크다. 그 결과, 현재 우리나라의 사회보장제도는 가

---

* 이 연구는 1993년도 한림대학교 교비 연구비 지원에 의하여 이루어졌음.

입자 집단인 국민들의 욕구에 민감하게 대응하지도 못하며 우리사회가 안고 있는 빈곤문제 등의 사회문제 해결에 효과적이라고 말하기도 어려운 실정이다. 오히려 국가에 의한 통제와 관리운영이 용이한 방향으로 발전해가고 있다. 예컨대 우리나라의 의료보험은 수지균형과 비용절약 등 의료보험 관리, 운영에서의 합리성을 지나치게 강조한 나머지 의료보험이 보험가입자들의 다양한 의료욕구에 어떻게 효과적으로 대응하느냐 하는 데 대한 공개적이고 민주적인 논의는 간과되고 있는 실정이다. 이러한 본말전도적 사회보장 논의는 사회보장의 운영과 보호기술의 발전에는 기여할지 모르나 사회보장을 민주적이고 가입자 중심의 제도로 발전시키는 데에는 아무런 도움도 되어 주지 못한다. 본고에서는 내적, 외적인 요인들로 인하여 위기 상황에 처한 서유럽 국가들의 사회보장제도들의 상황을 간결하게 정리해보고 이러한 어려운 상황을 타개하기 위해 어떤 방법이 있는지에 관해 살펴볼 것이다. 또한 사회정의와 인권의 보장 등 서구 사회보장제도의 기본적인 가치와 목표라 할 수 있는 내용들을 논리체계화 해 이로써 우리나라의 사회보장정책과 제도의 방향정립과 한국 사회보장 연구분야에 이론적으로 기여하는 것도 본 연구가 지향하는 바이다.

2) 서유럽 국가들의 사회보장제도들의 공통적 특성

(1) 사회적인 것과 경제적인 것 간의 조화와 균형

특히 최근 들어 해양오염의 문제가 우리사회의 심각한 사회문제로 대두되고 있다. 지난 8월 중순 여천 앞바다 유조선 좌초에 따른 기름 유출사고에 이어 비슷한 종류의 사고가 남해안에서 일어났다. 이들 사고들은 해안의 오염은 물론 어부들의 중대한 생계위협 요인으로 부각되고 있다. 남해안 지역 어민들과 사고를 낸 기업들 간에 보상을 둘러싼 실랑이가 점차 고조되고 있다. 이러한 피해자 집단과 가해자 집단의 이해관계의 갈등은 점차 고조될 전망이다.

남해안 임해 공업단지의 조성은 경제성장을 통한 국력배양이라는 국가목표의 달성을 위해 국가에 의해서 제안되고 실행되고 있는 사업이다. 공장건설과 제품의 생산과 유통은 국가적 차원에서 보면 국가 부의 증대와 고용의 창출이라는 실익을 가져다 주는 것이지만 공장 건설로 인한 인근 해안의 생태계의 변화는 인근 어민들의 생계를 위협하는 부작용을 가져오게 된다. 경제적 효율의 측면에서 본다면 임해공업단지의 조성에 따른 해양오염과 그에 따라 어민들이 입는 경제적 손실은 공업단지 건설이 가져다 주는 생산의 증대와 고용의 창출 등의 경제적 실익에 비하면 매우 사소한 것인지 모른다. 그러나 어민집단에게 어장의 오염과 황폐화는 당장의 생계에 치명적인 타격을 가져다 주는 중대한 사건이므로 임해공업단지의 건설에 무조건 찬성할 수는 없는 문제이다. 이처럼 개개인의 이해관계와 국가 사회 전체의 이해관계가 항상 일치하는 것은 아니며 이는 조화와 절충을 통해서만 해결될 수 있는 문제인 것이다.

사회보장의 발전에 관한 논의는 임해공업단지 건설을 둘러싸고 국가와 인근 지역 주민들이 벌이는 이해관계의 절충과정과 흡사한 성격을 지닌다. 사회보장제도는 가입자 집단의 사회적 기본욕구를 사회적 연대원칙에 기초해 해결한다. 이 점에서 사회보장제도는 무엇보다 먼저 사회적 성격을 띠는 제도임에 틀림없다. 그러나 전체로서 국가 사회보장체계는 국가경제의 능력 안에서 비용이 조달돼야 하고, 또 제도 안에서 수입과 지출이 균형을 이루는 건전재정이 보장되도록 설계, 운영돼야 한다. 이런 점에서 사회보장제도는 경제적 성격을 동시에 갖는 제도임에 틀림없다. 특히 우리나라의 경우 사회보장제도는 국가에 의해 제안되고 발전해왔기 때문에 위에서 언급한 제도로서 갖는 두 가지 성격 중에서 사회적인 것보다는 경제적인 것에 지나치게 강조점을 두어왔다. 그 결과 오늘날 우리의 사회보장의 논의는 재원조달과 수주균형이 유지되는 건전한 제도의 구축만이 강조되고 있을 뿐 가입자들의 사회보장 욕구에 밀착된 급여와 다양한 서비스를 어떻게 보장할 것이냐에 대한 논의는 간과되고 있다.

그러나 목표의 우선 순위에서 볼 때 가입자 집단의 사회적 욕구의 충족이라는 사회적 목표는 욕구충족에서의 국가집단의 생산성이나 경제적 효율과 관련된 거시적이고 고차원적 목표보다 본질적이고 일차적인 목표이며 따라서 국가집단의 목표에 우선하는 목표임에 틀림없다.

현재의 상태에서 사회보장이 추구하는 본질적이고 일차적인 목표라 할 수 있는 가입자 집단을 위한 사회적 욕구의 충족이 과연 효과적으로 이루어질 수 있을까에 관하여 따져 볼 필요가 있다.

(2) 인간의 기본적 권리로서의 사회보장

사회보장은 개인과 가족의 인간으로서의 권리의 한 형태라 할 수 있다. 인권의 첫번째 개념은 근로임금 또는 봉급에 의존하여 살아가는 모든 개인들과 가족의 생활상의 안전의 권리이다. 도시나 공장 주변과 같이 익명의 사람들이 모여사는 사회에서의 일상생활은 자연히 자기지향적이고 가족위주의 생활이 될 수밖에 없다. 이런 사회에서 임금 또는 봉급은 개인과 가족의 일상생활을 가능케 하는 주된 수단이 된다. 따라서 이러한 사회에서는 임금과 봉급의 항구성과 안전성이 보장될 필요가 있다. 다시 말해서 봉급생활자의 입장에서는 자신과 가족의 질병, 사고, 실업, 퇴직, 사망 등의 사고로 인한 봉급의 감소 또는 단절을 예방할 수 있는 안전 기제가 필요시 된다. 특히 현대 사회처럼 봉급생활자와 가족집단이 사회구성원 대다수를 차지하는 사회에서 이들의 생활안전은 사회의 보편적인 가치로서의 중요성이 인정되어야 마땅한 것이다. 또한 이들의 생활상의 안전보장을 목적으로 하는 사회제도가 정착될 필요가 있다.

인권의 두번째 개념은 최저생활의 권리이다. 전근대의 사회, 즉 종교적인 사회에서의 빈곤문제는 교회와 사찰에 지워진 사회적 과제였다. 이로 인해 교회는 사회구성원들의 정신적 지배자로서의 위치를 공고히 할 수 있었다. 근대사회의 교회나 사찰은 더이상 일상생활의 주요부분이 못된다. 전근대로부터 근대로의 변화는 종교지향적인 것에서 탈종교적인 것으로의 전환 또는 점진적인 변화를 의미한다. 이는 빈곤문제의 해결책으로서 자선을 대신할 시민사회 차원의 도덕적 실천을 점차 요구하게 됨을 의미한다. 사회복지는 근대사회의 특성들 중의 하나다. 이는 시민사회적 도덕 또는 시민사회 구성원들의 도덕성에 기초한 활동이다. 근대사회에서는 교회나 사찰은 빈곤문제 해결의 주체가 되기 어렵다. 이 문제는 시민사회 수준에서 그 해결책이 모색돼야 한다. 그 개별적·소극적인 방법은 박애 또는 사회사업이 될 것이고 제도적·적극적인 방식은 사회보장의 제도화를 통한 사회적 미니멈(minimum) 권리의 보장이 될 것이다.

시민사회 구성원들은 그가 인간이라는 이유만으로 사회 또는 국가로부터 최저생활을 보장받을 권리를 지닌다고 볼 수 있다. 이처럼 시민사회에 있어서 빈곤의 문제는 시민적 도덕성의 표현이라 할 수 있는 사회복지(박애사업과 사회보장)에 의해서 해결될 수 있는 것이다.

(3) 사회정의와 사회보장

인간은 개인적 권리의 주체로서 개체이기도 하지만 동시에 그가 속한 사회와 유기적 관계 속에서 살아가는 사회적 존재이기도 하다. 사회구성원 개개인의 물질적 풍요와 빈곤, 정신적 안녕과 불행은 타인에게 영향을 주기도 하고 타인의 빈곤 또는 안녕과 불행의 원인이 되기도 한다.

사회적 정의의 가장 기초적인 것은 구성원들의 최저생활을 사회가 보장해 주는 일이 될 것이다. 보다 진보된 사회정의란 구성원들 간의 경제적, 사회적 불평등을 수정, 완화하는 과업과 관련되어 있다. 사회정의의 실현은 사회보장의 목표체계의 일부를 구성하는 중요한 개념이다.

3) 시장지향적 사회보장과 사회지향적 또는 복지지향적 사회보장

시장의 속성은 행위주체로서 개개인의 이윤추구의 동기와 개체들 간의 관계에서의 경쟁질서를 기초로 한다. 이것은 우리사회와 사회 구성원들이 지닌 속성의 일부가 될 수는 있을지라도, 그렇다고 해서 우리사회가 시장지향적 사회 또는 시장사회라고 정의하는 것은 잘못된 생각이다. 인간은 얼마든지 이윤추구 동기와는 별개의 행위의 주체일 수 있으며 또한 인간관계는 반드시 경쟁의 관계로만 규정되어질 수는 없다. 협동의 관계, 이타적이고 집단지향적 관심에 기초하여 얼마든지 발전할 수 있기 때문이다.

그럼에도 불구하고 사회는 곧 시장을 의미한다는 주장이 우리사회에서 적지 않은 호응을 얻고 있는 이유는 아마도 언론매체의 영향과 사회적 분위기의 지배적인 영향에서 기인하는 듯하다. 역사적으로는 30여 년 동안 지속되어온 경제성장 위주의 국가 이데올로기가 낳은 결과이다. 1960년대 이후 자유시장경제 이데올로기는 우리사회의 지배적인 경제 이데올로기로 군림하여 온 것이다. 자유시장경제 이데올로기가 군림하는 사회의 사회보장을 포함한 모든 사회제도들은 시장 질서를 원활히 유지하기 위한 수단으로 간주된다.

시장지향적 사회보장은 시장 질서의 원활한 유통을 위해 존재하는 보조적이고 수단적인 사회보장제도를 의미한다. 사회보장의 모든 급여는 시장의 원활한 활동에 도움이 되는 한도 내에서만 시행된다. 국가개입은 극소화되며 안전을 위한 대안의 마련은 더이상 사회적 공통 관심사가 될 수 없고, 안전이나 모험과 투기냐의 문제도 순전히 개인적인 선택사항이다. 따라서 국가가 운영하는 의무가입제도로서의 사회보장은 사회적인 오류이며 사회악이며 개인의 순

수한 의지에 의해서 선택되는 사보험만이 합리적이며 사회적인 선이다. 그러나 이러한 시장경제와 시장지향적 사회보장이 19세기 후반 이후 산업사회의 발전에 보편적인 역사의 흐름이라고 볼 수는 없다. 또한 자유시장 질서가 우리 사회와 사회 구성원들의 보편적인 의사를 반영한다고 볼 수도 없다.

사회보장의 기본원리는 개인주의보다는 집단주의, 경쟁의 논리보다는 협동의 논리에 기초하고 있다. 이는 시장의 논리와 극명한 대조를 보인다. 사회보장은 임금 노동자와 가족의 생활안전의 문제, 자본주의 사회의 빈곤과 질병의 문제를 사회의 집단적 내지는 연대적 노력에 의해 해결을 모색한다. 또한 사회보장은 시장경제의 기본원리와는 달리 국가 또는 공권력의 개입과 주도 등을 당연한 것으로 받아들인다. 사회적 미니멈의 보장, 노동자와 가족의 정상소득의 보장, 질병으로부터 개인과 가족의 건강의 보장 등에서 국가의 개입을 당연시한다. 국가의 개입은 국가사회 수준의 공동선의 실행에 궁극적인 목적을 두는 것이다. 따라서 국가의 영리추구가 강력히 배제된다.

사회지향적 사회보장은 상품화 또는 영리의 추구가 배제되는 동시에 사회보장의 운영원리가 가입자 집단의 욕구 충족과 이들의 복리증진에 목표를 두는 제도를 가리킨다. 이와 같은 사회보장은 경제적 효율의 논리 또는 국가 경제의 목표와 종종 갈등관계에 놓이기도 한다. 서유럽 국가 예컨대 프랑스, 영국, 독일 등에서의 사회보장과 국가의 역할은 경제적 어려움 속에서 어떻게 사회보장 본연의 목표를 구현하는가에 대하여 고민하는 것이다.

이에 비해 우리의 사회보장제도가 지향하는 바는 무엇일까? 시장질서의 보조적 수단에 불과한 것은 아닐까? 우리의 사회보장은 가입자와 그 가족의 사회적 욕구를 충족시키기에 효과적인 사회제도로서 자리잡아 가고 있는 것일까?

2. 본론

1) 비스마르크 사회보험에서 스웨덴의 사회보장까지―사회보장 기본원리의 확립과 그 동인(動因)

사회보장은 개인과 가족의 빈곤과 생활 불안정의 문제를 사회구성원들 간의 연대성을 기초로 해결하려는 노력이라 정의할 수 있겠다. 이는 역사적으로 서구 사회의 산업화에 따른 사회문제의 해결을 목적으로 제안되고 발전하여 온 것이다. 비스마르크에 의해서 처음 제안된 사회보험이 서구 사회에 도입된 이래 1세기에 걸쳐 사회보장의 이념이 확산되고 발전되어 왔다. 1992년은 베버리지 리포트가 발표된 지 50주년이 되는 해였다.[1] 베버리지 리포트는 여러 각도에서 그 의의를 찾을 수 있겠으나 그 중에서도 우리가 특히 주목해야 할 점은 '사회적 미니멈(social minimum)의 보장'을 기본으로 하는 사회보장의 권리의 개념이 구체화되었다는 점일 것이다. 사회보장의 권리가 기본이 되는 사회권은 현대 사회의 구성원으로서의 권리, 즉 시민권의 하나를 구성하고 있다.[2]

서구 사회보장제도들은 비스마르크의 사회보험 원칙과 베버리지의 사회보장의 원칙에 기초하여 발전해 왔다. 현대사회의 사회권의 개념도 이들이 실시한 사회보장제도의 급여에서 발전된 개념이라 볼 수 있다.

① 비스마르크는 국가주도에 기초하여 사회보험을 역사상 처음 실시한 것으로 알려져 있다. 그는 일정 소득 수준 미만의 노동자와 가족들을 질병, 산업재해, 노령 등의 사회적 위험으로부터 보호하고자 하는 목적에서 사회보험을 실시하기 시작하였다. 그는 사회보험의 의무가입 범위를 일부 저소득 노동자 집단에 국한시키고 이들에게 국가와 자본이 보험의 비용을 일부 부담하는 방식으로 사회보장의 문제를 해결하였다. 그는 산업입국을 위한 국가정책의 일환으로 사회보험을 실시한 것으로 알려져 있다. 따라서 개인과 가족의 복지증진보다는 노동력의 보호를 통한 산업입국과 국가 산업정책의 추진에 정향된 제도였다.[3] 사회보험의 급여는 가입자와 그의 부양가족에게 주어지는 것이었

---

1) 베버리지 리포트 50주년을 기념하여 영국을 비롯한 세계 각처에서 기념세미나와 기념출판이 있었다. 여기에 특기할 만한 것은 국제사회보장협회에서 출간되는 ISSA, *Social Security Review*, 1992. n.1, n.2.

2) 일반적으로 시민권은 재산권, 참정권, 사회권으로 구성된다. 이 중에서 사회권은 시민에게 주어지는 경제·사회적 권리로서 국가로부터 최저생활을 보장받을 수 있는 권리를 의미한다. 마샬(T. H. Marshall)은 서구 사회에 있어서 시민권의 확립 경로를 18세기의 재산권 개념의 확립, 19세기의 참정권 개념의 확립 그리고 사회권에 관하여서는 이것이 20세기에 들어 서구 사회에서 확립된 개념으로 보고 있다. T. H. Marshall, *Social policy* 참고.

3) 이와 같은 견해는 사회정책론에서 일반된 주장으로서 특히 볼드윈(P. Baldwin)에 의하면, 유럽의 대부분 국가들의 사회보장 정책은 국가 주도로 시작되어 점차 노동자 및 농민 계급의 요구에 기초한 사회 주도적 발전 패러다임으로 바뀌어 갔다

으며 따라서 사회보험의 권리는 일부 노동자계급에게만 한정된 개념이었다고 볼 수 있다.

② 베버리지는 국민연대성에 기초한 사회적 미니멈의 보장을 기초로 하는 사회보장의 원칙을 제시하였다. 그는 산업사회 구성원과 가족의 소득의 감소나 단절과 관련된 모든 사회적 위험들로부터 이들을 보호하고 임금노동자 집단의 범위를 넘어서서 모든 봉급생활자들과 자영업자들, 기타의 경제활동인구 전체로 사회적 미니멈의 급여를 확대하는 새로운 사회보장 원칙을 제시하였다. 그는 산업사회 구성원과 가족의 기본권리로서 사회적 미니멈의 보장을 목적으로 하는 사회보장제도의 구축을 주장하였고 이 착상은 전후 노동당 정부에 의해서 실현되었다. 그가 착안한 사회보장의 권리는 사회구성원 모두에게 평등하게 제공되는 사회적 미니멈의 급여를 포함하고 있었다. 그리고 이보다 높은 수준의 보장은 개인의 선택과 시장기능에 넘기고자 하였다. 또 한편으로 그는 사회부조를 잔류시켜 사회보장 급여의 보조적 기능을 맡도록 하였다.

③ 비스마르크의 사회보험과 베버리지의 사회보장의 이념은 독일과 영국을 포함한 서구 사회보장제도들의 발전에 중요한 영향을 미쳤다. 1950년대와 1960년대 서구의 사회보장은 특히 노동운동에 기초한 노동자계급의 요구에 의하여 점차 이들의 사회권적 기본권으로 확립되기 시작하였다. 그 결과 1970년대에 확립된 서구 사회보장의 기본원리는 현대 사회구성원으로서 최저생활을 보장받을 권리에 이를 초과하는 소득에 대해서도 보장을 받는 수준으로까지 발전하였다. 예컨대 서구 여러 국가들의 노동자와 가족은 60세에 직장에서 퇴직함과 동시에 그와 가족이 종전에 누리던 경제적 생활 수준을 그대로 유지할 수 있는 수준의 사회보장의 연금급여를 보장받을 수 있게 된 것이다. 이는 곧 현대 사회의 구성원으로서 시민에게 주어지는 사회보장 권리의 수준이 최저생활의 보장수준을 넘어 실질적 생활수준의 보장에까지 이르렀음을 의미한다. 스웨덴의 사회보장제도는 사회구성원과 가족의 사회적 미니멈 수준의 소

고 주장하고 있다. 같은 관점에서 에스핑-앤더슨(Esping-Andersen)은 비스마르크 사회보험정책을 권위주의적 국가에 의해서 일방적으로 제안되고 실시된 것으로 간주하고 이러한 사회정책과 제도가 주류를 이루는 국가를 복지국가의 세 가지 유형 중 보수주의적 복지국가로 분류하고 있다. Peter Baldwin, *Politics of Social Solidarity*, Cambridge Univ Press, 1990; Gösta Esping-Andersen, *Three Worlds of Welfare Capitalism*, Polity Press, 1990.

득보장 단계를 넘어 실질적 소득의 보장과 무상의료의 목표를 실현함으로써 역사상 가장 완전한 형태의 사회권을 확립하였다. 이러한 사회권 확립이 스웨덴에서 가능할 수 있었던 것은 강력한 노동조합과 농민조합 그리고 이들이 연합된 형태로 노동운동을 전개하면서 국가를 대상으로 끊임없이 요구한 결과로 봄이 타당하다.[4]

1950년에서 1970년대 중반까지 진행된 서구 사회보장의 대도약은 무엇보다도 고도의 경제성장이 뒷받침되었기 때문이다. 두페록스(Dupeyroux)는 이 기간동안 서구 사회보장의 대도약이 가능하였던 원인을 매년 5% 이상의 경제성장, 인구구조의 대변화,[5] 의학과 의료기술의 발달[6]과 심리상태의 변화[7] 등의 요인들로 설명하고 있다. 같은 기간동안 서구 여러 나라의 사회보장은 가입대상자 범위와 적용대상의 사회적 위험의 범위 등에서 괄목할 만한 성장을 경험했다. 이 기간동안 서구 여러 나라들에서는 사회적 연대성에 기초한 사회보장 권리의 실천이 과거 어느 때보다도 여러 사회계층들로부터 지지를 받기에 이르렀다. 경제적 자유주의자들의 사회보장에 대한 공격은 사회보장의 원칙 그 자체에 대한 것보다는 사회보장의 행정 및 재정 방식에 모아졌을 뿐이다.

2) 서구 사회보장 위기의 원인

1973~1974년 기간동안에 시작된 서구의 경제위기는 사회보장이 당면한 위기와 때를 같이 하여 일어났다. 그러나 경제위기가 사회보장 위기의 하나이지 전부의 원인은 결코 아님에 유의해야만 한다. 예컨대 노령보험 재정위기는

---

4) 신광영, 「스웨덴의 사회복지 정책」, 한림대 사회복지연구소 편, ≪비교사회복지≫ 제1집.

5) 구체적으로 말하면, 인구의 도시이동, 봉급생활자 비율의 빠른 증가, 외국으로부터 단순 노동인력의 대량 이입, 1940~1950년대의 출산율 증대에 뒤이은 출산율의 급격한 저하 등이다. (J.-J) Dupeyroux, *Droit de la Sécurité Sociale*, 12e éd., Paris, Précis Dalloz, 1993, p.61.

6) 다시 말해서 의학과 의료기술의 발달에 따른 의료비의 증가 및 의료보험의 지출의 증대를 의미한다. Ibid., p.61.

7) 심리상태의 변화는, 첫째 전쟁을 치르면서 사회구성원들 간에 확산된 연대성, 둘째 의료비의 폭발적 증대와 화폐가치 저락으로 인한 중산층의 의료문제와 노후보장문제에 대한 연대적 노력에 대한 수용 등을 들 수 있다. 특히 저축에 의한 노후보장방식은 화폐가치의 저락 앞에 속수무책이었다. Ibid., p.61.

경제위기와는 전혀 별개의 것이다. 이는 인구의 노령화에 따른 경제활동인구와 피부양 인구 집단 간의 불균형에서 초래된 것이기 때문이다. 두페록스는 사회보장이 겪고 있는 위기상황에 대한 만족스런 해결책의 부재와 신자유주의자들의 위기상황의 악용이 서구 사회보장의 위기상황을 더욱 어렵게 만드는 요인으로 작용하고 있다고 본다.[8] 이들은 마치 경제위기의 주된 원인이 사회보장을 포함한 사회서비스 분야의 국가 예산지출의 비대에서 기인한다고 주장하면서 이 분야의 국가예산을 최소화할 것을 끈질기게 주장하고 있기 때문이다. 따라서 결과적으로 사회적 빈곤의 해결과 구성원들의 생활 안정을 목표로 하고 있는 사회보장의 문제해결 능력이 그 재정능력의 부족으로 말미암아 치명적 영향을 미치고 있는 것이다. 페린(Perrin)은 사회보장의 위기의 원인을 사회보장제도 내적인 데서 기인하는 것과 제도 외적인 요인들로 구분지어 설명하면서 서구 사회보장이 다시 발전을 되찾기 위해서는 제도 내적인 개혁과 제도 외적인 상황에의 적응이 필요하다고 주장하고 있다.[9] 제도 내적인 요인은 곧 사회보장제도 자체 논리의 불합리성이나 조직상의 결함 등을 의미하는 것으로서 위기 상황을 극복하기 위해서는 이들 내적인 요인들에 대한 논의와 그를 기초로 한 과감한 개혁이 필요할 것으로 전망된다.

본고에서는 우선 사회보장이 처한 위기상황을 외적인 환경의 진단으로부터 접근하고 제도 내적인 개혁과 사회보장의 외부환경에의 적응문제를 전망하여 보고자한다.

(1) 사회보장과 사회

사회보장은 자율적이고 고립된 것이기보다는 경제, 인구, 사회적 환경과의 유기적이고 복합적인 관계를 맺고 있는 제도적 하위체계이다.[10] 따라서 지금의 위기상황과 같이 이들 환경과 사회보장과의 관계가 후자에 영향을 미치는 경우에는 그 관계를 명확히 하고 새로운 관계를 모색할 필요가 있다. 좀더 구체적으로 서구 경제성장의 양식의 변화, 인구학적 변화, 사회적 가치들의 변화의 분석과 전망 그리고 이들을 기초로 한 새로운 관계 정립이 사회보장을 위

---

8) Ibid., p.65.

9) Guy Perrin, "L'avenir de la protection sociale dans les pays industriels, crises, défis et mutation des valeurs," revue *Futurible,* 1985(10-11), pp.29-52.

10) Ibid., p.34.

기에서 구출하는 하나의 해결책이 될 수 있다.

경제성장 방식과 사회보장의 관계

실업자수의 증대는 실업보험의 수입부문 감소와 실업보험을 비롯한 각종 사회보험 부문의 지출증대의 직접 혹은 간접적 원인이 되고 있다.[11] 실업자수의 증대는 경제위기에서 비롯되는 것이기는 하지만 그러나 현재의 경기가 회복된다고 해서 서구 사회의 실업문제가 자연스럽게 해결되리라는 보장은 없는 것으로 보인다. 왜냐하면 기술의 발달, 생산현장에서의 기계화 및 자동화의 추세, 그리고 정보체계의 발달 등은 그동안 인간의 노동에 의해 해결하던 부분을 기계의 힘으로 해결할 수 있게 되었기 때문이다. 기계화, 자동화, 정보화의 추세가 앞으로 계속된다고 한다면 현재의 사회보장의 재정방식, 즉 노동에 의한 소득에서 공제되는 보험료로 재정을 충당하는 방식에는 치명적인 손실을 가져다 주게 될 것이다. 따라서 경기가 회복되면 사회보장의 재정문제가 해결되리라는 가설은 반드시 옳다고 볼 수 없는 부분적인 가설에 불과한 것이다. 고용증대를 위해서는 기업의 생산성 회복을 위하여 국가가 지원하는 일 이외에 고용창출을 위한 별도의 노력이 필요함을 알 수 있다. 그러나 이러한 노력은 어디까지나 한계가 있는 것이고 보편적 사회보장의 권리가 지속적으로 보장되기 위해서는 별도의 노력이 요구되는 것으로 판단된다. 현재까지, 특히 독일과 프랑스를 비롯한 유럽 대륙국가들의 사회보장은 직업소득에서 일정비율로 공제되는 보험금으로 사회보장 재정의 중요부분을 충당하여 왔다. 그러나 이러한 재정방식은 앞으로의 생산양식의 변화와 조화되는 새로운 방식으로 변화되어야 할 필요가 있다. 그 하나의 예로서 조세방식을 사회보장의 주요 재정방식으로 도입하는 것이다. 또한 일부 북구 나라들에서 실시하고 있는 기계설비에 대하여 사회보장세를 부과하는 방법을 고려할 수도 있을 것이다.

인구학적 변화와 사회보장

1940년과 1950년대에 있었던 서구 사회의 베이비 붐에 이어 1960년대부터

---

11) 실업자수의 증대에 따른 사회보장 지출의 증대는 실업보험을 비롯하여 가족수당, 의료보험 그리고 노령연금 부문 지출증대의 직접 혹은 간접적 요인이 되고 있다. Dupeyroux, op. cit., 1993, p.65.

서구 사회의 출산율은 지속적인 하락 또는 정체현상에서 벗어나지 못하고 있다. 서구 사회의 인구정체현상은 가족수당제도에 의한 출산장려라는 국가의 가족정책과도 불가분의 관계에 있다. 그러나 가족정책은 인구 구조의 변화에 제한적이고 부분적으로밖에 기여하지 못하고 있는 실정이다. 의학의 발달과 의료보험의 확대, 영양상태의 개선과 안전한 생활 여건의 조성 그리고 작업장에서의 안전 조치의 발달과 사고 예방을 위한 노력 등은 인간의 평균수명과 노후 기대수명의 연장을 가져온 요인들이다. 그 결과 서구인들은 퇴직 후 보다 긴 수명을 향유할 수 있게 되었으며 노령보험과 의료보험의 지출은 끊임없이 증대되고 있다. 이는 한마디로 인구의 노령화가 사회보장의 재정적자의 주요원인이 되고 있음을 입증하는 것이다. 인구 노령화에 관한 각종 보고서들이 인구구조 및 노령보험의 장래를 어둡게 전망하고 있다. 2025년에는 서구 여러 나라의 60세 이상의 인구가 전체인구의 1/4~1/5을 차지하게 될 것으로 전망된다. OECD 국가들의 75세 이상의 노령인구 비율은 1980년에서 2010년 기간동안 36%에서 50%까지 증가할 것이다.[12] 인구 노령화 추세의 지속과 관련한 전망은 현행 사회보장의 재정상태의 회복을 불투명하게 하고 있다. 재정문제를 들어 노령연금제도를 폐지하는 것은 더욱 불가능한 일이다. 사회보장의 위기에도 불구하고 서구인들이 사회보장에 대하여 강한 집착을 보이는 주된 이유는 바로 연금제도에 대한 강한 집착에 기인하고 있기 때문이다.[13]

서구 국가 대부분의 노령보험 재정방식은 부과방식에 기초하고 있다. 매년 경제활동인구가 부담하는 노령연금의 재원이 연금수급자들의 생활을 보장한다. 이와 같은 상황 아래에서 경제활동인구의 정체와 연금생활자 수의 증대는 전자가 더욱 많은 부담을 하거나 또는 후자가 적게 받는 방법 이외에는 재정적자 문제를 해결할 수 없을 것이다. 대안의 일례로서 프랑스는 1980년대 말

---

12) Overbeigh van Cyrill, *L'assistance aux étrangers, la solution internationale*, Bruxelles: Albert Dewit, 1912, p.II; Ibid., pp.34-35에서 재인용.

13) 예컨대 프랑스에서는 1985~1986년 기간에 걸쳐 신자유주의자들이 전개한 담론의 확대에도 불구하고 모든 여론 조사들의 결과는 사회보장에 대한 대중의 절대적 지지를 확인해주고 있다. 그리고 정치권력은 그 결과에 승복하여 공적 노령연금의 축소 계획을 취소하지 않을 수 없었다. 이들의 승복은 바로 사회보장에 단호한 조치가 필요하다고 하더라도 이러한 조치들은 사회보장에 폐지로 지향된 것이 아니고 오히려 사회보장 제도를 위기에서 구출하는 쪽으로 취해져야 한다는 그들의 판단을 의미하는 것이다. Dupeyroux, op. cit., 1993, p.222 참고.

부터 노동자 연금방식의 일부를 적립방식으로 전환하고 있다. 그러나 적립방식으로의 전환이 노후보장문제를 해결해준다고 볼 수 없다. 적립방식은 개인의 노후보장 노력에 전적으로 의존하는 것이기 때문에 사회 전체로서 노후보장의 문제를 해결하기에는 부족하다. 오히려 이 방식은 개인적인 적립금액이 노후를 충분히 보장할 수 없는 사회주변 계층의 노후생활을 위태롭게 하고 결과적으로 빈곤노인들의 문제를 새로이 제기하게 될 것이다. 또한 재정방식으로서 적립방식은 화폐가치의 하락에 효과적으로 대응할 수 없기 때문에 미래의 노령연금 재정방식으로는 한계가 있다.

인구의 노령화에 대한 사회보장의 장기적 대응책이 필요하다. 그 하나의 예로서 연금제도의 3층 보장방식을 들 수 있다.[14] 노령연금제도가 출산의 장려를 목적으로 하는 국가의 가족정책과 사회보장의 가족수당 활성화와 병행될 때 재정적자의 문제를 더욱 효과적으로 대응해 나아갈 수 있을 것이다.

가치관의 변화와 사회보장

사회적 가치관의 변화는 사회보장의 위기에 중요한 몫을 하고 있으나 이것은 재정위기나 인구의 노령화처럼 가시적 수치로서 설명할 수 없는 것이기 때문에 종종 간과되는 경향이 있다. 그러나 사회 구성원들의 가치관의 변화에 사회보장이 적응하지 못하는 경우 그 존립의 정당성이 위협이 되는 것이기 때문에 이에 대응한 심도 있는 사회보장의 개혁과 새로운 가치관의 정립을 위한 노력이 요구된다. 가치관의 변화는 노동, 가족, 연대성 부문에서 일어나고 있다.

독일, 프랑스 등의 사회보장제도는 전통적 사회보험 원리에서 탈피하지 못하고 있다. 다시 말해서 사회보장의 권리는 노동공동체의 참여의 유무와 그 참여기간에 따라 결정되며, 법에 의한 부양가족 범위에 포함되는 가족성원들에게 파생적 사회보장권으로서 부분적 급여가 실시되며, 직업, 직종 연대성에 기초한 복잡, 다단한 제도들로 구성되어 있다. 이러한 제도는 근원적인 개혁과 새로운 상황에의 적응노력 없이는 사회의 새로운 욕구들과 사회보장의 기대에 효과적으로 대응할 수 없다. 새로운 욕구와 기대의 충족은 고사하고 존립 자

---

14) 삼층보장방식이란 의무 가입방식에 의한 기초연금 급여, 노사 협약에 의해서 운영되는 보충연금의 급여, 개인의 자율적 가입에 의한 사보험에 의한 급여의 세 가지 급여들로 노후보장을 하는 방식을 말한다. 이러한 방식은 이미 1972년 스위스 연방헌법 34조 4항에 나타나 있다. Perrin, op. cit., 1985, p.51.

체도 위협을 받을 상황에 처해 있다. 실업자와 노인인구 비율의 증대는 정규적 노동, 사회보장에의 가입기간 등에 기초하여 지급되는 기존의 실업급여와 연금급여 방법만 가지고는 새로운 형태의 사회적 빈곤문제를 해결할 수 없다. 사회구성원 모두의 최저생활 보장이 가능한 사회보장으로의 방향 전환 없이는 사회보장의 사회적 정당성은 희박해진다.

가치관의 변화와 사회보장의 위기의 관계를 생각해보자. 우선 노동에 관한 가치관이 바뀌어 가고 있다. 유럽사회에서 새로이 형성되는 노동의 가치관은 작업장에서 짜여진 시간표에 따라 아침부터 퇴근시간까지 있어야 하는 억압된 형태의 노동, 규칙적인 형태의 노동을 거부하는 형태로 전개되고 있다. 앞으로는 시간표를 자유로이 선택할 수 있는 소위 반일제(part time) 노동이 점점 더 확산될 것이다. 노동과 개인적 업무들—여가, 자원봉사, 창의적 활동에의 시간 할애 등—을 적절히 배합하여 개인의 생활 시간표로 결정하는 경우가 점차 늘어 갈 것이다. 작업장의 경우도 노동시간이 점점 더 단축될 것이다. 관료제와 통신의 발달에 따라 그동안 고용부문의 저장고로 간주되었던 서비스분야에 중대한 구조변화가 일어날 것이다.[15] 젊은 세대들은 점점 더 틀에 얽매인 노동형태를 거부하고 개인시간과 노동을 임의적으로 배합할 수 있는 형태의 직업을 선호하는 경향이 있다. 이러한 노동에 관한 가치관의 변화에 걸맞게 사회보장도 변화되어야 함은 당연한 일이다.

현행제도들은 대부분 직업소득에 기초한 공제와 급여의 원칙을 주된 원칙으로 하며, 조세에 의한 재원충당과 사회구성원의 기본권으로서 사회권적 급여는 부차적인 원칙으로 하고 있다. 그 결과 비교적 안정되고 높은 소득을 가진 사람들에게는 그들의 소득을 보장하는 데는 효과적이지만 빈곤노인이나 실업자들의 보호에는 효과적이지 못하다. 노동가치관의 변화와 함께 사회보장의 원칙상에도 변화가 있어야 할 것이다. 다시 말해서 최저소득의 보장이 주가 되고 직업소득의 실질적 보장을 보완하는 것으로 방향전환이 요구된다. 또한 사회보장 급여와 관련하여 직업활동의 개념 확대가 요구된다. 재생산, 적응을 위한 활동 등이 직업활동의 확대된 개념 속에 포함되어야 할 것이다. 예컨대 아동의 보호(care)와 관련된 활동, 학업, 훈련, 평생교육과 공공서비스 등이 직업활동의 확대된 개념 속에 포함되어야 한다. 노령연금과 실업보험분야에서

---

15) Ibid., p.39.

변화되어야 할 부분은 다음과 같은 것들이다. 연금분야에 있어서는 정규적 직업활동과 개인적인 일을 번갈아 하면서 개인적 삶을 영위해가는 미래의 노동자들의 노후생활을 보장하기 위하여 퇴직연령의 선택이 현재의 획일적이고 경직된 제도에서 개인의 선택이 가능한 쪽으로 변화되어야 할 것이다. 결과적으로 가입자로 하여금 일하는 기간동안에는 직업활동에 의한 소득으로 생활하고 개인적 활동에 종사하는 경우에는 대체소득적 성격 또는 사회권적 성격의 연금으로 생활이 가능토록 변화되어 나아가야 할 것이다. 실업보험과 관련하여서는 재적응을 위한 기간동안에 한시적으로 급여가 시행되는 현재의 원칙에서 탈피하여 훈련, 교육, 기타의 활동 기간동안에 실질적인 삶이 가능하고 또한 재적응을 위한 노력이 보장되는 수준의 급여가 시행되어야 할 것이다. 고용은 전일제 근로자들의 전유원칙에서 탈피하여 반일제 노동자들이 참여하도록 재조정이 필요하며 이는 실업자수의 증대에 큰 몫을 하게 될 것이다. 사회보장은 이러한 반일제 노동자들의 직업활동과 개인적이고 창의적인 활동이 어우러진 생활을 가능케 하는 급여를 함으로써 이들에게 실질적인 생활보장제도로 남을 수 있을 것이고 그에 따라 사회보장의 갹출의 방식과 급여조건에 일대 변화가 요구된다.

이러한 일련의 변화에 걸맞는 사회보장의 형태는 우선 갹출방식으로서 조세에 의한 재정방식이 기본이 되어야 할 것, 급여의 조건과 관련된 기본원칙으로서 최저생활보장을 위한 급여의 보편화와 추가적으로 지급되는 기여 정도에 따른 차등적 급여가 부가적으로 지급되는 형태의 사회보장이다.

(2) 제도 내적인 원인

사회보장 능력의 위기

능력의 위기는 사회보장 재정능력의 위기와 관련되어 있다. 재정능력의 위기는 경제위기와 밀접한 관계를 지닌다. 그러나 경제위기가 해소된다고 해서 사회보장 재정능력의 위기가 말끔히 사라진다고 생각하는 것은 잘못된 것이다. 새로운 형태의 빈곤문제―실업자들, 빈곤노인들의 생활보장의 문제 등―에 효율적으로 대응하기 위해서는 기존의 재정방식이 조세에 의한 것으로 전환될 필요가 있다. 이미 앞서 언급한 바와 같이 직업소득에서 공제되는 보험료로 사회보장 재정의 주요부분을 충당하고 있는 현재의 방식에서 일대 전환이 요구되고 있다.

미셸 푸코는 사회보장의 능력의 위기와 관련하여 "무한한 인간의 욕구에 대응해야 하는 이미 끝나버린 제도"[16]라고 표현하였다. 다시 말해서 인간이 지닌 안전과 건강에 대한 욕구는 무한한 데 비하여 욕구 충족을 위한 사회보장제도의 재정능력은 이미 한계에 이르렀다는 의미이다. 이는 특히 의료보험과 관련된 표현으로서 의료보험의 재정위기를 극복하기 위해서는 수입의 증대 또는 지출의 축소 이외에는 묘안이 없는 것이다. 그리고 선택은 사회가 해야 함은 물론이다.

효율성의 위기

효율성의 위기는 가용자원의 부적절한 이용에서 비롯되는 것으로 주로 사회보장의 관료화, 즉 적응기제들의 경색, 서비스 기능의 내향성 등의 경향을 지칭한다. 이 위기의 타개를 위해서는 사회보장 종사인력의 교육 및 훈련, 사회보장제도와 피보호자 간의 인적 유대의 개발이 요구된다. 특히 후자와 관련하여 피보호자들의 대표가 사회보장행정에 적극 참여할 수 있는 길이 열려야 할 것이며, 사회적 욕구의 변화를 평가하는 방법상에 일대 변혁이 있어야 할 것이다.

정당성의 위기

정당성의 위기는 사회보장의 영속성에 손상을 가져오는 것이다. 이 위기는 사회보장제도의 수많은 결함들로부터 유발된다. 경제위기의 시대를 맞으면서 이 제도적 결함에 의한 사회보장의 비효율화 경향은 사회보장 존립의 정당성에 대한 비판으로까지 비화되는 경향이 있다. 새로운 욕구들의 출현에 제대로 대응하지 못하는 사회보장의 문제만으로 그 정당성의 위기를 설명하는 데 충분한 것임에도 불구하고 신자유주의의 공격—사회보장이 개인생활을 침해한다는—은 사회보장의 정당성 위기의 문제를 더욱 복잡하게 만드는 원인이 되고 있다. 사회보장이 그가 도와야 할 사회의 최저빈곤계층의 생활에 지나치게 개입하고 있다는 그들의 주장은 사실무근의 주장에 불과하다. 페린이 지적한

---

16 "Le système fini face aux demandes infinies," in B. Brunhes, *Sécurité Sociale: l'enjeu*, éd. Syros, 1983, pp.39-63.

바와 같이, "사회보장은 현재 신자유주의가 기치로 내건 반국가주의론의 일상적이고 불명예스런 대상이 되고 있을 뿐"이다.[17]

3. 결론—서구 사회보장의 위기가 한국의 사회보장 발전에 시사하는 점

1) 서구 사회보장의 위기의 시사점

최근 미국의 상원이 빈곤가정에 지급하는 아동양육수당 관계법의 개혁안을 통과시켰다. 많은 빈곤가정의 어머니들과 아동들이 연방정부로부터 지급되던 사회보장의 급여를 더이상 받지 못하게 되었다.[18] 이처럼 미국에서는 신보수주의[19] 복지개혁이 회오리바람처럼 일고 있다. 이에 비해서 유럽의 국가들의 복지개혁은 덜 혁명적이다. 프랑스와 같은 경우 사회보장의 개혁은 종전까지 노사보험료에 재정의 대부분을 의존하던 데서 탈피하여 점차 국가조세에 의한 재원 조달의 폭을 점차 확대해가는 방향으로 사회보장 재정의 개혁이 논의되고 있는 것은 참으로 대조적이다.[20] 사회보장 재정의 조세화는 국가지출의 증대와 세입규모의 확대를 의미하며 이는 곧 작은 국가, 조세 부담의 축소를 통한 시장경제의 활성화를 부르짖는 신보수주의적 재정 및 사회보장정책에 정면으로 반대되는 정책결정이다. 정도 차이는 있으나 독일의 경우에도 신보수주의 개혁에 무관한 것은 마찬가지이다. 영국에서는 일부 사회보장의 급여 중 노령연금의 부가적 급여의 부분을 사회보장이 아닌 사보험의 영역으로 전환시키는 작업이 진행되고 있다. 또한 국민보건서비스 부문에서 시장경제 원리에 기초한 병원 또는 의료공급자들 간의 경쟁 원리를 도입하는 등 민영화가 일부

---

17) Perrin, op. cit., 1985, p.32.

18) *Le Figaro*, 1995년 9월 27일자 기사.

19) 여기서 신보수주의라 함은 앞에서 거론된 신자유주의(néo-liberalisme)와 완전히 동일한 개념임을 밝힌다.

20) 1991년 2월 1일, 프랑스에서 도입한 CSG(contribution sociale généralisée)는 처음에는 프랑스 사회보장 재정적자 문제 해결을 조세의 방법으로 해결하기 위하여 만든 제도이나 점차 사회보장 재정의 국가 부담분의 보장방법으로 자리잡아 가고 있다.

에서 진행되고 있다. 그러나 영국에서의 사회보장의 개혁도 미국에서 보는 것처럼 연방정부 개입에 철저한 비판과 사회보장의 예산지출에서 국가의 재정부담에 대한 철저한 반대 등과 같이 과격하고 급진적인 내용은 아니다.

이러한 양대륙의 차이는 과연 어디서 오는 것일까? 가장 큰 차이는 제도의 차이와 상이한 제도 속에서 생활한 주민들의 경험의 차이에서 유래하는 것 같다. 유럽의 사회보장은 사회보험 위주의 급여를 의미한다. 이는 국가나 공권력이 제공하는 구빈적 성격의 급여와는 판이하게 다른 것이다. 다시 말해서 서유럽 국가들에 있어서 사회보장의 급여는 보험료 납부라는 가입자로서의 기여의무에 대한 반대 급부로서 주어지는 완전한 권리이다. 이러한 급여가 급여의 대부분을 차지하고 있으므로 자선적 사회보장 급여를 받으면서 죄책감 또는 수치심을 느끼는 공적부조 수혜자 중심의 미국 사회보장과는 본질적인 차이가 있는 것이다. 주민들의 경험의 차이에서 오는 차이도 크다. 이미 서유럽 국가들의 주민들은 사회보장의 급여가 주는 안전한 사회 속에서 살아가고 있다. 사회보장제도의 안전망의 개념은 이미 이들 국가에서 공공서비스의 개념으로 확고한 자리를 잡고 있다. 반면 시장개념이 확고한 미국 사회에서는 생활의 안전망조차도 필요한 사람이 돈을 지불하고 사는 개념이 오래 전부터 발달해 왔고 이를 담당하는 사보험들이 잘 발달해 있다. 생활안전의 법제도화, 즉 공공서비스의 하나로서 사회보장정책의 보편화는 미국인들에게는 매우 생소한 개념에 불과하다. 이들에게 사회보장이란 구빈적 성격을 띠는 공적부조 급여를 의미하며 따라서 사회보장은 사회로부터 의심과 적의에 찬 평가를 받게 된다. 또한 현재의 상황에서처럼 신보수주의 이데올로기가 득세하게 되면 사회보장에 대한 비판은 더욱 거세지고 마침내 희생양이 되어 그 생존의 안전마저 위협받게 되는 것이다. 신보수주의적 이데올로기의 득세와 사회보장의 위기는 구미 국가들 중에서 국가의 공공복지 지출 수준이 열악하고 사회보장제도가 낙후된 미국에서 가장 심각하다는 것은 위에서 설명한 신보수주의와 사회복지 사이의 관계를 잘 말해준다.

서유럽 국가들의 대다수 사람들은 사회보장의 존재가 절대 필요한 것이라고 믿고 있다. 이들은 국가와 사회보장에 깊숙이 연결되어 있으며 따라서 사회보장이 제공하는 노령연금에 의존하고 있는 사람들이 대부분이다. 이러한 상태에서 신보수주의 이데올로기 공세에 의한 개혁의 회오리바람이 일기는 대단히 어려운 것이다. 다시 말해서 서유럽의 국가들, 특히 프랑스의 사회분위기는 미국이나 일본 등 우리의 주변 국가들의 신보수주의 이데올로기의 유행과는 무관하거나 거의 유사점을 발견하기 어렵다.

그러나 서유럽에서도 1980년대부터 사회보장이 재정적인 어려움에 처해 있다. 그 원인들에 대해서는 앞서 설명한 바 있다. 이것을 다시 간략히 정리한다면 세 가지로 요약할 수 있다. 첫번째는 의료보험에서의 수지균형의 어려움이다. 이에 대해서는 이미 독일, 영국 등의 나라들이 적자해소를 위한 조치를 내놓았다. 이들은 주로 의료 공급자인 의사, 병원 등의 남진을 막고 공급자들 간의 경쟁의 원리를 도입하는 것이다.

노령연금의 경우 서유럽 국가들에서는 위기 타개책의 하나로서 적립방법에 의한 재원확보 범위를 점차 확대하고 있으나 위기 타개책으로 적합치 않다는 비판이 많다. 또한 저소득층의 노후 기초생활 보장을 목표로 하는 기본연금의 비율이 동결되거나 줄어드는 반면 이것에 부가하여 지급하는 보충연금제도들이 번성하고 있다. 이러한 현상은 노후 '빈익빈 부익부' 현상을 가중시킬 뿐 사회연대 또는 국민연대 원칙에 기초하여 퇴직 후 노인들이 누구나 건강하고 문화적인 삶을 살도록 하는 데는 아무런 도움을 주지 못하고 있다.

마지막으로 실업문제의 악화에 따른 사회보장의 변화이다. 1970년대 초반까지 서구 사회가 고도성장을 계속하고 있던 기간동안에는 소수의 실업자들에 대한 수당의 지급과 직업재활훈련을 제공하였다. 이 때만 하여도 실업과 젊은 이들의 빈곤문제는 지배적인 사회문제가 되지 않았으나 오늘날 서유럽의 국가들이 공통적으로 당면하고 있는 문제는 젊은층의 대량실업 사태와 이들을 포함한 신빈곤층의 급속한 팽창에서 찾을 수 있다. 일반적으로 늘어나는 실업자 집단에 관한 대책은 나라마다 다소 차이를 보이기는 하지만 일반적으로 말하면 사회보장의 제한된 예산 범위 안에서 해결을 모색하고 있기 때문에 임기응변적이고 자원절약적인 성격이 강하며, 실업수당의 지급과 함께 직업훈련에의 참가 등이 수당 지급조건으로서 첨가 또는 강화되고 있는 추세이다.

전반적으로 긴축된 복지예산의 범위 내에서 늘어나는 빈곤층의 문제, 실업자들의 생계문제를 해결하려 들기 때문에 복지정책에서 근본적인 개혁이나 획기적인 조치들은 기대하기 어려운 실정이고 주로 기술적인 논의와 이를 통한 해결방법을 모색하고 있다. 국가수준에서 획기적 개혁, 사고의 전환 등을 내용으로 하는 보고서가 몇 가지 간행되는 것 이외에 획기적인 조치나 개혁은 좀 더 시간을 두고 지켜봐야 할 일인 것 같다.

2) 한국 사회보장의 과제

(1) 목표와 발전방향의 명확화

사회보장의 목표와 관련하여, 서구 사회보장을 두 개의 유형과 목표로 분류할 수 있다. 첫째는 비스마르크 유형으로서 이는 사회보장의 목표를 경제활동인구의 소득의 안전을 보장하는 데 주안점을 둔다. 노약자, 아동, 장애자 등 노동시장에서 소외된 계층의 복지문제는 국가적 자선 또는 국가연대의 원칙에 기초한 별도의 복지제도에서 기본생활을 보장해주고 있다. 다시 말해서 보험과 부조로 이원화된 사회보장제도로 되어 있다.

둘째는 베버리지 유형이다. 영국의 사회보장제도는 그 대표적인 예가 된다. 이 제도는 모든 국민의 의료와 사회적인 기본욕구의 충족을 주된 목표로 하고 있다. 이 때 사회보장이 제공하는 급여는 직업활동에서 오는 소득과는 무관하다. 사회보장 급여는 사회구성원으로서 국가 또는 사회를 대상으로 요구할 수 있는 인간으로서의 기본적 권리(사회보장의 권리로서 사회적 미니멈 보장의 권리)로서의 성격이 강하다. 이 때 사회보장의 기본목표는 경제활동인구의 소득의 보장에 있다기보다는 사회 속에 존재하는 빈곤자와 빈곤의 문제를 해결하는 데 있다.

우리나라의 사회보장은 이 두 가지 목표를 동시에 추구하고 있다. 그러나 이 두 가지 중에서 어떤 유형과 목표에 우선 순위를 둘 것인가를 결정할 필요가 있다.

이 결정이란 곧 다음과 같은 것들을 의미하는 것이다. 예컨대, 그 첫번째 목표를 빈곤문제의 해결에 둔다고 가정하자. 이 경우 정책의 우선순위는 이와 관련된 모든 제도적 장치들, 예를 들면 생활보호의 모든 급여의 수준과 내용의 충실화, 국민연금의 기초보장 수준의 향상과 이를 위한 재원조달 방안의 구체화, 경제적 취약계층을 위한 의료서비스 체계의 확충과 무료 의료서비스 체계의 확충 등을 사회보장정책의 우선순위로 정하고 점차적으로 실현해 나아가야 한다.

그러나 만약 우리나라 사회보장의 주요목표를 봉급생활자 집단을 포함한 경제활동인구의 소득의 보장에 둔다면 위에서 언급한 경제적 취약계층을 위한 기초보장과 의료서비스 체계의 확충·강화는 유보되고 대신 임금노동자 가구의 실질소득보장을 위한 제반조치들, 예를 들면 의료보험의 급여 범위와 수준의 개선, 산재보험의 보상수준의 향상, 연금의 소득비례 부문 급여에서 소득상한선제 철폐나 보충연금제도의 확충·강화, 실업보험의 급여수준의 개선 등이 사회보장의 주요목표가 될 것이다.

그러나 이상에서 언급한 사회보장의 두 가지 목표는 어느 하나도 포기할 수는 없는 것이다. 이러한 결정은 사회보장 발전을 위한 전략으로서 필요하다고 본다.

(2) 공론화의 중요성

1994년 보건사회부를 중심으로 의료보험과 사회보장 전반의 개혁논의와 사회보장 기본법안에 대한 공청회가 여러 차례 있었다. 이러한 공론화 과정은 사회보장이 국민의 복지를 위한 제도로 자리잡고 발전해 나아가는 데 매우 중요하다고 본다.

그러나 아직까지 우리사회보장 논의의 공론화 수준은 충분하지 못하다. 일반적으로 사회보장 전문가들과 담당 공무원들을 제외하면 사회보장제도와 사회보장 급여는 일반에게 매우 생소한 것들이다. 의료보험의 문제는 여전히 전문가 수준에서만 거론되고 해결방안이 모색되고 있는 정도이다. 의료보험과 사회보장에 관한 대중 홍보와 교육은 사회보장 학계와 보건복지부가 추진해야 할 중요한 사업으로 생각된다. 그리하여 가입자들이 사회보장의 문제를 발견하고 문제를 스스로 해결할 수 있도록 기초를 마련해 줄 필요가 있다.

노동조합 간부들을 위한 사회보장의 교육도 사회보장 발전을 위하여 매우 중요시 된다. 사회 저변에서 사회보장이 여론화될 때 언론매체의 사회보장에 대한 관심도 증대될 것이다.

우리의 사회보장은 금세기 초 서유럽에서 발달된 사회보장제도들에서 추론한 기본원리와 철학 등에 기초하여 시작된 것이다. 그러나 그 주된 행위자로서 시작부터 국가가 모든 정책결정을 거의 주도해 오다시피 하였다. 우리사회보장제도 도입의 논의와 제도개혁 작업은 주로 사용자, 노동자 그리고 가입자

단체들을 초청한 자리에서 공청회를 열어 이들의 의견을 종합, 정리하여 원안에 반영하는 방식으로 진행되고 있다. 우리사회의 주도권은 항상 정부의 손안에 있고 정부는 사용자측과 긴밀한 관계를 유지하면서 사회보장문제를 포함한 산업현장에서의 문제들을 해결하려 하고 있다. 그 결과 우리의 사회보장제도는 가입자들의 복지를 위한 것이라기보다는 국가의 경제정책의 보조수단으로서의 성격이 지배적이며 사회보장의 재원조달에서도 기업에 전가되는 부분보다는 본인이 자신과 가족의 안전을 위한 비용을 부담하는 경향이 짙다. 이러한 제도는 서유럽 국가들의 사회보장제도들처럼 가입자들의 복지지향적 사회보장제도와는 성격상 판이한 파행적 사회보장제도에 불과하다.

(3) 신보수주의 이데올로기의 타당성과 합리성에 대한 연구와 토론의 필요성

신보수주의 물결이 우리사회를 휩쓸고 있다. 이것은 사회보장의 발전에 역행하는 것임을 부인할 수 없다. 미국과 일본의 신보수주의는 국가기구의 팽창, 국가복지제도와 국가 복지예산의 증대에 적대적이고 민감한 반응을 보인다. 우리나라의 복지정책은 이러한 나라들의 신보수주의 이데올로기의 강화로부터 직접적인 영향을 받고 있는 것으로 판단된다. 사회보장정책과 제도의 발전에서도 유럽의 복지국가들로부터의 영향보다는 미국과 일본으로부터 지배적인 영향을 받고 있음은 불행한 일이다.

신보수주의가 내포하고 있는 내용 중 대부분은 과학적 검증과정을 거치지 않았으며, 또한 구체적으로 역사 속에 존재한 사실들에 기초하고 있다고 할 수 없다. 이것은 이데올로기이며 하나의 주장에 불과한 것들이다. 일반적으로 우리사회에 있어서도 미국 또는 일본의 경우와 같이, 이에 동조하는 사람들은 사회구성원들의 복지증진에서의 국가 역할에 대하여 부정적으로 생각한다. 따라서 이들은 국가복지정책에도 부정적이고 적대적인 태도와 행동을 보인다. 빅 조지와 폴 와일딩은 신우파인 이들이 복지국가에 대하여 지니는 태도의 특징적 측면을 다음의 8가지로 정리하여 설명하고 있다.[21]

첫째, 이들은 포괄적 복지국가의 건설은 불가능하다고 보고 있다.

둘째, 이들은 길더의 설명처럼 복지국가가 생활의 불확실성이나 위험 등을

---

21) Vic George & Paul Wilding, *Welfare and Ideology*, London: Harvester, 1994. pp.14-35.

부정하고 외면하며, 결과적으로 인간이 살다보면 도저히 피할 수 없는 미지의 것들마저 순치시킴으로써 자본주의 정신뿐만 아니라 인간의 본성을 왜곡시키고 있다고 비난한다.[22]

셋째, 이들은 복지국가가 복지에 대한 그릇된 관념들에 기초하고 있다고 주장한다. 예컨대 이들에 의하면 복지국가론자들은 평등과 분배에 대한 지나친 강조, 개인적 선택과 개인적 책임에 대한 중요성의 간과, 복지를 국가복지와 동일시하고 복지제공자로서 시장, 자원봉사 부문, 가족 등을 무시하는 것, 책임과 의무에 관해서보다 권리에 대해서만 지나치게 강조하는 경향, 마지막으로 우리사회의 미래에 대한 지나친 낙관적 전망 등의 과오를 범하고 있다고 주장한다.[23]

넷째, 이들은 인간의 자유가 복지국가의 관념과 실천에 의하여 위협받고 있다고 주장한다.

다섯째, 이들은 복지국가가 제공하는 서비스들이 비효율적이고 비능률적이라고 비판한다.

여섯째, 이들은 복지국가가 기업에 과중한 조세를 부담지우고, 개인들에는 저축의욕을 감퇴시킴으로써 경제적으로 파멸을 조장한다고 주장한다.

일곱째, 이들은 복지국가가 사회적으로도 파멸을 조장한다고 주장한다. 예컨대 하이에크는 집합주의의 발전과 그로 인해 불가피해지는 중앙집중식 경향은 독립심, 자기의존, 개인적 주도권 그리고 지방책임 등을 파괴시킨다고 믿고 있다.[24]

여덟째, 복지국가는 모든 사회문제들을 위한 해결책으로서 각각의 정책이 있다고 믿고 시행한 결과 실제적으로는 빈곤, 보건, 교육의 불평등 문제들을 여전히 해결하지 못하고 있다고 이들은 주장한다. 또한 복지국가 정책들의 실시는 각종 이익집단들의 세력을 강화시키고 결과적으로 정부의 정당성과 영향력을 약화시킴으로써 정치적으로 파멸을 조장한다고 이들은 주장한다.

사회복지 연구자들은 신보수주의의 반복지 논리를 연구자의 입장에서 겸허히 받아들여 연구하고 우리의 정치, 경제적 상황에서 신보수주의를 능가하는

---

22) Ibid., p.23.
23) Ibid., pp.26-27.
24) Ibid., p.31.

복지지향적 국가발전의 목표와 논리체계를 구축할 시점에 도달하였다고 본다.

우리나라의 사회보장은 질병, 노령, 산업재해, 실업 등의 사회적 위험들에 대한 사회보험체계, 빈곤층의 기본생활보장을 위한 생활보호와 각종 사회복지서비스체계 등 사회보장의 기본적 제도는 상당수준까지 정비된 상태이다. 이제부터는 이 제도가 추구하는 목표가 수행될 수 있도록 부문 간의 조율된 정책의 수행과 급여내용의 충실화가 절실히 요구되는 시점에 도달하였다.

이는 사회보장의 발전을 의미하는 것으로서 이는 개인주의 사회에서 연대주의 사회로, 경제성장 위주의 국가정책에서 삶의 질의 향상을 강조하는 국가정책으로의 근본적인 방향의 전환 없이는 불가능한 것이다. 즉 사회보장과 관련된 국민적 관심의 증대, 압력집단 활동의 강화를 통한 사회보장 내부의 정치적 역학관계의 변화 등이 이루어지지 않고서는 사회보장의 발전이 불가능하다. 이러한 의미에서 사회보장 논의의 공론화와 국민을 대상으로 한 사회보장 교육과 홍보의 강화는 정책결정자와 관련 전문가들에게 요구되는 소명이라 할 수 있다.

참고문헌

Baldwin, Peter. 1990, *Politics of Social Solidarity*, Cambridge Univ. Press.

Brunhes, B. 1983, *Sécurité Sociale: l'enjeu*, éd. Syros.

Dupeyroux, (J.-J). 1993, *Droit de la Sécurité Sociale*, 12e éd., Paris: Précis Dalloz.

Esping-Andersen, Gösta. 1990, *Three Worlds of Welfare Capitalisme*, Polity Press.

George, V. & Paul Wilding. 1994, *Welfare and Ideology*, London: Harvester and Wheatsheaf.

Perrin, Guy. 1985, "L'avenir de la protection sociale dans les pays industriels, crise, défis et mutations des valeurs," revue, *Futurible*, oct.~nov.

복지국가의 위기와 신보수주의적 대응의 결정요인*

장훈
중앙대 정치외교학과 조교수

1. 문제의 제기

오늘날 우리가 이른바 대전환의 시대에 살고 있음을 부정할 수 있는 이들은 많지 않다. 짧게는 2차대전 이후의 50년간, 길게는 20세기가 시작된 이래로 우리의 삶의 원리와 질서를 규율하던 원칙들의 근본적인 쇠퇴는 누구에게도 뚜렷한 것이 오늘날의 현실이다. 지난 반세기간 가장 성공적으로 민주주의를 지켜왔고 자본주의적 발전을 유지해온 서유럽 민주국가들에 한정해서 살펴본다면, 전후의 기간동안 유지되어 왔던 기본적인 질서와 원리들이 심각하게 쇠퇴하고 있다. 보다 구체적으로 말하자면, 민주적 자본주의의 황금기를 가능케 했던 노동과 자본 간의 역사적 대타협은 1970년대 이후의 대규모적인 경제적 위기로부터 시작된 위기의 소용돌이 속에서 그것의 실질적, 이념적 기초들의 붕괴를 목격하고 있다. 다시 말해, 1970년대 이후의 전세계적인 자본주의 경제의 위기는 노동과 자본 간의 민주적 타협의 기초가 되었던 복지국가와 케인즈적 개입정책의 근본적인 위기를 낳았고 이러한 장치들의 위기는 곧 서유럽 민주자본주의 체제 자체의 위기를 의미하는 것이었다.

바꾸어 말하자면, 복지국가의 위기는 1970년대 이후에 본격화된 서유럽 민주자본주의 체제의 위기라는 거대한 현상의 핵심적인 요소를 이루고 있다. 보다 구체적으로 복지국가는 지난 수십 년간 민주적 자본주의 체제내의 양대세력인 노동과 자본 간의 타협을 가능케 하는 구체적인 장치로서 기능해왔다. 한편으로 노동세력은 자본주의에 대한 근본적인 위협을 철회하는 대가로서, 또는 혁명적인 변화가 불가능하다고 판단한 상황에서 보다 현실적으로 산업노동자들의 삶의 질의 향상이라는 목표를 위해서 복지국가의 다양한 사회적 보

---

* 이 연구는 1994년도 한림과학원 단기과제 지원으로 이루어졌음.

장책들을 수용한 것이었다. 다른 한편으로 자본세력은 노동세력으로부터 자본주의적 체제에 대한 근본적인 위협의 철회에 대한 대가의 형식으로 또는 자본주의 축적체제의 유지를 위한 필수가결한 조건으로서의 노동세력의 협력을 위해 다양한 복지국가의 혜택을 제공하여 왔던 것이다. 그러나 이러한 복지국가는 1970년대를 기점으로 중대한 위기를 맞이하게 되었다. 한편으로 복지국가의 실질적인 기초가 위기에 처하게 되었다. 다시 말해, 1970년대 이후의 심각한 경제적 위기는 서유럽 각국의 심각한 재정적 위기를 낳았으며 이러한 재정적 위기는 바로 복지국가의 다양한 프로그램들을 집행하기 위한 예산상의 위기를 낳았다. 다른 한편으로 복지국가의 재정위기는 또한 복지국가의 이념적인 위기로 발전하였다. 바꾸어 말하자면 복지예산의 조달이 어려워지면서 노동과 자본 간의 타협의 장치로서의 복지국가의 이념적 정당성 자체가 의심받기에까지 이르게 되었다.

이같은 복지국가의 위기에 대한 가장 극적인 대응은 이른바 신보수주의 정부에 의한 대응이었다. 1979년 영국의 대처(Thatcher) 정부와 1980년의 미국의 레이건(Reagan) 정부의 등장을 계기로 본격화한 신보수주의는 일차적으로 현재의 위기는 기본적으로 전후 민주적 자본주의의 타협의 근본성격으로부터 비롯됐다고 파악한다. 다시 말해 경제적 위기의 근본은 자본주의 시장에 대한 국가의 개입으로부터 비롯됐다는 것이다. 신보수주의적 입장에 따르면 자본주의 시장은 윤리적인 측면에서나 공리적인 측면에서 가장 완벽한 체제이며 따라서 이에 대한 개입은 바로 자본주의 경제의 위기의 근원이 됐다는 것이다 (King, 1987). 따라서 개인들의 경제적 생활의 질 역시 자본주의 시장내에서의 개인들의 자율적인 활동에 의해서 결정돼야 하는 것이며 국가가 개입해 최저생활을 보장하는 복지국가는 윤리적인 견지에서 바람직하지 않을 뿐만 아니라 실질적인 의미에서도 최선의 결과를 낳을 수 없다는 것이다. 따라서 신보수주의 정부들은 한편으로 자본주의 시장에 대한 케인즈적 개입을 철폐하기 위한 시도들을 취했으며 다른 한편으로는 지난 수십 년간 유지되어 온 복지국가 프로그램들을 축소하거나 삭감하는 등의 노력을 시도하게 되었다. 대처와 레이건으로 대표되는 신보수주의 정부들에 의한 복지국가 재편의 시도들이 본격화함에 따라서 복지국가를 분석대상으로 하는 연구자들의 관심도 당연히 새로운 방향을 모색하게 됐다. 다시 말해 1970년대 말 또는 1980년대 전반까지 복지국가의 성장을 분석하는 데에 초점을 맞추어왔던 연구자들은 이제 신보수주의 정부에 의한 복지국가의 재편의 양상을 분석하는 데에 골몰하게 됐다. 이제 복지국가의 성장의 과정과 원인보다는 재편의 양상과 과정이 중심적 연구주제로 떠오르게 된 것이다. 이에 따라서 영국의 대처 정부를 중심으로, 혹은 레이건 정부를 중심으로, 또는 양국 간의 비교를 통해서 복지국가 재편의 성격과 결과를 분석하고자 하는 다양한 논의들이 전개되어 왔다. 한편으로는 복지국가의 성장을 이룩하는 데에 결정적으로 기여해왔던 노동조합과 좌파정당의 권력자원의 약화가 지적되기도 하였으며, 경제적 위기가 신보수주의적 재편의 내용을 결정했다는 주장도 제기되었다. 다른 한편으로는 국가의 구조가 신보수주의적 재편에서 중대하게 작용한다는 주장이 제기되었는가 하면 복지국가 프로그램의 성격에 따라서 재편의 정치가 결정된다는 주장도 제기되었다.

이같은 논의들은 복지국가 성장을 설명하는 논의들과 마찬가지로 다양하게 전개되었기는 하지만 이들은 대개 복지국가 재편이라는 복잡한 정치적 과정의 일부분만을 강조하는 일면적 접근들이라는 점을 부정하기 어렵다. 우리가 복지국가의 성장과정을 단순하게 사회세력 간의 상대적 권력배분, 또는 국가구조와 같은 단일한 요인만으로 설명하기 어려운 것과 마찬가지로 복지국가의 재편의 과정 역시 이에 관련된 사회세력 간의 힘의 배분, 국가구조, 프로그램들 간의 상이한 정책구조, 그리고 이의 배경을 이루는 경제적 위기 등이 복합적으로 작용하는 과정이라고 할 수 있다. 따라서 이제 우리는 복지국가의 재편과정에 있어서 어느 한 요인의 중요성을 강조하기보다는 다양한 요인들 간의 상호작용의 구조에 대한 분석을 통해서 신보수주의적 재편의 성격과 결과를 보다 잘 이해할 수 있을 것이다.

따라서 이 글에서 우리는 첫째 기존의 복지국가 재편에 대한 다양한 논의들을 비판적으로 검토하고, 둘째 이러한 비판적 검토에 기초해서 기존의 접근들을 종합하는 복지국가 재편의 과정을 설명하기 위한 통합적인 이론틀을 구성하고자 한다. 셋째, 이러한 통합모델의 구성을 통하여 우리는 앞으로의 복지국가의 전개의 방향을 비롯한 그 장래를 가늠할 수 있게 될 것이다. 이러한 세 가지의 주요한 이론적 작업은 영국의 대처 정부와 미국 레이건 정부에 의한 신보수주의적 재편을 중심으로 이루어질 것이다. 이 두 사례는 다른 어느 사례보다도 분명하고도 전면적으로 신보수주의적 재편을 시도했던 경우이며 또한 그 재편의 시도가 비교적 장기간 이루어졌다는 측면에서도 신보수주의적 재편의 중심사례로서 선택하는 데에 적절한 근거가 될 수 있다.

2. 신보수주의적 복지국가의 재편: 개괄적인 검토

복지국가에 대한 신보수주의적 재편을 설명하기 위한 다양한 이론적 접근들을 검토하기에 앞서 우리는 신보수주의적 재편의 전개과정을 먼저 개괄적으로 검토할 필요가 있다. 먼저 영국의 경우부터 살펴보자면 대처 정부하에서 복지국가의 재편이 어느 정도로 이루어졌는지를 따져볼 수 있는 가장 일차적인 지표는 전체적인 복지예산규모의 변동이라고 할 수 있다. <표 1>의 자료들은 영국에서의 복지국가 재편의 가장 기본적인 윤곽을 보여주는 것이라고 할 수 있다.

<표 1>에 나타난 자료는 신보수주의 정부에 의한 복지국가의 재편이 그동안 많은 이론가들이 크게 강조해온 바와는 상당한 거리가 있음을 보여준다.

<표 1> 영국 복지국가 예산의 변동 1973~1988(1987/1988 불변가격 기준)

	전년대비 변화율	정부총예산상의 비중(%)	GDP상의 비중(%)
1973/1974	-	50.5	21.6
1974/1975	13.3	51.0	24.5
1975/1976	2.5	52.2	25.4
1976/1977	3.7	55.4	25.5
1977/1978	-4.7	55.7	23.7
1978/1979	1.5	53.6	23.2
1979/1980	1.1	52.6	22.9
1980/1981	1.0	52.1	24.0
1981/1982	1.1	52.1	24.3
1982/1983	1.9	51.7	24.2
1983/1984	4.9	53.3	24.5
1984/1985	1.2	52.5	24.3
1985/1986	1.4	53.3	23.7
1986/1987	4.4	54.7	24.0
1987/1988	1.0	55.6	23.2

출처: Le Grand, "The State of Welfare," 1991, pp.339-340.

첫째, 위의 복지예산의 변동이 보여주는 바와 같이 외형상으로 복지국가는 크게 축소되지 않은 것처럼 보인다. 대처 정부가 출범한 1979년 이래로 복지예산의 전체적인 규모는 줄어들기는 커녕 조금씩 계속 증가해왔음을 알 수 있다. 전년도 대비 증가율은 1979년부터 1987년까지의 기간동안 줄곧 1% 이상의 수준을 유지해왔으며 1983/1984년 간과 1986/1987년 간에는 전년보다 무려 4.9%, 4.4%가 각각 증가하였다. 이러한 지속적인 증가율에 힘입어 정부의 총 예산구조에 있어서 복지예산의 비중도 줄어들기보다는 다소 증가하는 경향을 보여왔다. 대처가 취임하던 1979/1980년간에 복지예산의 비중이 52.6%였는데 이러한 비중은 완만한 증가를 거듭하여 마침내 1987/1988년 간에는 55.6%에까지 이르게 되었다. 또한 국민총생산대비 복지예산의 규모를 보더라도 대처 정부의 기간동안에 영국 복지예산의 총량은 축소되지 않은 것으로 보인다. 1970년대 후반에 대략 21.6%에서 25.5%의 수준을 보였던 GNP대비 복지예산비중은 1980년대에 들어서도 꾸준히 24%대를 유지하였다. 다시 말해, 복지예산의 총규모로 보아서는 대처 정부에 의한 복지국가의 실질적인 축소는 이루어지지 않은 것으로 보인다. 이러한 패턴은 레이건 정부가 집권했던 미국의 경우에도 마찬가지였다.

<표 2> 미국 복지국가 예산의 변동

A. 각 정부단위 지출비 중에서 복지예산의 비율

	전체정부지출 중 복지예산의 비율(%)	연방정부지출 중 복지예산의 비율(%)
1965	42.4	32.6
1970	46.5	40.0
1975	56.6	53.6
1980	57.1	54.2
1981	56.7	54.2
1982	55.5	52.8
1983	55.5	52.9
1984	53.5	50.6
1985	52.2	48.6
1986	52.3	48.4
1987	53.4	50.0
1988	52.8	49.1

B. GNP 대비 각 정부단위의 복지예산의 비율

	전체정부지출(%)	연방정부지출(%)
1965	11.5	5.6
1970	14.7	7.8
1975	19.0	11.0
1980	18.4	11.3
1981	18.5	11.6
1982	19.1	11.8
1983	19.5	12.1
1984	18.4	11.4
1985	18.5	11.4
1986	18.7	11.3
1987	18.8	11.2
1988	18.5	10.9

출처: *Social Security Bulletin*, 1991, 54, pp.4-6. 현외성 외, 『복지국가의 위기와 신보
수주의적 재편』, 1992, 197쪽에서 재인용.

신보수주의적 혁명을 표방하며 등장한 레이건 정부하에서 총예산이나 GNP
대비 복지예산의 비율은 극적인 변화 없이 꾸준한 수준을 유지하였다고 할 수
있다. 전체정부 지출에서 차지하는 복지예산의 비율은 레이건 정부가 등장한
1980년에 57.1%이었는데 이같은 비율은 1988년까지 줄곧 52~55%의 수준
을 유지하였다. 또한 연방정부의 지출에서 차지하는 복지예산의 비율도 1980
년의 54.2%에서 그다지 극적인 변화를 보이지 않고 48%내지 52%의 수준을
유지하였다. 또한 GNP대비 복지예산의 비율 역시 별다른 변화가 없었음을 알
수 있다. 즉 총예산의 규모로 볼 때에 대처 정부와 레이건 정부가 이념적으로
내걸었던 주장만큼의 실질적인 복지국가의 재편은 이루어지지 않았던 것이다.
이같은 결과는 일단 외형적으로는 복지국가의 불가역성을 강조해온 주장들을
뒷받침하는 결과라고 할 수 있다. 그러나 영국과 미국에서의 총복지예산의 변
동을 다른 주요 복지국가들과 비교한다면, 영국과 미국에서는 적어도 복지국
가 팽창의 추세는 분명하게 둔화되었다고 할 수 있다. <표 3>에서 보는 바와
같이 미국과 영국에서의 복지예산의 증가율은 다른 주요복지국가들에 비해서
상대적으로 성장세가 크게 둔화되었다고 할 수 있다.

정리하자면, 신보수주의 정부들은 그들이 야심차게 기획했던 바와는 달리
복지국가의 규모를 축소하는 데에는 실패하였지만, 그들은 다른 국가들과 비

<표 3> 복지예산의 변화추세 1960~1991

	GDP상의 복지예산(Social Spending)		연간 복지예산성장률	
	1960	1985	1960~1974	1975~1985
미국	10.9	16.9	6.5	2.5
일본	8.0	14.8	8.5	5.7
독일	20.5	24.1	4.8	1.4
프랑스	13.4	28.4	7.3	4.4
영국	13.9	18.7	3.9	1.9
이태리	16.8	27.7	5.5	3.4
캐나다	12.1	21.0	7.6	3.0
평균	13.7	21.7	6.3	3.2

출처: OECD, 1990, 1988, 1985. Taylor-Gooby, 1991, p.54에서 재인용.

교할 때 어느 정도 복지국가의 성장을 둔화시키는 데에는 성공하였다. 이같은
의미에서 영국과 미국에서의 복지국가의 재편은 절반의 실패 혹은 절반의 성
공으로 간주될 수 있을 것이다.

<그림 1> 영국 복지예산의 프로그램별 구성의 변화

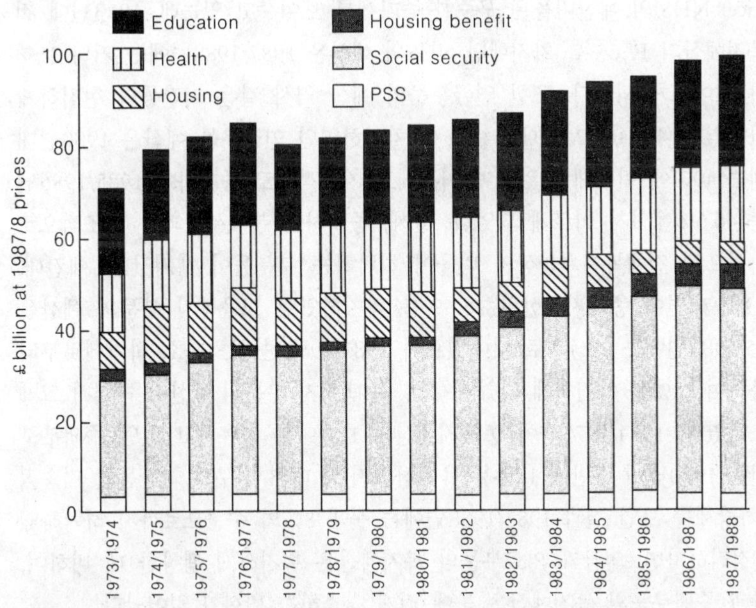

출처: Le Grand, "The State of Welfare," 1991, p.341.

그러나 최근에 복지국가 예산의 총규모의 변동만으로는 복지국가 재편의 구체적 내용을 이해하는 데에 중대한 장애가 있다는 주장이 제기되고 있다. 에스핑-앤더슨(1990)이나 피어슨(1994)과 같은 연구자들은 최근 복지국가의 변화를 보다 체계적으로 이해하기 위해서는 복지예산의 총규모에만 의존할 수는 없으며 복지국가 프로그램들의 구성의 구조도 동시에 관찰되어야 한다는 점을 강조하고 있다. 이들에 따르면 신보수주의 정부하에서 복지예산의 총규모는 거의 변동하지 않았지만 복지국가의 내적인 구성에는 중대한 변화가 진행되어 왔다는 것이다.

<그림 1>은 영국에서의 복지예산의 구조를 프로그램별로 구분하고 이러한 예산구조의 변화를 나타낸 것이다. <그림 1>은 총복지예산의 추이가 보여주지 못했던 중대한 복지국가의 변화를 보여주고 있다. 다시 말해, 총복지예산의 규모는 실질적으로 크게 변하지 않았지만 변하지 않은 총복지예산에서 차지하는 각 프로그램들의 비율에는 중대한 변화가 진행되어 왔다고 할 수 있다.

첫째, 신보수주의 정부의 집권기간동안 전체복지예산상의 비율이 뚜렷하게 증대한 부문들이 있다. 먼저 의료보험분야인 국민건강보험(National Health Service: NHS)의 예산비율은 꾸준한 증가세를 보여주고 있는데, 1973년에 전체복지예산의 17.6%를 차지했던 NHS의 예산은 1987/1988년에는 거의 21%에까지 이르게 되었다. 또한 연금부문의 예산 역시 같은 기간동안 현저하게 증가하였다. 1974/1975년에 34.7%를 차지하였던 연금부문 예산은 1980년대 초에는 40%에 이르게 되었으며 이후에도 지속적으로 증가하여 1985/1986년에는 46.6%에까지 이르게 되었다. 둘째, 증가하는 복지부문과는 대조적으로 점차적으로 전체복지예산상의 비율이 하락하는 부문들이 생겨났다. 예컨대, 1973/1974년에 총복지예산의 26.3%를 차지하였던 교육복지 부문의 예산은 1985/1986년에는 20.4%로 낮아졌으며 1987/1988년에는 다소 하락세로부터 회복하여 22%를 차지하게 되었다. 또한 주택복지 부문의 예산비율 역시 크게 감소하였다. 1974/1975년에 총복지예산의 17.4%를 점유하고 있던 주택부문 예산은 1970년대 후반에 14%를 유지하였지만, 대처 정부의 기간동안 지속적인 하락세를 보인 결과 1987/1988년에는 불과 8%의 수준으로까지 하락하였다. 정리하자면, 연금과 의료부문의 복지예산은 현저하게 팽창한 데 비하여, 교육과 주택부문의 복지예산은 눈에 띄게 감소하는 변화가 일어났다.

한편, 미국의 경우에도 복지국가내의 부문 간의 구성비율에 있어서 어느 정도의 변화가 진행되어 왔다. 먼저 사회보장(Social Insurance)의 비율은 레이건 정부가 등장하기 전인 1975년도에 전체 복지예산의 43%를 점유하고 있었는데, 이 비율은 1985년에는 50%를, 1988년에는 49%를 차지함으로써 꾸준한 상승세를 보였다고 할 수 있다. 특히 그 중에서도 의료부문의 사회보장제도인 메디케어(Medicare)는 1975년의 5%에서 1985년에는 10%로, 1988년에는 9%로 증가하였다. 한편, 공적부조의 일종인 메디케이드(Medicaid)는 1975년의 5%에서 1985년에는 6%로, 1988년에는 7%로 조금씩이나마 꾸준히 증가하였다. 물론 이같은 규모의 내부적인 구성의 변화는 영국의 경우에 비추어보면, 상대적으로 규모가 작은 것이었다. 그러나 이러한 정도의 변화는 복지국가의 수혜자들이 충분히 그 효과를 감지할 만한 규모의 것이었다고 할 수 있다.

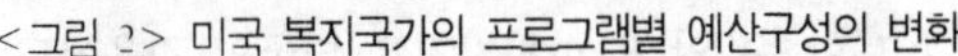

<그림 2> 미국 복지국가의 프로그램별 예산구성의 변화

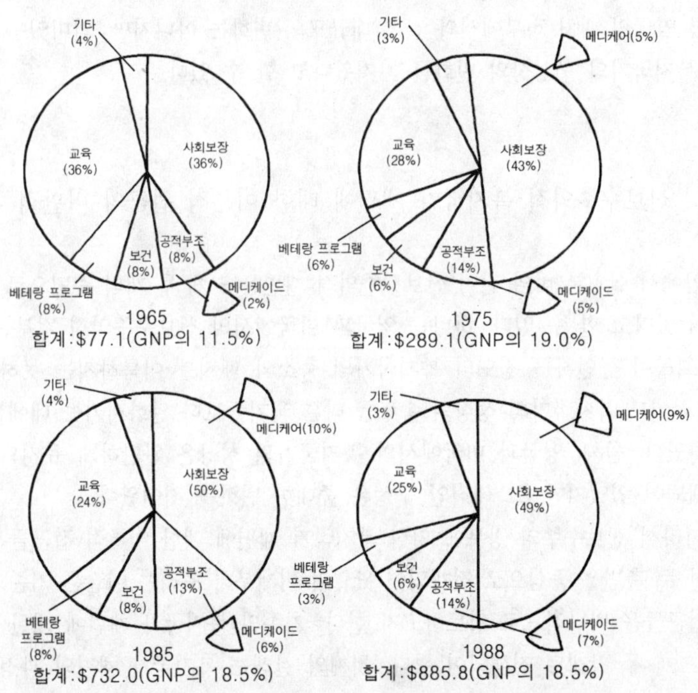

출처: Ann Bixby, 1991, p.18. Gilbert et al., 1993, p.12에서 재인용.

지금까지의 영국 복지국가의 변화의 추이를 정리하자면, 한편으로 대처 정부가 신보수주의 실험을 추진하던 기간에도 총복지예산의 규모는 실질적으로 거의 감소하지 않았다. 다시 말해서 보수당 정부가 강력하게 주장하던 바와 같은 대규모적인 복지국가의 축소는 실제로 일어나지 않았다. 보수당 정부는 국가의 개입에 의해서라기보다는 시장기능에 의해서 시민들의 사회적 권리가 보장되어야 한다고 주장하였지만, 총복지예산의 규모로만 볼 때에는 이같은 이들의 주장은 실천에 옮겨지지 못한 것으로 보인다. 그러나 꾸준한 수준을 유지한 총복지예산의 내부를 들여다보면, 중대한 변화가 진행되어 왔음을 관찰할 수 있다. 의료와 연금부문의 예산은 크게 팽창한 데 비해 교육과 주택부문의 예산은 감소되어 왔다. 한마디로 영국의 신보수주의 정부는 그들의 공언과 같이 복지국가에 대한 대대적인 축소를 이루는 데에는 성공하지 못하였지만, 복지국가의 구성에 심대한 변화를 가져옴으로써 복지국가를 재편하는 데에는 성공하였다고 할 수 있다. 마찬가지로 미국의 경우에도 레이건 정부는, 비록 영국의 대처 정부에서와 같은 대규모의 변화는 아니지만, 의미있는 정도의 복지국가의 구성상의 변화를 가져왔다고 할 수 있다.

3. 신보수주의적 복지국가 재편에 대한 이론적 접근의 비판적 검토

앞에서 살펴본 바와 같이 신보수주의적 재편은 크게 두 개의 측면으로 구성되어 있다고 할 수 있다. 하나는 영국과 미국에서의 신보수주의적 정부는, 비록 그들이 공언하는 정도의 복지국가의 축소와 폐지를 이룩하지는 못하였지만, 적어도 복지국가의 성장의 속도를 다른 국가들보다 완화시키는 데에는 성공하였다. 둘째, 영국과 미국에서의 복지국가의 성장은 완만하게 유지되거나 정체되어 있었지만, 그 내적인 구성은 중대한 변화를 겪어왔다.

따라서 신보수주의 정부에 의한 복지국가 재편에 대한 이론적 접근들은 이러한 두 측면을 중심으로 전개되어 왔으며 이제부터 우리는 이같은 기존의 주요접근들을 비판적으로 검토하고자 한다. 기존의 복지국가 재편에 대한 논의는 크게 두 갈래로 진행되어 왔다. 첫째의 갈래는 복지국가 재편의 과정에서 국가 간에 발생하는 차별적인 재편의 양상에 주목하여 이러한 복지국가 재편의 국가 간 편차를 설명하고자 하는 접근들이다. 다른 하나의 갈래는 복지국가 재편과정의 핵심은 복지국가 예산의 총규모나 그것의 국가 간 편차에 있는 것이 아니라는 전제에서 출발한다. 따라서 이들은 복지국가 재편의 국가 간 비교보다는 복지국가내에서의 구조조정의 문제를 재편의 핵심으로 파악하고 이러한 측면에 대한 분석을 시도한다. 첫째의 갈래가 체제적 접근이라면 둘째의 이론적 갈래는 복지국가의 정책구조 중심의 접근이라고 할 수 있다.

1) 체제적 접근

복지국가 재편의 과정에 있어 국가 간의 편차를 설명하기 위한 체제적 접근의 첫째 유형은 경제적 위기의 역할을 강조하는 경제적 접근이라고 할 수 있다.

(1) 경제적 위기와 신보수주의적 재편

2차대전 종전 이후의 수십 년간 서유럽의 자본주의 국가들이 누렸던 유례 없는 장기적 호황이 복지국가의 발전을 가져왔다는 주장은 복지국가의 발전을 설명하는 가장 일반적인 접근의 하나였다고 할 수 있다. 윌렌스키(Wilensky, 1974)의 저작으로 대표되는 경제적 접근은 서구 자본주의 국가들의 급격한 산업화가 복지국가의 성장을 가져왔다는 것이다. 보다 구체적으로 말하면 산업사회로의 진입은 서구의 국가들내에서 실업, 의료, 연금 등의 다양한 분야에 걸쳐서 국가의 보호를 필요로 하는 사회적 수요(needs)를 창출했으며 아울러 산업사회의 경제적 성과는 이런 수요를 충족할 만한 자원(resources)을 공급하였다는 것이다. 따라서 복지국가의 발전은 그 국가의 경제적 발전의 정도와 밀접하게 연관되어 있다는 것이다(Cutright, 1965).

산업사회의 경제적 발전이 복지국가 성장의 원동력이었다는 인식은 1970년대 이래 서구의 자본주의 국가들이 심각한 경제적 위기를 겪으면서 자연스럽게 복지국가 위기론으로 이어졌다. 오코너나 오페를 포함한 신좌파 이론가들뿐만 아니라 브리튼과 같은 자유주의 이론가들도 1970년대 이후의 심각한 경제위기는 복지국가의 위기를 불러왔다고 파악한다(O'Connor, 1973; Offe, 1984; Brittan, 1975). 이들에 따르면, 전세계적인 경제위기로 인해 서구 자본주의 국가들은 심각한 재정적 위기에 직면하게 됐으며 이런 재정적 위기는 막

대한 예산을 필요로 하는 복지국가 프로그램의 집행을 어렵게 했다는 것이다. 이러한 재정적 곤란은 정치적 이데올로기로서의 복지국가의 동기와 효용성에 대한 비판으로 이어져 복지국가 위기의 또다른 측면을 구성했다는 것이다.

결국 경제적 위기가 복지국가 위기의 기원이라고 파악하는 경제적 접근은 복지국가 프로그램들을 축소하거나 폐지하려는 신보수주의적 재편의 동인을 경제적 위기로부터 찾는다. 따라서 이들은 경제적 위기의 강도가 심할수록 복지국가를 축소하려는 동기가 더욱 강해질 수밖에 없다고 본다. 따라서 신보수주의적 재편을 추진했던 국가들 사이에서의 복지국가 재편(또는 축소)의 편차를 경제적 위기의 편차로부터 찾아야 한다는 가설을 세우게 된다.

그러나 결론부터 말하면 이같은 경제적 접근에 따른 가설은 복지국가 재편 과정에 있어서의 국가 간 편차를 적절하게 설명할 수 없다. 첫째, 경제적 접근에 따르면 1970년대 이후의 경제적 위기의 정도가 복지국가 재편의 국가 간 편차를 설명해야 하는데 서구 자본주의 국가들에 있어서의 경제적 위기는 거의 모든 국가들에 있어서 전면적으로 또한 보편적으로 일어난 현상이었다. 즉 서구 자본주의 국가들 사이에서 상이한 복지국가 재편을 가져올 만큼의 경제 위기의 편차는 존재하지 않았다고 할 수 있다. 둘째, 비교적 적극적으로 복지국가의 성장을 저지한 국가들과 그렇지 않은 국가들 사이에서 의미 있는 수준의 경제적 위기의 편차가 존재했다고 보기 어렵다. 구체적으로 말하면 신보수주의 정부에 의해서 적어도 복지국가의 성장세가 현저히 둔화된 경우라고 할 수 있는 영국, 미국과 그렇지 않은 사례의 대표라고 할 수 있는 스웨덴, 오스트리아의 두 그룹을 비교한다면 이들 간에 의미 있는 경제적 위기의 차가 존재했다고 보기 어렵다. <표 3>은 경제적 위기의 여러 측면들 가운데 복지국가의 재정위기와 직접적으로 관련되어 있는 재정적자를 국가별로 나타낸 것이다.

<표 4>에서 보는 바와 같이 복지국가 성장을 비교적 성공적으로 지연시킨 영국이나 미국이 그렇지 않은 국가들보다 심각한 재정적 위기를 겪었다고는 보기 어렵다. 서구 자본주의의 위기가 심화되는 시점이었던 1973년부터 1980년까지의 시기를 보면, 영국의 경우에는 다른 국가들에 비해서 비교적 재정위기가 심각한 상태였다고 할 수 있다. 1970년대 중반 이후 영국의 재정적자는 GNP의 3~4%선에 이르렀는데 이는 OECD 국가들의 평균보다 높은 수치였고 오스트리아나 스웨덴보다도 심각한 수준이었다. 그러나 영국과 마찬가지로

신보수주의 정부에 의한 복지국가의 재편이 적극적으로 추진된 미국의 경우에는 재정적자의 폭은 미미한 수준이었으며, 적자의 수준은 OECD 국가들에서의 평균 적자폭을 밑도는 것이었다. 또한 복지국가의 재편이 거의 진행되지 않은 오스트리아의 경우를 보면, 재정적자의 폭은 대체로 OECD 국가의 평균치를 웃돌고 있다. 즉 재정적자로 나타나는 경제적 위기의 수준과 복지국가 재편의 결과 사이에는 의미있는 인과관계가 존재하지 않는다고 할 수 있다.

<표 4> 서구 주요국의 재정의 균형(GDP/GNP 대비)

	오스트리아	스웨덴	영국	미국	OECD 평균
1970	1.0	4.4	2.5	-1.0	0.1
1971	1.5	5.2	1.4	-1.8	-0.6
1972	2.0	4.4	-1.8	-0.3	-0.5
1973	1.3	4.1	-3.4	-0.6	0.1
1974	1.3	1.9	-3.8	-0.3	-0.5
1975	-2.5	2.7	-4.7	-4.1	-3.9
1976	-3.7	4.5	-4.9	-2.2	-2.8
1977	-2.4	1.7	-3.4	-1.0	-2.1
1978	-2.8	-0.5	-4.2	-0.0	-2.3
1979	-2.4	-3.0	-3.3	0.5	-1.9
1980	-1.7	-3.7	-3.5	1.3	-2.5
1981	-1.8	-4.9	-2.8	-1.0	-2.8
1982	-3.4	-6.3	-2.5	-3.5	-4.1
1983	-4.0	-5.0	-3.4	-3.8	-4.2
1984	-2.6	-2.6	-3.9	-2.8	-3.5
1985	-2.5	-3.8	-2.9	-3.3	-3.4
1986	-3.5	-0.7	-2.7	-3.5	-3.4
1987	-4.1	4.1	-1.5	-2.3	-2.2

출처: OECD, 1988, 1989. Mishra, 1990, p.128에서 재인용.

정리하면, 경제적 접근은 신보수주의적 복지국가 재편을 설명하는 데에 있어서 제한적인 설명력만을 갖는다고 할 수 있다. 한편으로 경제적 위기를 강조하는 시각은 신보수주의적 재편의 일반적인 동인을 파악하는 데에는 적절하지만 그것은 다양하게 나타나는 신보수주의적 재편의 결과를 설명할 수 없다.

(2) 신보수주의적 재편과 권력자원 모델

신보수주의적 재편을 설명하는 데에 있어서 경제적 위기의 중요성을 강조하는 시각이 복지국가의 성장을 설명하기 위한 입장으로부터 나온 것과 마찬가지로 권력자원 모델 역시 복지국가 성장의 이론으로부터 나온 것이다. 먼저 복지국가의 성장을 설명하는 권력자원 모델(Power Pesources Model)의 기본적인 주장을 살펴보면, 선진 자본주의 사회에서의 기본적인 갈등구조는 자본주의의 경제논리에 따라서 움직이는 자본가들과 민주주의 정치의 논리에 따라서 움직이는 노동세력 간의 대결로 구성된다는 것이다. 자본주의적 시장의 논리에 따라서 움직이는 자본가들의 권력자원은 자본에 대한 지배와 그로부터 파생되는 경제적 권력인 반면에 민주주의의 정치논리를 따르는 노동자들의 권력자원은 민주주의의 절차에서 힘을 발휘할 수 있는 다수(산업노동자를 중심으로)를 동원할 수 있다는 사실에 기초해 있다. 따라서 양세력 간의 대결은 경제적 지배의 논리와 민주적 절차 간의 대립이라는 것이다. 이러한 대결구도하에서, 노동자들이 자신들의 권력자원—즉 산업노동자의 조직화—을 성공적으로 동원할수록 그 국가내의 분배의 구조는 시장의 원리에 따른 분배보다는 복지국가의 원칙에 따른 분배가 가능해진다는 것이다. 보다 구체적으로 말하면 산업노동자들이 보다 높은 수준의 조직률을 유지함으로써 단결된 정치세력으로서의 동원에 성공하고 또한 이들의 정치적 동원에 힘입어 사회민주주의 정당이 강력한 세력을 유지하게 될 때에(단독 혹은 연립정부를 통해서이든), 복지국가의 성장이 진전된다는 것이다. 따라서 코르피(Korpi, 1989), 스티븐스(Stephens, 1979), 에스핑-앤더슨(Esping-Andersen, 1985)의 작업으로 대표되는 권력자원 모델은 산업노동자들이 높은 조직률을 유지하고 또한 사회민주당이 강력한 세력을 구축하고 있는 스칸디나비아의 국가들을 중심으로 복지국가의 성장을 분석해왔다. 보다 구체적으로 이들의 작업은 주로 스웨덴, 노르웨이 등의 스칸디나비아 국가에서 노동자들의 단결된 조직력이 어떠한 경로와 방식을 통해서 강력한 복지국가를 건설하였는가의 과정과 구조를 밝히는 데에 주력해왔다.

　최근에는 산업노동자들에 의한 권력자원이 복지국가의 성장을 좌우한 결정적인 요인이었다는 논리를 복지국가 재편의 분석에 적용하려는 일련의 노력들이 시도되어 왔다. 이들에 따르면 노동자들의 정치적 권력자원이 복지국가를 성장시키는 데에 기여했던 바와 마찬가지로 위기의 시대에 복지국가를 축소시키려는 신보수주의적 재편의 노력에 맞서서 복지국가를 지키는 데에도 기여한다는 것이다. 다시 말하면 노동자들의 조직률이 높고 사회민주주의 정당의 정

치권력이 강력한 국가들에서는 복지국가를 축소하거나 조정하려는 재편의 물
결이 상대적으로 취약할 것이며 이같은 노동자들의 권력자원이 취약한 국가에
서의 재편의 노력이 상대적으로 성공적일 수 있다는 것이다.
　　이같은 권력자원 모델에 따른 가설의 검토를 위해서 우리는 서구 자본주의
국가들의 노동조합 조직률의 추이와 사회민주주의 정당의 정치권력의 추이를
살펴보아야 한다.

<표 5> 서구 자본주의 국가들의 노조조직률의 추이(1970~1984)

	1970	1972	1974	1976	1978	1980	1982	1984	1985
오스트리아	62.1	60.2	58.6	58.5	57.8	58.4	58.2	58.2	
벨기에	67.1				69.1		78.6		75.8
덴마크	64.3	63.7	64.1	71.9	76.0	75.2	76.3	**	
프랑스	23.1	23.0	22.9	22.6	21.4	19.2	19.3	**	
서독	37.0	37.1	38.5	39.1	40.1	39.4	37.9	36.7	36.7
이탈리아	33.1	36.8	41.9	44.2	44.2	43.3	39.6	39.5b	40.0b
네덜란드	37.5	38.8	38.6	38.6	39.1	37.1	35.0	30.8	29.1
노르웨이	61.8	56.9	60.7	59.0	61.7	65.0	65.0	65.1	**
스웨덴	80.4	83.1	86.1	89.9	94.0	96.1	92.3	94.3	96.3
영국	48.5	49.5	50.4	51.9	54.1	52.6	48.0	45.4	43.3
미국	26.9	26.0	25.6	24.7	22.7	20.8	19.0	17.4	**

출처: R. Bean, 1989, pp.157-179.

<표 6> 서구 자본주의 국가들의 사회민주주의 정당의 득표율과 정부참여도

	1945~1990	1945~1973	1960~1973	1974~1990	1980~1990
오스트리아	45.2	44.2	46.3	47.0	44.6
벨기에	30.2	32.1	30.0	27.2	28.2
덴마크	36.0	37.7	38.7	33.3	32.2
프랑스	21.7	17.5	16.8	32.3	34.7
아일랜드	11.2	12.4	14.5	9.3	8.7
이탈리아	16.5	17.6	17.3	14.9	16.4
네덜란드	29.1	27.7	25.9	31.5	31.0
노르웨이	42.3	44.2	42.9	38.7	37.4
스웨덴	45.5	46.3	46.8	43.9	44.5
영국	41.5	46.0	45.1	34.3	29.2
서유럽 12개국 평균*	31.2	31.7	31.8	31.5	31.5

* 12개국 평균은 위의 10개국에 핀란드, 스위스를 더한 12개국에서의 사민주의 정당
　의 평균득표율을 의미한다.
출처: Merkl, 1992, p.145, 149.

<표 5>와 <표 6>에 나타나는 자료들을 보면 영국과 미국에서 복지국가를 유지하는 데에 필수적인 산업노동자들의 권력자원은 결정적으로 쇠퇴하여 왔다고 할 수 있다. 먼저 영국의 경우를 들면 영국에서의 노동자들의 조직률은 크게 하락하였다고 보기 어렵지만 노동자들의 정치권력의 실질적인 창구라고 할 수 있는 노동당은 전후의 시기를 통틀어 가장 비참한 상태에 빠져 있다고 할 수 있다. 보다 구체적으로 말하면 1970년대까지 49~50%를 유지했던 노조조직률이 1980년대에 들어와서 43~45% 수준으로 낮아진 것은 결정적인 쇠퇴라고 하기에는 부족한 것이 사실이다. 그러나 노동당의 침체와 위기는 문자 그대로 근본적인 위기라고 부를 만한 것이었다. 영국 노동당은 1979년 선거 이래로 1992년에 이르기까지 4차례의 선거에 걸쳐서 계속해서 패배함으로써 전후의 역사상 가장 긴 기간동안 야당의 위치에 머무르게 되었다. 뿐만 아니라 영국 노동당의 득표율의 추이는 노동당이 그야말로 존폐의 위기에 놓여 있다는 분석이 무색할 정도로 심각한 것이었다. 구체적으로, 1950~1960년대까지 평균 45% 안팎의 득표율을 보여온 노동당은 1979년 선거에서 37%를 얻어서 전후의 기간을 통틀어 두번째로 40%에 못미치는 결과를 나타냈다. 이 같은 위기는 더욱 심화되어서 1983년 선거에서는 전후 역사상 처음으로 30%에도 못미치는 27.6%를 얻는 데에 그쳤으며 1987년 선거에서도 불과 31%만을 얻는 데에 그침으로써 이제 영국의 양당제는 사라지고 보수당 1당에 의한 정치가 시작되고 있다는 우려 섞인 진단까지 나오게 되었다.

노동자들의 권력자원의 쇠퇴는 미국의 경우에도 뚜렷하게 진행되어 왔다. 전통적으로 낮은 수준을 유지해왔던 노조조직률은 1980년대에 들어서 급격하게 쇠퇴하였다. 24~25% 정도를 유지해오던 조직률은 1980년대에는 17% 정도로까지 하락하였다. 또한 노동자들의 이해를 대표한다고 할 수 있는 민주당의 권력자원 역시 심각한 정도로 하락하였다. 민주당은 1980년의 대통령 선거를 포함하여 세 차례의 대통령 선거에서 계속해서 패배하였으며 민주당의 의회 지배 역시 심각하게 약화되었다. 구체적으로 살펴보면 민주당은 1980년 대통령 선거에서 41%의 득표율로 51%를 얻은 공화당에 패배한 데 이어 1984년의 대통령 선거에서도 40.6%의 득표만을 얻으며 58.8%를 얻은 공화당에게 재차 패배하였다. 또한 1988년의 대통령 선거에서도 민주당 후보는 45.6%의 득표율로써 53.4%를 얻은 공화당에게 패배하였다(Pynn, 1993: 270). 따라서

권력자원 모델의 주장에 따를 것 같으면 영국과 미국의 복지국가는 산업노동자들의 권력자원의 급격한 쇠퇴에 따라서 대규모의 복지국가의 해체가 이루어져야 한다. 그러나 실제로 영국과 미국에서의 복지국가 재편의 양상은 대규모적인 복지국가의 쇠퇴보다는 기존의 복지국가의 성장의 추세가 어느 정도 정지하는 정도로만 이루어졌다. 물론 이러한 성장세의 둔화는 다른 복지국가들의 형편에 비추어본다면 일정한 정체현상으로 볼 수도 있지만, 그것이 복지국가의 전면적인 쇠퇴로 인식될 정도는 아니었다고 할 수 있다. 결국 복지국가의 축소나 성장이 산업노동자들의 권력자원의 동원능력에 달려 있다고 파악하는 권력자원 모델이 영국이나 미국에서 진행된 복지국가 재편의 양상을 면밀하게 설명하지는 못한다고 하겠다.

(3) 제도적 접근과 복지국가의 재편

복지국가의 성장이나 재편의 과정에 있어서 권력자원 모델은 제한적인 설명력만을 가진다는 점을 강조하면서 그에 대한 대안적인 설명으로서 국가내의 제도적 구성과 성격, 능력에 초점을 맞추어 복지국가의 성장과 쇠퇴를 분석하고자 하는 시각이 최근에 대두되고 있다. 이른바 신제도주의의 물결과 더불어 등장한 이같은 시각은 복지국가의 성장이나 재편을 분석하는 데에 있어서 국가제도의 수직적 통합과 수평적 통합, 제도의 구조뿐만 아니라 관료조직의 정책집행 능력과 같은 국가제도의 능력에 의해서 복지국가의 성장과 재편이 좌우된다는 것이다(Weir et al., 1988; Skocpol and Ikenberry, 1983). 구체적으로 말하면 정부의 조직구조가 수직적으로, 수평적으로 통합되어 있는 국가일수록 일반적인 정책수행 능력이 증대되기 때문에 다양한 복지 프로그램의 집행을 포함한 복지국가의 성장이 용이하다는 것이다. 또한 마찬가지의 논리로 수직적, 수평적 통합이 진전된 국가일수록 복지국가의 재편이라는 새로운 정책적 목표를 수행할 만한 능력이 증대되고 그에 따라서 복지국가의 재편이 보다 분명하게 이루어질 수 있다는 것이다.

그러나 이같은 제도적 접근에 대해서도 일정한 비판이 제기된다(Pierson, 1994). 제도적 접근 비판론에 따를 것 같으면, 국가제도의 구조나 성격, 능력 등이 복지국가의 성장을 설명하는 데에는 적절하지만 복지국가의 재편을 설명하는 데에 있어서는 일정한 한계를 드러낸다는 것이다. 구체적으로 말하면 국가제도의 수직적 통합의 경우 복지국가의 프로그램들을 처음에 집행하는 복지국가의 성장기에는 이러한 수직적 통합이 긍정적 역할을 할 수 있지만 복지국가의 축소를 추진하는 경우에는 반드시 긍정적인 역할만을 하는 것은 아니라는 것이다. 예를 들면 영국에서와 같이 국가제도의 수직적 통합이 심화되어 있는 경우에 한편으로 그같은 통합은 복지국가의 축소를 능률적으로 추진할 수 있다는 장점으로 작용할 수도 있다. 그러나 다른 한편으로는 복지국가 축소라는 인기 없는 정책의 추진 주체가 분명하게 드러나게 됨으로써 정부내에서 재편정책을 추진하는 기관이나 조직들이 복지국가의 축소에 저항하는 세력으로부터 강한 압력을 집중적으로 받게 되고 이는 복지국가의 재편에 있어서 중대한 걸림돌로 작용할 수 있다는 것이다. 따라서 복지국가의 확장의 시기에 긍정적으로 작용하던 국가제도의 수직적 통합이 복지국가의 축소의 시기에는 부정적 요인으로 작용할 수도 있는 것이다(Pierson, 1994: 34-35). 또한 국가능력의 핵심적인 구성요소라고 할 수 있는 국가의 재정 능력의 경우에도 복지국가의 성장과 재편이라는 두 개의 상이한 과정에서 각각 다른 방향의 영향을 발휘하기 마련이라는 것이다. 구체적으로 말하면 대규모의 예산집행의 확대가 이루어지는 복지국가의 성장기에는 풍부한 국가 재정능력은 긍정적인 역할을 할 수 있다. 그러나 정부예산의 대폭적인 삭감이 추진되는 복지국가 재편의 시기에는 오히려 풍부한 재정능력을 지닌 국가가 복지국가 축소라는 정책을 추진할 때에 많은 저항에 부딪치게 될 것이다.

지금까지 검토한 복지국가 재편에 대한 세 가지의 접근은 두 가지의 공통적인 특성을 갖고 있다. 첫째, 위의 세 접근은 모두 복지국가의 성장을 설명하던 이론틀을 복지국가의 재편의 과정에 적용하려는 시도들이었다는 공통점을 안고 있다. 경제적 접근, 제도적 접근, 권력자원 모델 등은 한결같이 복지국가의 성장을 설명하던 이론적 틀이며 따라서 이들은 복지국가의 성장을 가져왔던 요인들(경제성장, 노동자의 권력자원, 통합되고 강력한 국가제도)의 쇠퇴가 곧 복지국가의 재편을 설명할 수 있다는 공통적인 전제를 지니고 있다. 그러나 우리가 지금까지 검토한 바와 같이 복지국가의 성장을 가져왔던 요인들—경제성장을 비롯한—의 쇠퇴가 반드시 직접적으로 복지국가의 쇠퇴를 일률적으로 규정하지는 않는다. 이러한 불일치는 곧 복지국가의 성장과정과 재편의 과정 사이에는 질적인 차이가 존재한다는 것을 의미한다고 할 수 있다. 다시 말하면 복지국가의 성장이 이루어지던 시기에—즉 사회경제적 형편이 호의적이거나 넉넉한 시기에—작용하는 경제적 자원과 정치적 동원의 역할과 복지국가의 재편이라는 곤란하고 인기 없는 정책이 이루어지는 시기에 작용하는 경제적, 정치적 요인들의 역할 사이에는 분명한 유적 차이가 존재하는 것이다. 따라서 우리가 복지국가의 재편을 보다 적절하게 설명하기 위해서는 단순히 복지국가의 성장을 설명해왔던 요인들을 기계적으로 재편의 정치에 적용하려 하기보다는 재편의 과정이 갖고 있는 고유한 정치적, 경제적 맥락에 걸맞는 설명의 틀이 필요하다고 하겠다.

둘째, 위에서 검토한 세 가지의 접근은 한결같이 복지국가의 재편을 체제적인 차원의 요인들로써 설명하려는 공통점을 안고 있다. 경제적 성장, 산업노동자의 권력자원, 국가제도의 성격 등은 한결같이 한 국가의 체제적 차원(System Level)에서 한 국가의 성격을 규정하는 요소들이다. 위의 세 접근들이 한결같이 체제적 차원의 변수들로써 복지국가의 재편을 설명하려는 배경은 이들이 모두 복지국가의 성장을 설명하는 이론틀로부터 나온 것이기 때문이다. 다시 말해 복지국가의 성장을 설명하려는 이론가들에게 있어서의 주된 이론적 관심은 복지국가의 성장과정에서 국가 간에 편차가 발생하는 요인과 그 경로를 설명하는 것이었기 때문에 이들은 국가 간의 성장의 편차를 설명하기 위해서 체제적 요인들에 초점을 맞추었던 것이다. 그러나 우리가 앞에서 검토한 바와 같이 복지국가 재편의 과정은 체제적 편차의 측면만으로 구성되어 있는 것은 아니다. 우리가 앞에서 논외한 바와 같이 복지국가의 재편과정은 한편으로 국가 간의 복지국가 성장의 편차라는 측면뿐만 아니라(across welfare states) 한 국가내에서 복지 프로그램 간의 재조정이라는 측면을 포함하고 있다(within welfare states). 따라서 체제적 차원의 변수들을 중심으로 하는 위의 세 접근들은 한 국가내에서의 프로그램의 재편이라는 측면을 적절하게 설명할 수 없다.

이러한 기존의 주요접근들에 대한 이론적 비판은 최근에 복지국가의 재편을 둘러싼 대안적인 논의의 등장으로 발전되었다.

2) 복지정책구조 중심적 접근

기존의 체제중심적 접근들이 복지국가 재편의 또 하나의 중대한 측면인 복지국가내의 재편의 측면을 간과하고 있다는 비판으로부터 출발하는 대안적 접근은 자연스럽게 복지국가내의 재편의 구조와 과정의 분석에 초점을 맞추고 있다. 이들에 따르면 영국이나 미국과 같이 신보수주의적 재편이 강력하게 추진되었던 경우에 있어서도 외형상으로는 총복지예산의 변동이 별로 일어나지 않았고 따라서 총복지예산을 중심으로 국가 간의 편차를 분석해서는 재편의 실상을 정확하게 이해하기 어렵다는 것이다. 오히려 총복지예산의 변동은 별로 이루어지지 않았더라도 복지국가내의 다양한 프로그램들 간에는 중대한 재조정이 이루어지고 있으며 이러한 측면이 복지국가 재편의 핵심적인 양상을 이루고 있다는 것이다.

따라서 복지국가의 재편에 대한 정책구조 중심적 접근의 일차적 관심은 다양한 복지 프로그램들 가운데 어떤 프로그램은 축소되고 어떤 프로그램들은 그대로 유지되는 차별적 현상이 발생하는가의 문제이다. 다시 말해 다양한 복지 프로그램들 사이에서 신보수주의적 재편에 성공적으로 저항하는 프로그램들과 그렇지 못한 프로그램들 사이의 차이는 무엇에 의해서 결정되는가가 이들의 주요한 이론적 관심이라고 할 수 있다(Pierson, 1994: 14-15). 이같은 접근에 따르면, 복지국가 프로그램들 사이에서의 이같은 차별적 현상은 각 프로그램들이 지닌 정책적인 구조의 차이에서부터 비롯된다는 것이다. 각 정책분야의 정책구조가 정부의 정책집행과 결정의 과정에 중대한 영향을 미친다는 정책학의 주요이론을 받아들인 이와 같은 입장을 보다 구체적으로 정리하면 그것은 두 가지의 주장으로 압축된다. 첫째 정책의 구조가 사회적 집단들의 형성과 활동을 좌우하는 동기와 자원을 결정한다는 것, 둘째 정책의 구조가 정책의 집행과 관련된 주요 정치적 행위자들의 사회적 학습과정에 영향을 줌으로써 정책의 집행에 영향을 미친다는 것이다. 이러한 주장을 복지국가 재편의 정치과정에 적용하면 첫째, 각 복지 프로그램의 특유한 정책구조에 따라서 그 프로그램의 축소나 삭감에 저항하는 사회적 집단들의 활성화되는 동기나 자원의 정도가 결정된다는 것이다. 둘째, 복지 프로그램의 정책적 구조에 따라서 이의 삭감과 축소를 추진하는 정치행위자들의 사회적 학습이 영향을 받는다는 것이다. 이 때의 정책구조란 다름 아닌 복지서비스 수혜의 조건의 설정, 복지서비스 분배의 규칙, 복지서비스 시행의 패턴 등을 의미한다(Pierson, 1994: 48).

　이러한 분석틀을 기초로 하여 피어슨은 영국과 미국의 신보수주의 정부에 의한 복지국가 프로그램내의 재편의 과정을 비교분석하고 있다. 예컨대 레이건 정부는 거의 축소재편에 실패하였지만 대처 정부는 축소재편에 있어서 상당한 성공을 거둔 연금제도의 개혁은 이와 같은 정책구조의 영향을 분명하게 드러내 보이는 경우라는 것이다. 피어슨은 물론 미국과 영국의 공식적인 정부구조의 차이라든가 영국정부의 인기 없는 정책시행에 대한 노련한 정치술 등의 중요성을 부분적으로 인정하면서도 양국의 연금제도 재편의 상이한 결과는 양국의 연금제도를 둘러싼 정책구조의 차이에 의해서 보다 직접적으로 규정되었다는 것이다. 구체적으로 말하면 첫째, 미국의 연금제도는 하나의 지배적이고 통합적인 연금제도로 운영되었는 데 반해서 영국의 연금제도는 다양한 방식으로 세분화되어 있었다는 것이다. 이에 따라서 연금의 축소라는 재편정책을 추진하는 데에 있어서 레이건 정부는 대처 정부보다도 훨씬 조직화된 저항세력에 부딪히게 되었다는 것이다. 둘째, 영국의 연금제도는 이전부터 연금제도의 사유화를 위한 예비적 조치들이 시도되어 왔기 때문에 연금수혜자들은 연금제도의 개혁을 점진적인 성격의 것으로 받아들였던 데 비하여 미국의 연금수혜자들은 갑작스럽게 국가연금을 축소하고 대신에 사적연금을 선택할 수 있도록 한 제도를 대단히 급진적인 개혁으로 받아들여 강력한 반대세력을 형성하게 되었다는 것이다. 셋째, 미국의 사회보장 연금제도는 신탁펀드에 의존하는 제도였기 때문에 기본적으로 연금적립을 위한 세금의 총세입과 연금총지출이 균형을 이루어야만 하는 구조를 갖고 있었던 데 비하여 영국의 연금제도는 전체적인 복지예산의 일부로 편성되어 있었다. 따라서 레이건 정부는 연금용 세입과 세출의 균형이라는 명백한 기준 때문에 과감한 연금제도의 축소를 시도하기가 불가능하였지만 영국의 대처 정부는 이러한 제약으로부터 자유롭게 축소재편을 시도할 수 있었다는 것이다(Pierson, 1994: 70-71). 정리하면, 정책구조의 특성을 강조하는 대안적 접근은 복지국가 재편의 핵심을 복지국가내의 프로그램들간의 재편으로 파악하며 이에 따라서 이같은 복지국가내의 재편의 과정을 이해하기 위해서 체제적 차원의 요소들보다는 개별적인 복지국가 프로그램들의 정책구조의 특성의 역할에 초점을 맞추는 것이라고 할 수 있다.

4. 신보수주의적 복지국가 재편에 대한 통합적 모델

지금까지 우리는 복지국가의 재편을 둘러싼 다양한 이론적 논의들을 비판적으로 검토했다. 이제부터는 이같은 비판적 논의에 기초해서 복지국가 재편의 과정과 구조를 체계적으로 이해하기 위한 통합적인 모델을 구축하고자 한다.

첫째, 우리는 경제적 위기의 역할을 새로운 시각에서 주목할 필요가 있다. 우리가 앞에서 논의한 바와 같이 경제적 위기의 정도와 복지국가 축소의 정도 사이에서 의미 있는 상관관계를 발견할 수 없는 것은 사실이다. 그러나 이같은 인과적 패턴의 발견 여부가 반드시 경제적 위기의 역할을 결정하는 것은 아니다. 비록 경제적 위기가 직접적으로 복지국가 축소의 정치에 영향을 미치는 것은 아닐지라도 그것은 보다 간접적인 방식으로 복지국가 재편의 정치에 관여하고 있다고 할 수 있다. 예컨대 경제적 위기의 정도는 한편으로 복지국가의 축소를 지지하는 세력과 그에 저항하는 사회세력 간의 대결과정이 첨예화될 때 전자가 차신들의 정책적 목표를 달성하기 위한 위협 또는 협상의 근거로서 동원될 수 있는 것이다. 또한 경제적 위기는 국가의 재정형편을 압박함으로써 복지국가 축소를 추진하는 정부나 세력이 단기적인 축소나 조정을 통해서 예산절감의 효과를 크게 과시할 수 있는 복지 프로그램들을 크게 삭감하는 반면에 그 축소의 효과가 늦거나 혹은 분산되어 나타나는 프로그램들에 대해서는 별다른 재편을 추진하지 않는 결과를 낳을 수도 있다. 다시 말하면 경제적 위기 그 자체가 직접적인 재편의 동인이라기보다는 복지국가의 재편을 둘러싼 정치세력들 간의 대결과정 또는 복지정책들 간의 상이한 내구성 등에 일정한 영향을 미칠 수 있다는 점에서 간접적이고도 배경적인 요인으로 작용한다고 할 수 있다.

둘째, 복지국가의 성장을 설명하는 데에 유용하게 동원되었던 권력자원 모델 역시 우리가 위에서 살펴본 바와 같이, 복지국가의 재편과정을 설명하는 데에는 그다지 적절하지 않다는 것이 밝혀졌다. 그러나 권력자원 모델의 기계적인 적용은 부적절하지만 복지국가의 성장이나 정체 혹은 재편이 복지국가를 둘러싼 사회세력들 간의 상대적인 권력자원의 편성에 의해서 좌우된다는 권력자원 모델의 기본적인 시각은 복지국가의 재편을 설명하는 데에 도움이 될 수 있다. 즉 복지국가의 성장과정에서는 산업노동자들은 하나의 단일한 사회세력으로서 복지국가의 성장을 위해서 노력해왔고 따라서 이들의 권력자원이 복지국가의 성장을 설명하는 중대한 요인이었던 것이 사실이다. 그러나 다양한 수준에서 복지국가의 성장이 이루어진 다음에 진행되는 복지국가 재편의 과정에서는 신보수주의적 공세로부터 복지국가를 지키고자 하는 것이 반드시 산업노동자들 전체의 이해와 일치하지는 않을 수도 있다. 오히려 이제는 복지국가를 유지하려는 세력들은 연금생활자, 복지정책 집행기관의 종사자들, 실업위험이 보다 높은 부문의 노동자들과 같은 다양한 세력으로 구성되어 있다. 다시 말해 복지국가의 성장은 산업노동자들이라는 사회계급에 의해서 이루어졌지만 복지국가의 수호는 다양한 방식으로 복지국가의 유지와 관련되어 있는 다양한 사회세력들의 연합에 의해서 가능하다고 하겠다. 따라서 복지국가의 재편과정의 국가 간 편차를 설명하거나 복지국가내의 정책들 간의 내부적 편차를 설명하기 위해서는, 복지국가의 삭감을 추진하는 세력과 복지국가를 지키려는 세력 간의 상대적인 권력자원의 배분을 분석해야 하는 것이다. 물론 이러한 복지국가 지원세력과 재편세력의 구성은 각각의 복지정책의 내용에 따라서 달라질 수 있다. 정리하면 복지국가의 재편은 여전히 이의 수호에 관련된 세력의 권력자원에 의해서 좌우되지만 복지국가의 유지를 지지하는 세력의 구성은 복지국가의 성장을 주도했던 세력과는 전혀 다른 성격을 갖게 됐다고 할 수 있다.

셋째, 복지국가의 성장과정에서 중대한 역할을 했던 국가 정치제도의 구조 역시 복지국가 재편의 과정에서 동일한 방식으로 작용하지 못한다는 것은 이미 위에서 논의한 대로다. 복지국가의 재편과정에서의 정치제도의 역할은 복지의 재편이라는 정치과정의 특유한 성격에 따라서 상이한 방식으로 작용한다고 할 수 있다. 다시 말해 재편의 과정은 이미 존재하고 있는 복지국가의 혜택을 축소하거나 재조정함으로써 경제적, 사회적 손실을 누구인가에게 강요해야만 하는 정치적 과정이다. 따라서 이같은 과정에서 중요한 것은 재편에 따라서 나타나는 부정적 효과들을 어떻게 축소하거나 분산시키거나 혹은 은폐하는가의 문제이며 수직적, 수평적 통합과 같은 기존의 국가제도의 구조나 능력이 반드시 이러한 문제들의 수행에 긍정적인 것은 아니다. 수직적 통합에 따른 분명한 책임소재는 오히려 강력한 반발의 초점을 제공할 수도 있는 것이다. 결국 정치제도의 역할은 이른바 복지국가의 재편이라는 '책임회피의 정치'에 걸맞는 방향으로 작용하기 마련이다.

지금까지의 논의를 종합하면 복지국가의 재편에 대한 기존의 논의에 따른 모델과 이러한 논의들에 대한 비판적 검토를 통한 대안적이고도 통합적인 모델은 다음의 그림과 같이 나타낼 수 있다.

<그림 3> 기존의 논의에 기초한 복지국가 재편의 모델

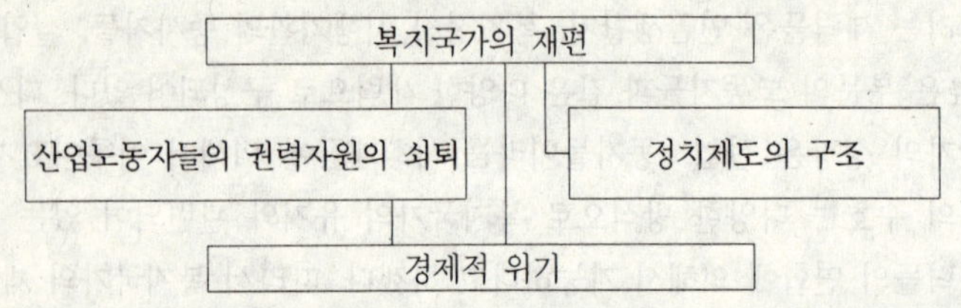

<그림 4> 기존의 논의에 대한 비판적 검토를 통한 복지국가 재편의 새로운 모델

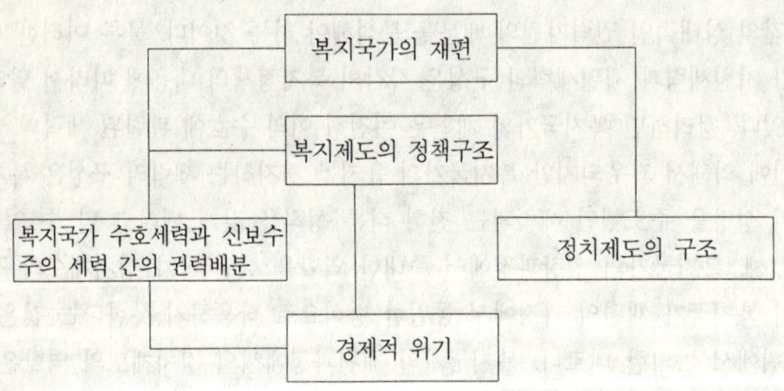

정리하면 첫째, 복지국가 재편의 일차적 배경은 1970년대부터 심화되어 온 경제적 위기로부터 비롯된다고 할 수 있다. 그러나 경제적 위기의 중요성은 그것이 직접적으로 복지국가 재편의 과정에 개입함으로써 작용하는 것이 아니라 여타의 중요한 요인들에 영향을 미침으로써 간접적으로 작용한다고 할 수 있다. 즉 경제적 위기는 복지국가의 재편을 둘러싼 복지국가 수호세력과 복지국가를 축소하거나 재조정하려는 신보수주의 세력 간의 대결에 있어서 중대한 상황적 요인으로 작용하는 것이다. 둘째, 복지국가의 재편에 관련되어 있는 행위자들은 복지국가의 성장과정에서와 같이 산업노동자라는 거대하고 단일한 사회계급을 중심으로 구성되어 있는 것이 아니라 다양한 사회적 집단들로 연

결된 사회집단이라고 할 수 있다. 따라서 거대한 사회계급 간의 권력자원의 상대적 배분에 따라서 복지국가의 재편이 좌우되는 것이 아니라 다양한 친복지국가적 집단과 반복지국가적 집단 간의 상대적인 권력자원의 배분에 의해서 재편의 과정이 이루어진다. 물론 이러한 친-반복지국가 집단의 형성과 갈등에는 각각의 복지국가정책의 구조가 중대한 영향을 미치고 있다. 셋째, 정치제도의 구조가 여전히 복지국가의 재편과정에서 중대한 영향을 미치기는 하지만 그 영향을 미치는 방식은 복지국가의 성장과는 전혀 판이한 방식으로 이루어지고 있다고 할 수 있다.

5. 결론: 신보수주의적 재편과 복지국가의 미래

지금까지 논의한 신보수주의적 재편의 성격을 토대로 복지국가의 미래를 간단히 가늠해보면 첫째, 복지국가는 신보수주의자들이 주장하는 것처럼 전면적으로 축소되거나 재편되지 않았다고 할 수 있다. 레이건과 대처 정부로 대표되는 신보수주의 정부들은 시장기능의 회복, 국가개입의 축소 등과 같은 신보수주의적 정책의 맥락에서 복지국가의 대폭적인 축소를 내걸었지만 이들이 의도한 정도의 광범한 복지국가의 재편은 이루어지지 않았다. 복지국가의 총규모의 성장세는 비교적 둔화되었지만 이것은 복지국가의 축소조정이라는 재편의 기본적인 목표와는 거리가 먼 것이었다. 오히려 재편의 핵심적인 측면은 다양한 복지국가 프로그램들 간의 구조조정이 이루어졌다는 점이다. 상대적 비중이 크게 늘어난 부문이 있는가 하면 그 비중이 대폭적으로 위축된 부문들이 생겨났다. 이러한 복지국가내의 재편을 통해서 신보수주의 정부들은 그들이 의도하였던 목표를 부분적으로나마 성취하였다고 할 수 있다.

둘째, 전체적인 총규모로는 복지국가가 대체로 유지되었지만 부문별로는 성장하거나 삭감된 부문들이 존재하며 이러한 복지국가내의 차별적인 재편은 복지국가의 미래가 어떤 정치적, 사회적 요인들에 달려 있는지를 보여준다고 하겠다. 즉 개별 복지 프로그램의 수혜집단이 정치적인 단결과 통합을 적절히 유지한다면 그 프로그램은 내구성을 갖게 된다고 할 수 있다. 또한 복지 프로그램의 정책구조(수혜조건의 설정이나 분배의 규칙 등)가 수혜집단의 단결을 활성화한다면 프로그램의 내구성은 더욱 커진다고 하겠다. 이같은 복지국가의 개별 프로그램의 차원들의 요인들과 더불어 경제적 위기나 국가제도의 구조와 같은 체제적 차원의 요인들 또한 복지국가 프로그램들의 내구성에 영향을 미친다. 정리하면 결국 복지국가가 유지되는 것은 한편으로 체제적 요인들과 정책적 요인들 간의 상호작용 속에서 가능한 것이며, 다른 한편으로는 제도나 경제적 상황과 같은 구조적 요인들과 수혜집단의 정치적 설계와 지지유지의 능력이라는 행위자의 상호작용 속에서 이루어진다고 하겠다.

이러한 복지국가의 재편을 둘러싼 정책적인 결정과정의 특성은 장차 지금까지 유지되어 온 복지국가의 이념적인 기초를 위협하게 될 수도 있다. 복지국가의 전체적인 예산규모는 변하지 않는다고 하더라도 복지국가 프로그램내에서는 심각한 정도의 재편이 진행되고 있으며 이러한 재편의 과정에서 구조적 또는 체제적 요인들은 일반적인 재편의 방향만을 정할 뿐이다. 정작 해당 프로그램의 유지는 그 프로그램의 수혜집단의 정치적 설계능력과 지지동원 능력에 달려 있다는 점은 앞으로 정치적 동원능력이나 자원이 부족한 집단을 대상으로 하는 프로그램의 축소가 가속화될 것이다. 이는 결국 사회적 시민권의 보장이라는 복지국가의 근본적인 이념에 대한 위협이라고 하지 않을 수 없다.

참고문헌

김영순. 1995, 『복지국가 재편의 두 가지 길』, 서울대학교 정치학 박사학위논문.

장훈. 1993, 「영국 보수당에서의 신보수주의 등장의 정치과정」, 《한국과 국제정치》 제9권 1호.

현외성 외. 1994, 『복지국가의 위기와 신보수주의적 재편』, 대학출판사.

Bean, R. 1989, *International Labour Statistics*, London: Routledge.

Brittan, Sam. 1975, "The Economic Contradictions of Democracy," *British Journal of Political Science* 6.

Cutright, Philip. 1965, "Political Structure, Economic Developmentand National and Social Security Programs," *Amerian Journal of Sociology* 70.

Esping-Andersen, Gösta. 1990, *The Three Worlds of Welfare Capitalism*, Cambridge: Polity Press.

______. 1985, *Politics Against the Market*, Princeton, NJ: Princeton University

Press.

Gilbert, Neil, H. Specht, and P. Terrell. 1993, *Dimensions of Social Welfare Policy*, Englewood Cliffs, NJ: Prentice Hall.

Korpi, Walter. 1989, "Power, Politics, and State Autonomy in the Development of Social Citizenship: Social Rights during Sickness in Eighteen OECD Countries since 1930," *American Sociological Review* 54.

Le Grand, Julian. 1991, "The State of Welfare," in Nicholas Barr et al., *The State of Welfare: The Welfare State in Britain since 1974*, Oxford: Clarendon Press.

Merkl, Wolfgang. 1992, "After the Golden Age: Is Social Democracy Doomed to Decline?" in Christian Lemke and Gary Marks(eds.), *The Crisis of Socialism in Europe*, Durham and London: Duke University Press.

Mishra, Ramesh. 1990, *The Welfare State in Capitalist Society: Policies of Retrenchment and Maintenance in Europe, North America and Australia*, Toronto: University of Toronto Press.

O'Connor, James. 1973, *The Fiscal Crisis of the State*, New York: St. Martin's Press.

Offe, Claus. 1984, *Contradictions of the Welfare State*, London: Hutchinson Education.

Pierson, Paul. 1994, *Dismantling the Welfare State?: Reagan, Thatcher and the Politics of Retrenchment*, London: Cambridge University Press.

Pynn, Ronald. 1993, *American Politics: Changing Expectations*, Madison, WI: Brown and Benchmark Publishers.

Skocpol, Theda and John Ikenberry. 1983, "The Political Formation of the American Welfare State: An Historical and Comparative Perspective," in R. F. Tomasson(ed.), *Comparative Social Research* 6, London: JAI Press.

Stephens, John. 1979, *The Transition from Capitalism to Socialism*, London: MacMillan.

Taylor-Gooby, Peter. 1991, *Social Change, Social Welfare, and Social Science*, Toronto: University of Toronto Press.

Weir, M. A., S. Orloff, and T. Skocpol. 1988, *The Politics of Social Policy in the United States*, Princeton, NJ: Princeton University Press.

Wilensky, Harold. 1975, *The Welfare State and Equality: Structural and Ideological Roots of Public Expenditure*, Berkeley, CA: University of California Press.

영국 보수당 정부의 사회정책 개혁전략과 평가

오정수
충남대 사회복지학과 조교수

1. 서론

영국 복지국가는 과연 위기인가? 이러한 질문은 1979년 보수당의 집권 이후 영국의 신보수주의적 복지국가 개혁이 이른바 '복지국가 위기'의 개념에 기초하여 추진되는 과정에서 지속적으로 제기되어 왔다. 그러나 보수당의 장기집권으로 복지국가의 위기의식에 기초한 사회정책의 개혁전략은 이미 1980년대 이래 1990년대 중반까지 광범위하게 추진되어 왔다. 사회정책분야의 개혁은 전략적인 측면에서 본다면, 복지부문에 대한 공공지출의 억제, 복지서비스 전달구조의 변화, 복지수급자의 도덕재무장이란 세 가지 전략에 의하여 진행되었다고 평가된다.[1] 최근의 자료에 의하여 보더라도 이러한 전략들은 지속되고 있음을 볼 수 있다. 주요 복지서비스에 대한 정부 공공지출은 1992~1993 회계년도에 1,600억 파운드에 달하였고, GDP에 대한 복지지출의 비중도 최근 1989~1992년의 3년간 21.4%에서 26.4%로 증가하였는데,[2] 이러한 증가 추세에 대해 국가의 지불능력에 대한 우려가 신우파측으로부터 제기됐으며, 복지국가의 재정지출 규모를 줄이기 위한 다양한 정책들이 발표되었다.[3]

---

[1] Nicholas Deakin, *The Politics of Welfare: Continuities and Change*, Harvester Wheatsheaf, 1994, p.200.

[2] 그러나 복지재정규모에 관한 장기적인 추이를 보면, 1930년에 10%에 도달한 이후 2차대전중 5% 수준으로 감소하다가 전후 복지국가의 컨센서스 기간중에 지속적으로 증가하여 1970년대 중반 25% 수준에 달한 이후 1980년대에는 이 수준에서 고착되는 경향을 보이며 경기변동에 따라 약간 증감하는 조정 국면을 보이고 있다. 다만 지난 3년간의 증가추세는 경기후퇴와 선거의 영향에 의한 단기적인 현상으로 해석된다.

[3] 1993~1994년 예산안에 의하면 새로운 항목의 과세조치와 함께 차후 복지급여의 규모를 줄이기 위한 조치들이 포함되어 있다. 실업수당 지급기간의 축소(1년

이러한 조치들은 위의 세 가지 전략과 연계되어 있으나 이러한 전략 중 복지국가위기 논의에서 가장 중요하게 다루어지는 공공지출에 관련된 정당성을 살펴보면 우선 국제비교의 통계에서 영국은 OECD 21개국 가운데 17번째로서 하위에 있다. 주목할 만한 현상은 1970년대 중반 이후 복지재정지출의 증가가 억제되는 현상이 대체로 서구 복지국가에 나타난 보편적인 현상이기는 하나 그 양상에 있어 크게 두 집단의 국가군으로 분류될 수 있다는 점이다. 1960년, 1981년, 1989년을 비교년도로 하여 비교분석한 OECD 각 국가의 복지재정의 변화추이를 보면 1960~1981년간 기간은 거의 모든 국가가 공통적으로 급속한 증가추세를 보이고 있으나 1981~1989년간의 추세에 있어서는 지속적으로 증가한 국가군과 약간 감소한 국가군으로 나누어지고 있다. 전자의 국가군에는 스칸디나비아 제국을 비롯하여 뉴질랜드, 오스트리아, 프랑스가 속해 있고 후자의 국가군에는 영국, 미국, 일본, 독일, 호주 등이 속해 있다. 미쉬라(Mishra)는 복지국가 위기에 대응하는 두 가지 전략으로 조합주의와 신보수주의를 구분한 바 있다.[4] 서구 복지국가가 동일한 시기에 겪고 있는 이른바 '위기' 현상에 대하여 이러한 차이가 나타난 것은 집권당의 이데올로기적 대응방식의 차이에서 비롯된 것으로 보인다.

한편 영국 국내적인 차원에서 복지국가 개혁의 정당성을 살펴보면 영국 복지국가의 장래에 대한 신우파의 우려의 배경에는 노인인구의 증가, 국가소득비례연금의 증가추세 등이 있다. 그러나 복지국가 위기의 개념은 현실의 정확한 반영이라고 보기가 힘들다는 것이 복지국가 위기에 대한 다수 연구결과의 지적이다. 이러한 주장의 내용을 요약하면 복지의 비용이 경제가 감당할 수 없는 위치에 있지 않으며 인구학적 변화도 사회경제적 측면에서 우려할 만한 것이 아니라는 것이다.[5] LSE(런던대학교 사회과학대학)의 힐(Hills)의 분석에 의하면 이들 요인의 공공재정에 대한 영향은 향후 50년간 GDP의 5% 수준의 증가에 지나지 않는 것으로 보고 있다.[6] 그럼에도 불구하고 복지국가의 개편

에서 6개월로), 미혼모 등 편부모(single-parent)에 대한 지원의 축소와 공영주택 (council house) 입주우선순위의 폐지, 여성노령연금 수급개시 연령의 연장(60세에서 65세로) 등이 발표되었다.

4) Ramesh Mishra, *The Welfare State in Capitalist Society*, Harvester Wheatsheaf 1990.
5) Ibid., p.xiii.
6) John Hills, *The Future of Welfare, Joseph Rowntree Foundation*, 1993, p.14.

이 진행되고 있는 현재의 상황은 완전고용정책의 파기와 공공서비스 부문에 시장원리의 도입 등 복지국가의 기본적인 틀을 재편하고 있다는 점에서 과거의 정책과 구분되며 이는 집권당 이데올로기의 영향이라는 것이 보다 정확한 지적이다. 위에서 언급한 미쉬라는 이데올로기와 계급이익이 신보수주의적 개편과 조합주의적 개편이라는 서구복지국가의 두 가지 대응방식의 차이를 가져오는 과정에서 가장 중요한 역할을 수행하였다고 보고 있다. 따라서 폴 존슨(Paul Johnson)의 지적과 같이 영국복지국가에 대한 비판의 근거는 이데올로기적인 것이기 때문에 제도의 운영방법과 그 사회경제적 효과가 복지국가에 대한 비판과는 대체로 관련이 없다는 것이다.[7]

<그림 1> OECD국가들의 복지지출추이의 비교(1960~1989)

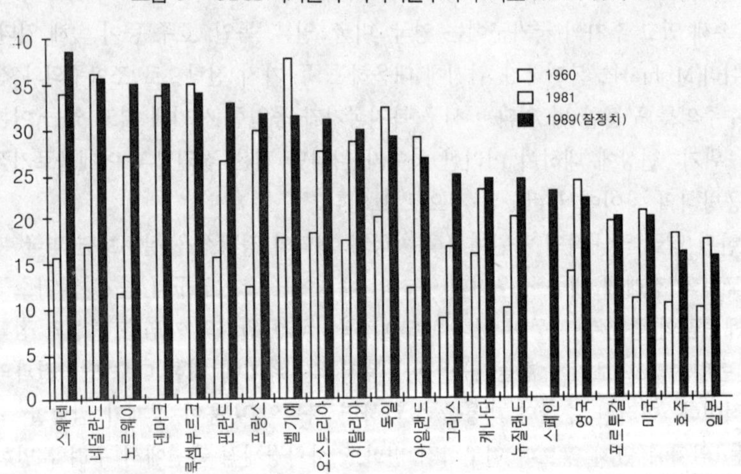

자료: OECD(1985, 1992a, 1992b, 1993), UK 1989 from HM Treasury(1993)

영국 복지국가의 개혁과정에서 공공재정지출의 억제보다 더욱 주목해야 할 것은 복지서비스 전달구조의 변화이다. 올슨(Olsen)의 언급과 같이 영국은 전후 복지국가의 기초를 형성·발전시켰고 복지국가 위기 이후에는 신보수주의 이념하에 복지국가로부터의 탈출구를 찾는 과정에서도 선구적인 역할을 수행해온 것으로 평가되고 있다. 복지국가의 위기 이후 세 번의 선거에서 승리해

---

7) Paul Johnson, *The Historical Dimensions of The Welfare State Crisis*, 1985.

15년 이상 장기 집권해온 보수당 정부는 특히 집권 3기에 해당하는 1987년 이후에 사회복지제도 전 영역에 걸친 탈사회화(privatization)의 전략을 수행함으로써 사회보장, 보건, 주택, 교육, 대인사회서비스에서 대대적인 개혁을 진행시켜 왔으며, 이는 재정적인 지출의 억제나 축소, 복지국가 체제의 조직과 전략에까지 근본적인 변화를 추구하고 있다는 점이 주목되어야 할 것이다.

이 글에서는 이러한 세 가지 전략을 중심으로 영국 복지국가 개편전략의 핵심적인 내용이 무엇이며 그 전략은 보수당의 15년 이상에 걸친 집권 시기별로 어떻게 추진되었는가? 이러한 전략은 특히 사회정책의 각 부문에 어떻게 적용되었는가? 보수당의 사회정책 개혁전략을 어떻게 평가할 것인가의 연구질문에 대한 답변을 중심으로 논의를 진행하고자 한다.

2. 복지국가 개편의 전략

보수당 정권은 1979년 집권 이후 경제전반의 탈사회화(privatization)를 주도면밀하게 단계적으로 진행시켜 왔다. 사회복지시스템의 변화는 이러한 경제를 비롯한 복지국가 개편전략의 일부일 뿐이다. 집권의 단계(term)별 주요 전략의 내용은 다음과 같다.

<표 1> 보수당 정부의 집권 단계별 개혁전략

보수당정부의 집권단계	정책의 내용
집권 1단계: 1979~1983	일부 국가소유 기업의 매각, 공영주택 구입권리의 부여, 공공지출의 증가억제에 정책의 일차적인 초점이 두어졌다.
집권 2단계: 1983~1987	대중자본주의 도입(공기업의 민영화에 있어 대중의 주식소유에 의한 경제참여정책). 국영기업(BT, BG, BA)의 주식 매각. 사회보장개혁에 관한 Fowler 위원회와 대인사회서비스 개혁을 위한 Griffiths 위원회가 구성됐으며, 이들의 활동은 제3단계에 진행된 사회복지제도의 구조적 개혁을 위한 준비작업이었다.
집권 3단계: 1987~1991	Social Privatization 추진. 복지국가의 기본적인 요소 재조직(사회보장 교육 보건 대인사회서비스의 재조직, 내부시장(internal market)의 형성과 민간부문(private sector)의 장려, 공공서비스의 opting-out, 경쟁 도입.
집권 4단계: 1991~현재	BR을 포함한 모든 국유산업의 민영화(privatization) 사회복지전달구조 개혁의 심화.

한편 사회정책 부문에 있어서 복지국가의 개편전략은 이미 앞에서 언급한 바와 같이 공공지출의 통제, 서비스 전달구조의 변화, 대중에 대한 도덕재무장 등이 사용되었다.

첫째, 공공지출의 통제전략은 현행 복지시스템의 보다 효율적인 운영을 위해서는 공공재정이 효율적으로 사용되어야 한다는 논리에 의하여 전개되었다. 보수당의 집권 제1기부터 공공지출의 통제는 일차적인 정책의 목표였다. 1980년에 도입된 중장기재정전략(Medium Term Financial Strategy)과 함께 목표달성을 위한 정부의 확고한 공약이 천명되었다.

<그림 2> 공공지출의 변화추이

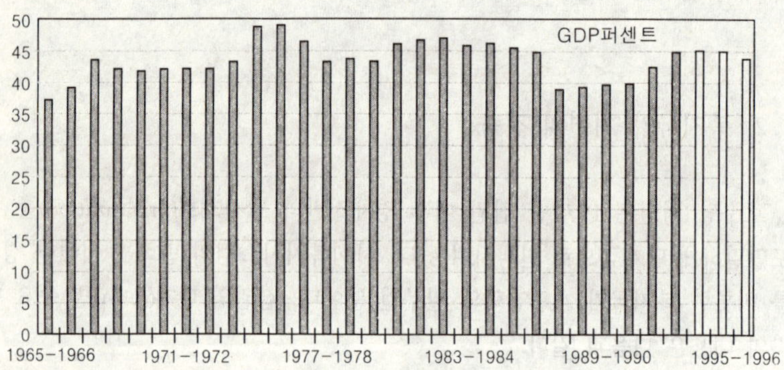

자료: HM Treasury, Autumn Statement 1992, HMSO, 1992

<그림 2>는 GDP대비 공공지출비중의 변화 추이를 보여주고 있다. 이 그림에 의하면 1979년 보수당 집권 이후 1980년대 중에 공공지출의 비중이 급속하게 감소한 경향을 보여주고 있다. 1980년대 말과 1990년대 초에 약간 증가하는 추세를 보였으나 최근에 다시 조정 국면을 보이고 있다. 이것은 경기후퇴와 선거의 영향에 의한 일시적인 현상으로 해석된다. 그리고 <그림 3>은 사회복지에 대한 공공지출의 절대금액과 사회정책 부문 간 상대적 비율의 변화를 보여주고 있다. 사회복지에 대한 공공지출의 절대금액은 대체로 일정한 증가 추세를 유지하고 있다. 이것은 사회보장, 보건, 교육 등 복지국가의 기본적인 틀은 계속 유지되었음을 반영한다. 다만 주택부문의 공공지출은 절대액과 상대적인 규모에서 계속 감소하였음을 보여주고 있다. 이것은 복지국가 개편

에서 주택부문에 대한 공공지출이 일차적 공격대상이었음을 반영하는 것이다.

둘째, 복지제도내의 구조적 변화를 추진하는 전략이 이루어졌다. 시장원리에 기초한 다양한 정책수단이 도입되어 복지서비스가 제공되는 방식의 변화를 가져왔으며 국가와 복지서비스 수급자 간의 관계를 변화시켰다. 이러한 변화는 특히 집권 3단계에서 이루어졌다. 이것은 장기간에 걸친 일당지배에 의해 가능했다고 볼 수 있다. 복지국가의 컨센서스가 유지되었던 1970년대와 1980년대 초 보수당의 집권 초기만 해도 복지행정은 기존의 제도가 존중되는 분위기에서 이루어졌고, 이는 점증주의(incrementalism)나 사례별 행정(case-by-case administration)으로 나타났다.

그리고 복지제도 자체의 구조적 변화를 가져오는 새로운 정책적 조치들은 이와 관련된 검증되지 않은 여러 가지 정책 이슈들을 제기하고 있으며 복지국가의 장래 전망과 관련하여 정책적·학술적 과제를 제기하고 있다. 이러한 전략이 사회정책에 어떻게 적용되었는가에 관하여는 제3절에서 분석하며 정책적 이슈에 관하여는 제4절에서 다루게 될 것이다.

셋째, 도덕재무장(remoralization)의 전략이다. 이것은 복지국가 개혁 프로젝트에서 '마음과 정신'의 요소로서 대처주의의 정치철학에서 비롯되었다. 즉 복지수급자의 도덕을 재무장시키고 개인적 책임의식을 회복시킴으로써 복지에 대한 태도의 근본적인 변화를 가져온다는 것이다.

<그림 3> 사회복지에 대한 공공지출

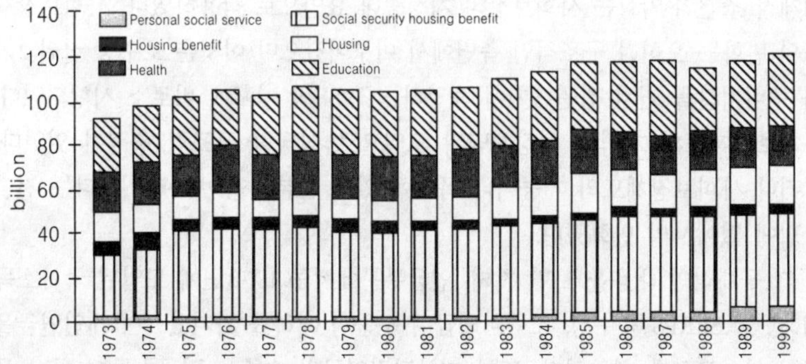

* Public spendi on welfare in the United Kingdom in £billion 1973~1990(1990~ 1991 prices)
자료: Glennerster, 1992

3. 사회정책의 변화와 전략의 적용

1) 사회보장[8]

1979년 보수당의 집권 이후 영국정부는 사회보장에 대하여 본래의 목적을 벗어난 근로의욕을 저하시키는 낭비적인 관료조직으로 평가하고 다음과 같은 목표를 분명히 하였다. 즉 재정의 효율적인 사용, 국가관료체제의 약화, 가장 욕구가 큰 자에 대한 표적화, 새로운 문화로서 기업과 자조문화가 강조되었으며 연금에서 민간보험회사 등 민간 비지니스가 권장되었다. 이러한 아이디어가 1980년대 이후 사회보장에 도입되면서 1983년 파울러 위원회가 구성되어 사회보장 전반에 대한 검토가 이루어졌으며, 파울러 위원회의 보고서 그린페이퍼와 이에 이은 사회보장개혁법(1986)은 베버리지 보고서 이후 최대의 개혁으로서 새로운 이데올로기를 반영하였다. 파울러 위원회 보고서의 기본원칙은 사회보장이 국가만의 기능이 아니라는 것이며 국가와 개인 간의 파트너쉽을 강조하였다. 이것은 정부가 국가소득비례연금체계의 재정부담으로부터 벗어나는 것과 연금가입자로 하여금 개인연금과 직업연금체계에 가입하도록 권장하는 것이었다.

전략적인 측면에서 보면 공공지출의 감소는 사회보장 부문에서는 경직적인 재정지출의 성격, 복잡한 제도의 성격 등으로 인하여 큰 성과를 달성하지 못하였다. 특히 집권 1기의 강력한 재정통제계획에도 불구하고 실업의 증가 등 경제적 조건의 악화는 사회보장의 재정증대 요인으로 작용하였다. 사회보장제도의 변화는 오히려 구조적인 측면에서 이루어졌으며 이것은 보수당 집권 2기의 준비기간을 거쳐 집권 3기에 해당하는 1988년 이후에 비로소 시행되었다. 사회보장제도의 개혁은 시장개념의 도입으로 상당한 구조적 수정이 있었다. 그러나 사회보장제도의 기능이나 목적에 있어 근본적인 변화라기보다는 전달방법에 있어서의 변화였다.

그 구체적인 내용을 보면 첫째, 연금부문에서는 1978년에 도입된 국가소득비례연금 SERPS를 수정, 소득비례급여 수준의 저하를 가져왔으며 개인연금을 장려하는 조치를 취하였다. 또한 기본퇴직연금의 수준을 평균소득이 아닌 물

---

8) 영국에서 사회보장은 소득보장(income maintenance)을 의미한다.

가상승에 맞춤으로써 그 실질가치를 하락시켰다.

둘째, 아동수당에서는 1980년대 중 급여수준을 동결하여 사실상 급여의 저하를 가져왔다.

셋째, 주택수당의 급여수준을 저하시켰고 새로운 규제와 자격요건을 강화하였다.

넷째, 사회부조는 베버리지 이후 복잡해진 보충급여제도(Supplementary Benefit)를 개혁하여 제도를 간소화시켰다. 새로이 도입된 소득부조(Income Support)는 기존의 보충급여제도를 대체한 것이었다.

사회부조 부문에서는 도덕재무장 전략의 사용이 두드러지게 나타났다. 특히 16~18세 연령집단을 급여대상에서 제외하였다. 이것은 학교교육을 떠나는 연령에 바로 사회보장의 급여를 받는 의존적 문화를 없애고자 하는 정책의도를 반영하였다. 동시에 사회부조는 저소득계층(lone parent, the disabled)에게 표적화(targeting)하는 전략으로 사용되었다. 가족 크레디트(Family Credit)는 부양가족이 있는 저소득근로자에 대한 근로의욕을 고취하는 방향으로 시행되었다. 사회기금(Social Fund)은 새로이 도입된 사회부조제도로서 예외적인 니드에 대한 급여체계를 간소화하고 행정책임을 지방행정당국에게 이관하는 동시에 예산을 통제하였다. 이 제도는 기존의 대부분의 교부금을 대체하여 대부(loan)의 원칙을 도입하였다.

그리고 사회보장급여의 전달체계상의 변화가 시도되었다. 이미 1980년대 초반부터 이른바 OS(Operational Strategy)에 의하여 사회보장 운영방식의 개혁이 시작되었다. OS는 원래 사회보장제도의 최신정보기술을 도입하는 프로젝트로서 운영의 효율성, 서비스질 향상, 사회보장 업무의 현대화라는 목표를 가지고 있었다. OS는 분권화된 네트워크의 적용을 통한 전통적 복지국가의 포디즘 원리를 포스트-포디즘 원리에로의 변화였다. 이와 같은 운영개혁의 수단으로써 OS는 1980년대 후반 지역사회보장 네트워크의 재조직을 실현하였으며 1991년에는 BA(Benefit Agency)의 창설을 가져왔다. BA는 정부가 정한 목표달성의 책임을 지되 반자율적으로 운영되는 비지니스 형태의 운영방식을 도입하였다.[9]

---

9) 이러한 조직은 이른바 Quango(quasi-autonomous non-governmental organization)로 불리고 있으며, 공공업무를 비지니스 형태로 운영하기 위하여 정부에서 임명

2) 국민보건서비스

보건분야에서 사용된 전략 중 공공지출 통제전략은 사회보장 부문에서와 마찬가지로 큰 성공을 거두지 못하였다. 오히려 제도의 구조변화라는 두번째 전략이 두드러지게 나타났다.

제도변화를 가져온 배경으로는 1980년대 이후 보건분야의 심각한 자원부족 현상이었다. 이것은 정부의 공공지출삭감, 보건서비스에 대한 욕구가 큰 노인인구의 증가, 보건서비스 수준의 향상 등의 요인과 관련되어 있다. 이에 따라 지역보건당국이 의료비를 지출하지 못하거나 진료가 취소되는 사례가 빈번히 발생하고, 대기자수(waiting list)가 증가하여 1년 이상 대기하는 사태가 발생하게 되었다. 이에 대한 정부의 정책검토가 있었으며 문제점으로 국민보건서비스(National Health Service: NHS) 피용자들이 보다 효율적으로 의료서비스를 운영하는 인센티브가 부족함이 지적됐다. 정부의 해결방안은 NHS의 장점(재정적 간결성과 사회적 형평성)과 시장체계의 장점(소비자의 요구에 대한 반응)을 결합하는 것이었다. 정부는 미국의 보건경제학자 엔소벤(Enthoven)의 권고를 받아들여 NHS 내에 내부시장(internal market)을 조성함으로써 효율성을 제고하는 정책을 수립했다. 이것은 각 병원이나 지역의료서비스 단위가 상호경쟁하도록 한다는 개념이었다. 1989년의 정부백서 *Working for Patients*는 서비스 구매자 기능과 공급자 기능의 분리원칙에 기초하여 있었다. 이어서 1990년 제정된 국민보건서비스 및 커뮤니티 케어법(NHS & Community Care Act)은 다음과 같은 보건정책상의 새로운 요소를 담고 있다.

첫째, 내부시장(internal market)의 개념이 도입되었다. 헬스케어(health care)의 공급자와 구매자 역할이 분리되어, 지역보건당국은 가장 적합하다고 생각하는 공급자로부터 서비스를 구매하며 병원은 지역보건당국에 대하여 최저의 가격으로 양질의 서비스를 공급하도록 시장원리에 의한 경쟁이 이루어지게 되어 있다.

둘째, NHS 트러스트(Trust)의 제도가 도입되었다. 병원과 지역사회 케어 유

한 인사들에 의하여 구성되나 지역주민들에게는 책임을 지지 않는다. 보수당 정부는 공공부문의 축소와 민영화를 위하여 이들 조직을 각 부문에 도입하여 1993년 현재 1,400개가 존재하고 있다.

니트(care unit)는 보건당국의 관할로부터 독립하여 자율적인 법인 트러스트로서 운영할 수 있도록 권장되었다. 경영자는 병원의 조직과 운영을 자율적으로 하게 되었다. 아직은 국가소유로 되어 있으나 운영의 거의 모든 측면에서는 사유(private)라고 할 수 있다. 병원 트러스트는 1993년 현재 약 450개가 운영되고 있다.

셋째, 예산을 독자적으로 관리할 수 있는 권한(Budget-holding)이 GP에게 부여되었다. 즉 시장원리의 개념이 GP에게도 적용되었다. GP는 자신에게 할당된 예산의 범위 안에서 병원과 계약하여 환자를 위한 서비스를 제공하게 되었다.

이와 같이 전문의료인력에게 통제할 수 있는 자원을 할당하는 것은 정부의 정책목표를 받아들이게 하는 가장 효과적인 전략적 수단이 되고 있다.

넷째, 민간병원이 증가하게 되었다. 1948년 NHS 도입 이후 민간의료시장은 붕괴하였으나 1970년대 후반 이후 민간부문이 급속하게 증가하기 시작하였다. 1979~1992년간 병상수는 60%, 병원수는 40%가 증가하였다. 그 원인으로는 민간 의료부문에 대한 정부의 장려정책, 노인이 민간의료를 이용할 경우의 조세면제, 일반인들의 태도변화(1970년대까지는 의료비의 사적 지출은 부도덕한 것으로 생각하였으나 이러한 인식이 변화하기 시작하였다), 고용주들의 고용유인책으로 민간의료활용, 민간의료보험의 증가(대부분의 민간의료비 지출) 등을 들 수 있다.

3) 주택

주택부문은 공공지출 억제전략이 가장 성공적으로 수행된 분야이다. 공공주택은 베버리지 보고서에 의한 복지국가정책의 가장 핵심적인 부분이었으며, 양질, 저가의 공영주택은 NHS 만큼 중요하였다. 그러나 1979년 이후 주택부문에 대한 공공지출을 통제하기 위하여 신규건설을 억제하고 공공임대주택을 매각하는 정책이 추진되었으며 이에 따라 신규건설과 임대가능 공공주택 수에 있어 급속한 감소 추세를 보였다. 1980년의 주택법은 공영주택을 구입할 수 있는 권리를 3년 이상 거주한 임차인에게 부여하여 시장가격의 30~50% 할인 가격으로 매도함으로써 1980년대 중 110만 호의 주택이 매각되었다. 매각된 주택은 비교적 양질의 것이었으며 남아 있는 공영주택은 상대적으로 열악한 수준의 질로서 임대가용 주택의 양을 격감시켰다. 이러한 정부의 공영주택에 대한 태도는 시장에 대한 신념, 자조에 대한 신념, 공영주택을 관리하는 관료체제에 대한 불신에 의한 것이었다. 또한 주택을 공급하고 운영하는 지방당국의 역할을 억제하기 위하여 재정을 주택조합(housing association)에 지원하고 있다. 이것은 사회보장부문의 BA와 NHS 트러스트에서 사용된 '독립적인 정부기관(quango)' 전략과 동일한 맥락에서 이루어진 것으로 평가된다. 1993년·현재 2600개의 조합이 60만 호를 운영하고 있다. 정부는 재정의 75%만 지원하고 나머지는 상업적으로 획득하게 함으로써 집세(rent)를 상승시켜 저소득층에게 부담을 가중시키고 있다.

따라서 결과적으로 무주택자(homeless)의 증가가 두드러지게 나타나고 있다. 1991년 공식통계로는 162,000가구 480,000명이나, 비공식통계로는 300만 명에 이르고 있다. 구조적 원인으로는 ① 공공주택에 대한 정부지원 1979년 이후 75% 감소, ② 공영주택의 매각 11만 호, ③ 빈곤의 증가: 주택수의 부족이 아닌 임대료 지불능력의 부족, ④ 고용패턴 북부지역의 실업률로 남동부로 몰림, ⑤ 이혼 등 가족구조의 변화 등을 들 수 있다.

4) 대인사회서비스

대인사회서비스(PSS: Personal Social Service)분야는 보수당 정부의 공공지출 억제정책에도 불구하고 재정지출이 상대적으로 확대되어 온 분야이다. 1986년에 발간된 <감사위원회(Audit Commission)>의 커뮤니티 케어에 관한 보고서는 커뮤니티 케어의 현실과 문제점에 대한 포괄적인 분석을 행했다. 노인을 위한 서비스의 경우 병원의 폐쇄는 민간 주거 케어(residential care)의 새로운 증가에 의해 대체됐으나, 한편 정부가 강조하고 있는 재가서비스 (domiciliary service)의 발전은 정체되었다는 점이 지적되었다. <감사위원회>는 특히 공공재정의 지원을 받는 주거 케어의 팽창에 비판적이었는데 그것은 과거의 장기체류 병원으로부터 단지 새로운 장기체류 시설로의 전환에 불과하며 보다 유연성 있는 비용효과적인 커뮤니티 케어의 발전을 저해하는 것이라고 지적되었다. 또한 노인인구의 증가에 따른 민간 주거시설 (residential home)에 대한 공공재정 지출은 대처정부의 사회복지 부문에 대한 재정지출 억제정책에도 불구하고 급속하게 증가하였고 비판의 주된 근거가 되었다. 이것은 민간 주거시설에 거주하는 노인의 주거비용에 대하여 사회보장 지출(보충급여)을 허용한 정책의 결과이었다. 민간 주거시설에 소요되는 비용은 비경제적이며, 많은 노인들에게 부적절하며, 생활의 질을 향상시키는 다양한 대안적 서비스를 제공하지 못한다는 것이다. 커뮤니티 케어에 관한 이러한 현실은 지역사회에 기초한 서비스라는 목표달성을 저해하는 것으로 평가되었다. 이 보고서는 커뮤니티 케어가 보다 현실성을 띠기 위해서는 기존에 존재하는 제도들에 조율을 맞출 것이 아니라 제도의 새로운 급진적 변화가 요구된다고 주장하였다. 즉 사회보장(보충급여)을 포함한 공공지출의 억제를 위하여 제도내의 구조조정이 불가피하다는 결론이 내려진 것이다.

이에 따라 당시 사회서비스 담당장관 포러(Fowler)는 1986년 12월 그리피스(Griffiths) 경을 위원장으로 하는 위원회를 구성하고 커뮤니티 케어를 지원하는 공공재정의 사용을 재검토하고 보다 효과적인 커뮤니티 케어를 향한 재정활용방안을 보고하도록 하였다. 1988년 '커뮤니티 케어(Community Care: Agenda for Action)'란 제명하에 발표된 그린 페이퍼 「그리피스 보고서(Griffiths Report)」는 앞선 <감사위원회>의 연구보고 내용을 수용하면서 다음과 같은 몇 가지 정책대안을 제시하였다.

① 커뮤니티 케어에 관한 일차적 책임은 지방당국이 져야 한다.

② 지방당국은 대인사회서비스의 직접적인 제공자가 아닌 계획, 조정, 구매자로서 역할을 수행해야 한다.

③ 주거 케어에 대한 요구는 지방당국의 사회서비스국(social service department)에 의해 사정되어야 한다. 이는 중앙정부의 사회보장 보충급여(supplementary benefit)를 통한 주거시설 거주자에 대한 지원 책임을 지방당국에 이관하여 그 적격성 여부를 사정(need test)을 통해 재심사하고 재정지출을 통제하겠다는 의지의 표현이다.

④ 프로그램의 비용은 중앙정부의 일반교부금과 특별교부금에 의해 지원되어야 한다.

그리피스 보고서 발간 6개월 후인 1989년 7월 보건성장관 클라크(Clark)는 하원에서 '커뮤니티 케어의 조직과 재정에 관한 정부제안'을 보고하였다. 내각은 그리피스 보고서의 여러 정책 대안들을 검토하였으며 그리피스 경의 결론은 대체로 수용되었다는 점이 언급되었다. 특히 사회보장제도의 보충급여(supplementary benefit)가 유발하는 주거 케어에 대한 인센티브는 매우 비정상적인 것으로 지적되었다. 이에 따라 사회보장의 케어 요소인 주거비용을 이전하는 새로운 정책적 조치를 도입하고 재가의 경우 'domicilary service'든 'residential or nursing home'의 경우든 그 비용을 충당하는 단일의 예산을 마련하게 되었다. 지방당국은 재정을 관리하면서 개인의 요구(need)를 사정하고 적절한 케어를 계획하고 그 전달을 보장하는 책임을 져야 한다고 주장하였다. 이러한 제안은 그리피스 경의 제안 내용과 거의 일치하는 것으로서 지방당국이 모든 서비스를 제공하는 것이 아니라 상업부문과 자원부문을 최대한 활용하는 것이 강조되었다. 이어서 1989년 12월에 발간된 정부백서 *Caring for People*은 대체로 이러한 내용을 담고 있다. 다만 그리피스 경의 제안과 정부백서의 내용상 차이는 커뮤니티 케어의 재정조달 방법에 관한 것으로서 그리피스가 제안한 커뮤니티 케어를 위한 지방당국에의 특별 교부금은 수용되지 않았다. 정부제안의 초점은 사회적 케어에 있어 지방 마켓을 창설하는 것이며 기존의 지방정부 기능을 대신하여 민간부문의 서비스 제공 역할을 촉진하는 것이었다. 지방정부의 역할은 클라이언트를 대신하여 케어의 전달과정을 관리하고 감독하는 데 초점을 두며 서비스 제공자로서의 역할은 가능한 한 잔여적인(residual) 역할로 머물게 하는 것이었다. 1990년에는 이상의 내용이 입법화되어 'N.H.S. and Community Care Act'로 공표되었다. 이 법은 1991년 4월부터 시행될 예정이었으나 부서 간의 예산이전 등 자원할당에 관한 복잡한 문제와 사전준비를 이유로 1993년으로 연기되었다. 이어서 동년에 정부백서의 정책내용에 관한 정책지침(policy guidance)이 발간되어 1993년 4월부터 지방정부의 책임으로 정식 시행되는 커뮤니티 케어의 주요 정책 내용이 제공되었다. 1991년에는 'Implementing Community Care'란 제명으로 지방당국의 사회서비스국의 조직과 재정의 접근방법이 제시되었다. 이어서 1993년 4월부터 커뮤니티 케어에 관한 새로운 법률이 시행되고 있다.

새로이 도입된 커뮤니티 케어 체계의 원리는 다음과 같다.[10]

① 보건 욕구(health need)와 사회적 욕구(social need)의 분리: 보건 욕구와

---

10) Stephen Moore, *Social Welfare Alive*, STP, 1994, pp.154-156.

사회적 욕구를 엄격하게 분리해 보건 욕구를 가진 사람은 GP 등 보건부문에서 서비스를 제공하고 사회적 욕구를 지닌 사람은 사회서비스부문에서 서비스를 제공한다. 그러나 이 양자 간의 엄격한 구분은 종종 혼동을 초래할 수 있다.

② 범주(category)로부터 개인에게로: 과거에는 특정한 범주의 사람들(노인집단)을 위한 서비스의 패키지를 먼저 준비해 두고 귀속적 욕구(attributed need)에 의하여 개인의 욕구를 사정(need test)한 반면, 새로운 체계에서는 개인(소비자)을 먼저 사정하여 적절한 서비스를 제공토록 하고 있다. 소비자의 선택의 자유를 강조하나 실제 원하는 서비스를 제공받을 수 있는가에 문제가 있다.

③ 단일창구: 과거에는 커뮤니티 케어가 여러 기관(보건당국, 사회서비스당국 등)에 의하여 제공되었으나 새로운 체계에서는 지방당국의 사회서비스국이 주요한 책임을 지게 되었고 보건당국의 역할은 축소되었다.

④ 서비스 공급자에서 이네이블러(enabler)로: 포러가 강조한 바와 같이 지방당국의 사회서비스국이 서비스의 독점적 공급자라는 것을 거부하며, 케어 매니저(care managers)는 공공부문의 서비스 외에 클라이언트를 위한 다양한 대안의 서비스—민간, 자원부문의 서비스 포함—를 고려하여 서비스가 제공되도록 하는 이네이블러(enabler)의 역할을 수행한다. 사회사업가의 역할도 변화했다. 즉 현장사회사업가(field social worker)보다는 케어 매니저(care manager), 서비스 공급자(service provider)보다는 구매자(purchaser) 역할이 강조되었다. 과거에는 공공부문에서 가능한 서비스 범위내에서 클라이언트를 위한 서비스를 제공하였으나, 신체계에서는 공공부문 외에 민간, 자원부문을 포함한 서비스를 고려할 책임을 지게 되었다. 또한 과거에는 재정에 대한 통제권이 없었으나(법의 기준에 의한 사회보장지출), 신체계에서는 주어진 예산 범위내에서 사회사업가(budget holder)가 서비스를 구매할 수 있게 하였다. 사회사업가에게 예산을 할당하는 전략은 GP 등 의료전문인력에게 자원의 통제권한을 부여하여 정부의 정책목표를 받아들이게 하는 전략과 일치한다. 그러나 중앙정부가 지방정부의 재정을 통제함으로써 클라이언트를 위해 사용할 수 있는 재원의 양이 문제가 된다. 또한 보건 등 다른 부문과의 협력이 보다 요구되며, 서비스의 질을 통제할 책임을 가지게 되었다.[11]

---

11) 극단의 경우, 민간 주거시설의 서비스를 중단할 수 있는 권한을 포함한다.

4. 영국 사회정책의 개혁전략에 대한 평가

복지국가 위기와 개혁에 대한 논의는 궁극적으로 복지국가가 어디로 나아가고 있는가에 초점이 모아지고 있다. 여기에서는 위에서 살펴본 사회정책의 구조변화로 복지국가체제의 기본원리였던 베버리지 원칙으로부터 얼마나 이탈하였는가 그리고 복지국가의 개혁 방향과 관련된 정책이슈—정책목표와 수단, 결과—들을 다루고자 한다.

1) 베버리지 원칙으로부터 이탈 여부

미쉬라(Mishra, 1990)가 분석한 바와 같이 복지국가 위기에 대한 신우파와 조합주의 접근방식의 차이는 완전고용이란 목표를 유지하느냐에 있다. 복지국가는 베버리지의 빈곤, 질병, 불결, 나태, 무지로부터의 해방이란 슬로건에 기초한 사회보장, 보건, 주택, 완전고용, 교육정책을 시행하여 왔으나, 완전고용의 정책목표가 파기되면서 사회보장을 비롯한 복지국가의 전반적인 정책기조가 흔들리게 되었다. 경제구조 측면에서는 주요 국유산업의 매각에 의한 민영화가 지속적으로 추진되었다. 그러나 사회정책의 측면에서는 강력한 공공재정 지출 억제전략에도 불구하고 복지제도 자체의 민영화는 복지국가의 경계 밖에 머물러 있었다. 보수당 집권 3기의 정책들은 르그랭(Le Grand)이 지적한 바와 같이[12] 복지제도의 기본구조의 변화로 영국사회정책의 역사에 획기적인 (critical) 시기로 기록될 것이다. 사회민영화(social privatization)로 불리는 이 개혁은 시장과 유사한 조건을 모방함으로써 준시장(quasi-market) 또는 관리된 시장(managed market), 통제된 시장(controlled market) 등으로 표현되고 있다.

그러나 시장경쟁의 원리를 모방하여 제도내에 도입한 사회정책의 개편이 베버리지 원칙으로부터 완전히 이탈하였는가에 대하여는 사회보장, 보건, 대인사회서비스 등 각 정책분야에 대한 보다 심층적인 논의가 필요하다. 사회보장에 있어서 소득비례원칙이 도입된 1950년대부터 이미 베버리지 원칙으로부터의 이탈에 관한 논의가 있었다. 소득비례연금의 도입으로 동액갹출 동액급여에 기초한 평등의 원칙이 깨어짐으로써 베버리지의 원칙이 크게 훼손되었으

---

12) Le Grand, *Quasi-markets and Social Policy*, London: Allen & Unwin, 1990, p.1.

며,13) 이러한 평등원칙으로부터의 이탈이 최근의 연금제도의 변화에서 더욱 두드러지게 진행된 것은 사실이다. 그러나 베버리지가 제안한 국민최저한의 보장을 위한 사회부조와 그 상부구조로서 갹출에 의한 사회보험제도와 민간보험의 기본체계는 그대로 유지되고 있다. 베버리지 원칙이 유지되고 있다는 주장의 또다른 근거는 NHS와 아동수당은 보수당의 신보수주의 복지국가 개편 과정에서도 확고하게 유지되고 있다는 점이다. NHS에 관하여는 보건의료부문에 관한 정책논의 과정에서 미국식 사회보험의 형태로 변화시키려는 논의가 있었으나 현행 국가운영의 NHS보다 효과적인 대안이 될 수 없다는 것이 정책결정자들 간에 공통적으로 인식되었다. 아동수당에 대하여도 그 효율성에 관한 열띤 논쟁에도 불구하고 여전히 그 정당성이 유지되고 있다. 또한 민간부문의 참여에 의한 '복지의 혼합경제'의 이슈도 베버리지 원칙과 원리상 근본적인 차이가 있는 것은 아니다. 따라서 복지국가의 개편전략에 의한 복지제도 내부의 일련의 구조적 변화—특히 보수당 집권 3기 이후의 제도변화와 사회적 서비스 전달구조의 변화—에도 불구하고 사회보험원칙에 의한 각종 급여, 국가책임의 NHS, 아동수당의 기본구조가 존재하는 한 사회정책이 복지국가에 관한 베버리지의 원리로부터 이탈하였다는 증거는 충분하지 않다고 판단된다.

2) 관련된 정책 이슈들

사회정책의 개혁과 관련된 최근의 정책이슈들은 정책의 목표, 정책의 수단, 정책의 결과에 관하여 제기되고 있다. 이러한 이슈들은 복지국가의 불확실한 장래에 대한 우려와 관련되어 있다.

우선 정책의 목표와 수단에 관하여 공공서비스 전달구조내에서 민간 섹터 방향으로의 변화가 어느 정도까지 가능한가? 만약 민간 섹터의 문화가 목표로서 바람직하고 가능하다면 왜 전면적인 탈사회화가 모든 사회정책의 목표로서 제시되지 않는가? 시장원리에 기초한 시스템이 바람직한 대안이라면 왜 완전한 시장(market)이 아닌 불완전한 준시장(quasi-market)이어야 하는가?14) 보수

---

13) 베버리지의 원래 구상은 동액갹출과 동액급여의 원칙으로 보험수리상 사회보험의 갹출과 급여 간에 균형이 이루어지는 것이었다.

14) 준시장(quasi-market)이란 서비스의 공급자는 경쟁하지만 서비스 사용자는 경쟁하지 못하는 불완전한 상황을 의미한다. 사회정책의 구조개혁에서 나타난 이 개

<표 2> 조세와 사회복지지출에 관한 여론

	1983	1986	1989
조세와 보건, 교육, 사회보장에 대한 지출을 감소시켜야 한다.	9	5	3
조세와 보건, 교육, 사회보장에 대한 지출을 현행대로 유지하여야 한다.	54	44	37
조세와 보건, 교육, 사회보장에 대한 지출을 증대하여야 한다.	32	46	46

자료: R. Jowell et al., *British Social Attitudes*, Gower, 1990.

당 정부의 사회복지개혁에서 나타나는 불확실한 목표, 목표와 수단 간에 일관성이 결여되어 있는 점 등은 정책목표와 현실 간의 타협 또는 모순을 반영하는 것으로 보인다. 로손(Lawson) 등 정부의 주요 정책결정자들은 시장원리와 민영화전략의 열렬한 신봉자임에도 불구하고 NHS의 개혁에 관한 정책논쟁에서 NHS의 민영화 계획을 생각해본 적이 없다고 부인하였다.[15] 이것은 길모어(Gilmour)의 비유처럼 대처주의자들이 교육을 영국의 대형유통체인 테스코(Tesco)에서 구매할 수 있고 세인스버리(Sainsbury's)에서 지방정부의 서비스를 구매할 수 있다고 보는 세계관[16]과 공공서비스가 민영서비스에 비하여 효율성이 적다고 생각하는 대처 정부의 견해에 비추어 극히 놀라운 일이었다. 이와 같은 정책추진상의 입장의 모순은 복지에 관한 여론과 정치적 현실과의 타협을 반영하는 것이다. <표 2>에서 보는 바와 같이 조세와 사회복지지출에 관한 여론은 복지국가가 대중으로부터 정당성의 기반을 상실하였다는 근거를 보여주지 못하고 있는 것이다.

정책의 결과에 관하여는 누구에게 이익을 가져다주며 누구에게 손실을 입히는가에 논의가 집중되고 있다. 사회보장의 개혁에 따른 최하층의 생성, 무주택자의 증가, 대인사회서비스에서 소득에 따른 서비스 이용패턴의 변화 등 현상은 불평등의 심화와 계급의 분화형상은 보수당의 개혁이 누구에게 이익이 되는가를 분명하게 보여주는 것이다.

넘은 서비스질의 향상과 소비자 선택의 보장이라는 공언된 정책목표를 실질적으로 보장하지 못한다는 비판을 받고 있다.

15) Deakin, op. cit., pp.202-203.

16) Ian Gilmour, *Dancing with Dogma*, Simon & Schuster, 1992, p.170, 223.

5. 결론

영국복지국가 개혁전략에 영향을 미친 가장 중요한 변수는 복지국가 위기론의 기초가 된 사회경제적 조건의 악화나 인구학적 변화의 요인보다는 이데올로기의 요인이라고 판단된다. 이러한 신우파의 이데올로기에 힘을 실어준 외부환경요인으로는 세계경제의 민영화(privatization)와 지구화(globalization)를 들 수 있다. 세계은행(World Bank) 등의 자료를 기초로 위트펠드(Whitfield)가 제시한 자료에 의하면 1991년 현재 전세계적으로 82개 주요 국가가 공공자산을 민영화하는 조치를 취하였다.[17] 선진산업국가는 이를 제3세계에 이전하는 이른바 신제국주의를 도모하고 있고, 글로벌 마켓(Global Market)의 형성은 이러한 세계경제의 민영화가 전제가 되고 있다.

영국의 국내적 이데올로기의 요인으로는 변화하는 계급구조를 들 수 있다. 후기산업사회의 계급구조는 노동자계급과 계급운동의 약화, 중간계급의 증가와 보수화 현상을 보이고 있다. 1980년대 영국의 노동당과 노동조합도 내부분열 속에서 비전과 전략을 상실하였다. 보수당의 전략은 이러한 변화하는 계급구조의 추세를 이용, 지배구조를 강화하는 전략을 사용하였다고 볼 수 있다.

영국 보수당 정부의 사회정책 개혁은 복지국가의 위기 개념에 기초해 집권시기별로 단계적으로 추진되어 왔다. 집권 초기에는 재정지출억제전략이 주로 사용됐으나 집권 후기에는 제도의 구조적 변화전략이 사용됐다. 또한 개혁의 세 가지 전략은 사회정책의 분야별로 다양하게 적용됐다. 사회보장과 NHS와 같이 보편주의원칙이 적용된 분야에서는 공공지출억제 전략보다는 서비스전달구조의 변화전략에 초점이 두어졌고, 주택분야에서는 공공지출억제전략이 성공을 거두었다. 그리고 선별주의원칙이 적용되는 사회의존계층을 위한 사회부조 부문에서는 도덕재무장전략이 효과적으로 사용됐다. 특히 집권 3단계 이후의 복지제도 구조 전반에 걸친 개혁은 보수당의 장기집권에 의해 가능하였으며 복지국가의 구조 자체의 변화의 시도라는 점에서 주목되고 있는 점이다.

그러나 지금까지 나타난 변화로서는 영국 복지국가의 사회복지제도가 베버리지 체계로부터 완전히 이탈하였다는 판단을 하기에는 시기상조이다. 그리고 복지국가 위기론의 근거가 된 정당성의 측면에서도 복지국가가 대중적 지지의

---

17) Dexter Whitfield, *The Welfare State*, Pluto Press, 1992, p.281.

정당성을 상실하였다고 보기는 힘들며 최근의 여론은 오히려 상반된 경향을
보이고 있다. 이러한 정당성에 대한 여론의 향방은 앞으로의 변화를 예측하는
데 중요한 기초가 된다. 보수당에 대한 지지도가 하락하고 있는 현 상황에서
조만간 도래할 총선은 블래어(Blair)의 노동당에게 복지국가에 대한 새로운 개
혁의 기회를 제공할 가능성이 커 보인다. 이러할 경우 복지국가는 지금까지와
는 다른 방향에서 새로운 구조조정을 하게 될 것이다. 그러나 장기간에 걸친
보수당의 집권과 복지제도의 구조개혁은 쉽게 돌이키기 어려운 영향을 남겨
놓았음이 분명하다.

참고문헌

Central Statistical Office. 1994, *Social Trends*, HMSO.

Deakin, Nicholas. 1994, *The Politics of Welfare: Continuities and Change*, Harvester Wheatsheaf.

Department of Social Security. 1993, *The Growth of Social Security*, HMSO.

Hills, John. 1993, *The Future of Welfare: A guide to the debate*, Joseph Rowntree Foundation.

Johnson, Norman. 1987, *The Welfare State in Transition: The theory and practice of welfare pluralism*, Harvester Wheatsheaf.

Jowell, R. et al. 1990, *British Social Attitudes*, Gower.

Le Grand. 1990, *Quasi-markets and Social Policy*, Allen & Unwin.

Mann, Kirk. 1992, *The Making of an English Underclass: the social divisions of welfare and labour*, Open Univ. Press.

Midwinter, Eric. 1994, *The Development of Social Welfare in Britain*, Open Univ. Press.

Mishra, Ramesh. 1990, *The Welfare State in Capitalist Society*, Harvester Wheatsheaf.

Moore, Stephen. 1993, *Social Welfare Alive*, STP.

Taylor-Gooby and Lawson. 1993, *Markets and Managers: New Issues in the Dilivery of Welfare*, Open Univ. Press.

Whitfield, Dexter. 1992, *The Welfare State*, Pluto Press.

미국 사회복지체계의 민영화
사회보장, 주택 및 개인 사회복지서비스를 중심으로

이선우
서울대, 한림대 강사

1. 들어가는 글: 사회복지체계 민영화의 배경

1930년대 대공황 이후 미국에서 국가의 사회복지를 통한 시장에 대한 개입이 본격적으로 시작되었고 1960년대 위대한 사회(Great Society) 시기를 거치며 사회복지체계는 급속한 팽창을 계속하였다. 자본주의 사회에서 국가가 시장에 개입하게 되는 것은 시장체계가 구성원들의 욕구를 제대로 충족시켜 주지 못하고 소득의 공평한 재분배, 경제의 안정적인 성장 또는 자원의 효율적인 배분 등의 기본적인 기능을 제대로 수행하지 못하기 때문이다. 국가는 사회복지체계를 통하여 시장 외부에서 자원을 분배하여 시장체계가 만족시키지 못하는 구성원들의 욕구를 충족시키고 소득의 불공평 분배를 막는 기능을 하고자 하였다.

사회복지체계의 확대경향은 1970년대 후반에 경제의 침체가 심화되면서 연방정부의 재정적인 위기를 계기로 정치적인 재평가를 받게 되었다. 국가의 시장 개입이 여러 측면에서 공격을 받고 감소하면서 국가가 행하던 여러 기능을 민간부문에 이전하게 되었다. 사회복지제도를 축소하라는 사회적, 경제적, 정치적 압력이 증대하면서 사회복지 혜택의 재원을 마련하고 생산하는 새로운 구조가 나타나게 되었는데 이 구조의 가장 큰 특징은 사회복지의 민영화, 상업화였다.

미국 사회복지체계의 민영화는 1980년 공화당의 레이건 행정부가 들어서면서 급격히 진전되었다. 레이건 대통령의 당선은 1970년대 말부터 강하게 대두되기 시작한 서구의 보수주의 경향을 나타내는 한 지표로서 1978년 대처가 영국의 수상으로 선출된 것과 괘를 같이 하고 있다. 또한 대부분의 유럽국가들의 좌익정당은 선거에서 영향력이 크게 감소하여 좌익정당의 정치적 지지세력인 노동세력이 약화된 현상을 반영하였다.

제2차 세계대전 이후 복지체계를 발달시켜 온 서구국가들은 복지국가의 계속적인 발달의 기반인 경제성장이 크게 완화되고 복지국가의 최대 지지세력인 노동세력이 약화되면서 복지국가에 대한 비판이 제기되고 급기야 복지국가 위기론이 대두하였다. 이들 국가에서는 복지국가 정책으로 세율이 높아지면서 국민들의 세부담을 증가시키고 생산성의 저하를 야기하였으며 전체적으로 경제의 발달을 저해하였다는 비판이 우파에서 제기되었고 좌파에서도 복지국가의 한계에 대한 비판이 제기되었다. 서구의 전반적인 분위기가 복지국가에 대해 비판적이 되어가면서 미국의 분위기도 복지국가에 비판적이 되어가고 있었다. 실제로 미국은 유럽국가들보다 세율이 낮을 뿐 아니라 사회복지혜택도 낮은 수준에 머무르고 있었으나 복지국가에 대한 정치적인 반대의 분위기는 유럽국가들에서보다 훨씬 효율적으로 이용되었다.

미국 경제의 위기 속에서 들어선 레이건 행정부는 예산 적자를 줄이기 위한 방안으로 정부예산을 삭감하고자 하였다. 예산삭감으로 가장 큰 타격을 입은 분야는 사회복지, 특히 교육, 직업훈련, 고용, 지역사회개발 및 경제개발지원 프로그램으로 이에 대한 예산이 크게 줄었다(Brilliant, 1995). 국가가 사회복지 프로그램을 통해 시장경제활동에 지나치게 개입했기 때문에 사회복지체계가 비효율적으로 됐다는 비판 속에서 국가는 사회복지지출을 줄이고 사회복지에 대한 책임을 민간에 이양하여 '사회복지체계의 효율성'을 제고하고자 하였다.

사회복지분야에 대한 정부의 역할축소를 강력히 요구하는 사회의 분위기 속에서 정부의 사회복지지출은 1977년에서 1989년 사이에 실제로 증가하였으나 대부분(77%)의 지출증가는 의료, 사회보장 및 기타 보험에서 발생하였다. 반면에 사회복지서비스에 대한 지출은 1989년의 불변가격으로 볼 때 19%나 감소하였다(Brilliant, 1995).

전체적으로 사회복지서비스 부문은 축소되기보다는 크게 성장하였으나 이러한 성장을 주도한 것은 1960년대와 달리 연방정부가 아닌 주로 비영리기관과 민간기업이었다. 이에 따라 1977년에서 1987년 사이에 민간의 사회서비스 기관의 수는 66%나 증가하였고 1977년에서 1989년 사이에 비영리기관들의 수입은 79%나 증가하여 정부의 사회복지지출 증가율보다 두배나 높았다(Salamon, 1993). 비영리기관의 급속한 성장에 가장 큰 기여를 한 것은 시장과 관련된 활동으로 전체 증가분의 55%를 차지하였다. 즉 클라이언트가 서비스에 대해 지불하는 요금이나 서비스 판매 등에서 주된 증가가 발생하여 이 부문이 상업화되고 있다는 것을 보여주고 있다. 이미 이러한 변화는 1974년 사회보장법 Title XX의 제정으로 공공기관이 민간기관(주로 비영리기관)으로부터 서비스를 구입할 수 있도록 허용함으로써 시작되었다. 레이건 행정부는 사회복지비 지출을 제한하고 예산의 배정을 삭감하여 공공의 직접 개입을 줄임으로써 이러한 경향을 가속화시켰다. 반면 공공기관과 서비스 판매계약으로 민간부문에서는 예산이 늘어나면서 시설이 증가하고 종사인원도 증가하였다. 1980년대에는 비영리기관뿐 아니라 영리를 목적으로 하는 기업도 사회복지서비스를 전달하고 관리하는 담당자로서 등장하여 병원, 간호시설, 재가의료보호 및 보육시설 등의 영역에서는 주된 주체가 되었다.

1980년대 이후 가속화된 사회복지체계의 민영화는 분야에 따라 다양한 형태를 보이며 진전되고 있다. 예를 들어 개인 사회복지서비스분야에서는 민간기관과의 서비스 구매계약이 주된 형태로 활용되는 반면 주택분야에서는 교환권과 조세지출이 주된 민영화의 형태로 활용되고 있다. 본 논문에서는 미국사회복지체계에서 주로 사용되고 있는 민영화의 형태를 알아보는 한편 사회보장, 공적부조, 주택 및 개인 사회복지서비스에서 사용되는 민영화의 형태를 구체적으로 살펴보고자 한다. 본 논문에서는 특히 사회복지체계의 민영화가 저소득계층과 중간소득계층에 원래 의도하지 않았던 차별적인 영향을 미칠 가능성에 대해서도 관심을 기울이고자 한다.

2. 사회복지체계 민영화의 개념과 형태

1) 민영화의 개념

민영화는 소유, 재원, 규제, 관리, 공급과 관련된 기능을 공공영역에서 민간영역으로 이전할 때 일어난다(Gilbert and Gilbert, 1989). 예를 들어 정부가 소유하고 있던 공공주택을 개인에게 판매하여 소유권을 이전하거나 정부가 관리하던 교도소를 민간기업과 계약을 통해 관리를 민간부문에 맡기는 것과 같이 소유권, 관리의 기능이 공공영역에서 민간영역으로 이전하는 것이다. 정부는 시설, 서비스, 인원에 대한 직접 투자를 줄이고자 시장체계를 통하여 서비스를 전달하는 것이 민영화라고 할 수 있다. 현재까지 미국에서 민영화를 도입하거나 도입할 것을 고려해 온 분야로 교도소, 우편, 쓰레기 수거, 공원관리 등을 들 수 있다.

사회복지에서 민영화의 전형적인 방법은 공공부문이 재원조달의 주된 책임을 맡으면서 사회복지혜택의 생산과 전달체계는 공공부문에서 민간부문으로 이전하는 것이다. 사회복지서비스의 생산과 전달에 시장을 이용함으로써 복지의 수혜자들이 공공의 재원에 의한 서비스를 사용하면서도 폭넓은 선택을 할 수 있는 기회를 제공하고 여러 민간의 공급자들이 경쟁을 통해 비용을 절감할 수 있도록 한다. 따라서 사회복지체계의 민영화에서 기업의 역할은 사회복지 혜택의 재정보다는 전달체계와 관련되어 있다.

사회복지에서 민영화는 비영리기관 또는 영리를 목적으로 하는 기업에 의해 진행된다. 영리를 목적으로 하는 기업이 민영화를 진행할 때, 사회복지는 상업화하게 되기 때문에 상업화는 민영화의 한 형태라고 할 수 있다. 사회복지혜택이 공공부문을 통해서 생산되고 전달될 경우에 강조되었던 측면은 사회복지혜택의 수준의 적절성이었다. 그러나 기업이 사회복지의 생산과 전달에 개입하면서 시장의 논리에 따라 기업은 다른 기업과의 경쟁에서 우위를 차지하기 위해 비용을 절감하는 노력이 강조되었다. 사회복지체계의 상업화는 사회복지의 특성을 크게 변화시켜서 수혜자로서의 지위가 강조되기보다는 소비자와 공급자로서의 계약관계가 강조되고 자원을 공급자에서 수혜자로 일방적으로 이전(transfer)하는 것이 아니라 공급자와 소비자로 쌍방교환이 되는 것으로 변화되었다(Gilbert and Gilbert, 1989).

민영화는 여러 가지 이유로 추구된다. 첫째, 연방 정부가 시행하는 사회복지 프로그램이 비효율적이며 비효과적이라는 것이다. 사회복지 프로그램의 효율성을 높이기 위해서는 시장을 통해 사회복지서비스를 제공하여 서비스 공급자 간의 경쟁을 자극하고 공급자의 이윤을 높이려는 동기를 유발해야 한다는 것이다. 따라서 사회복지 프로그램의 효율성을 증대시켜서 정부의 예산지출을 감소하기 위해 민영화를 추구한다. 민영화는 사회복지혜택을 생산하고 전달하는 데 공공부문에 비해 민간부문의 효율성이 높다는 가정하에서 정당화되었다. 공공재를 배분하는 결정을 할 때 연방정부가 계획을 세우기보다는 시장을 통해서 결정을 하는 것이 우월하다는 것이다(Gummer, 1995).

효율성에는 기술적 효율성과 가격 효율성이 있으며 전자는 사회복지혜택의 질, 효과성 또는 생산성과 같은 산출에 초점을 두고, 비용에 상관 없이 사회복지혜택의 질이 산출을 측정하는 도구로서 효율성의 증진을 평가하는 수단이 된다. 반면 후자는 인건비, 자본설비 또는 물리적 환경과 같은 투입에 초점을 두고 정해진 인력과 시설 안에서 최고 수준의 사회복지혜택을 이끌어내는 것에 관심을 둔다(Knapp, 1987; Choi, 1992에서 재인용). 즉 가격 효율성은 사회복지서비스 기관이 일정한 수준의 서비스를 제공하면서 비용을 줄이는 것을 말한다. 사회복지에서 민영화는 일반적으로 가격의 효율성을 증대시키고자 하는 노력이다.

둘째, 사회진화론에 뿌리를 둔 보수주의의 오랜 이념적 입장으로 강력한 정부보다는 최소의 정부가 개인의 자유, 정의를 보장하는 데나 사회적인 욕구를 충족시키는 데 유리하다는 입장이다. 따라서 국가의 시장개입을 최소한으로 줄이고 시장체계에 맡겨두고자 한다. 셋째, 시장경제에서 국가는 최대의 소비의 주체로서 일반 기업들과 밀접한 관련을 맺고 있으며 경제의 안정과 활성화를 위해서 국가가 일정한 역할을 해야 한다는 것이다. 국가는 시장을 통해서 사회복지서비스를 제공하여 민간부문의 생산활동을 활성화시켜 경제의 성장을 도와야 한다. 특히 경제적으로 침체기에 있을 때 사회복지를 민영화하여 민간 부문의 투자 기회를 확대하여 경기를 활성화시킬 수 있는 기회도 제공한다는 입장을 갖는다. 넷째, 사회복지서비스를 시장을 통해 제공함으로써 다양한 서비스 가운데 국민들이 원하는 서비스를 선택할 수 있는 기회를 확대시키자는 것이다(Savas, 1987: Choi, 1992에서 재인용).

2) 민영화의 형태

(1) 서비스 구매(Purchase of service)

국가가 현물(in-kind)로 제공하던 사회복지서비스를 전달하기 위해 가장 많이 사용하는 방법은 민간부문과 사회복지서비스를 구매하는 계약을 맺는 것이다. 구매계약의 형태는 효과가 있을 것으로 예상되어 필요성이 있는 사회복지 프로그램은 쉽게 시작하고 효과가 없거나 비용이 많이 드는 프로그램은 쉽게 끝낼 수 있는 장점이 있다. 예를 들어 정부는 저소득층의 부모들에게 보육서비스를 제공하기 위해 보육시설을 건설하고 직원을 고용하는 대신 수혜자의 친지, 비영리단체, 또는 영리를 목적으로 하는 보육시설에서 보육서비스를 구매하는 계약을 체결하고 민간부문의 공급자가 수혜자에게 서비스를 제공하도록 할 수 있다. 사회복지서비스의 구매계약은 영리를 목적으로 하는 기업이 사회복지서비스를 전달하는 과정에 개입하는 방법 가운데 가장 많이 사용되고 있다.

　정부가 영리를 목적으로 하는 기업과 계약을 맺고 서비스를 구입하는 가장 극단적인 경우는 교도소의 민영화이다. 교도소의 수감자가 급격히 증가하는 반면 비용 절감에 대한 욕구가 커지면서 교도소가 민영화되기 시작하였다. 1989년에는 8개 주의 주정부가 민간기업들과 60개의 교도소를 건설하여 관리하는 계약을 맺었다(Mcneece, 1995). 실제로 조엘(Joel, 1993)은 민간기업이 교도소의 건설·관리에 참여하는 경우 건설 기간을 단축할 수 있고 관리 비용을 절감할 수 있다고 보고하였으나 아직 교도소분야에서 민간기업이 제공하는 서비스의 질에 대해서는 논란이 계속되고 있다.

(2) 보조금(Grants)

　민영화의 또다른 형태는 정부가 사회복지서비스를 제공하는 기업 또는 비영리기관에 보조금을 제공하는 것이다. 보조금이 제공되는 서비스에는 임신부·아동을 위한 건강 프로그램, 예방의학, 알코올 중독자 치료, 마약 중독자 치료, 정신과 치료, 보육, 간호시설(nursing homes), 심리치료 등이 있다. 정부의 보조를 받는 기업 또는 비영리기관은 일반 소비자들이 서비스를 이용할 때는 시장논리에 따라 요금을 부과하는 한편 일정한 자격을 갖춘 저소득계층의 소비자들에게는 요금을 부과하지 않거나 소득에 따라 낮은 요금을 부과한다. 따라서 보조금을 받는 사회복지서비스는 시장의 경쟁을 통한 일반 상품으로서 공급된다.

(3) 교환권(Vouchers)

　시장경제에서는 소비자들은 여러 가지 상품 가운데 선호하는 것을 선택하여 구입할 수 있으나, 정부가 제공하는 사회복지서비스에 대해서는 소비자들은 선택의 폭이 크게 제한되어 있어서 제공되는 사회복지서비스를 무조건 받아들일 수밖에 없었다. 이러한 제한된 선택의 폭을 완화시키려는 방안의 하나가 교환권 체계이다. 이 체계하에서 사회복지서비스의 수혜자들은 하나의 서비스를 제공하는 여러 경쟁자들 가운데 자신의 선호도에 따라 선택할 수 있는 여지를 갖게 된다. 예를 들면 일부 지역에서는 교육(특히 특수교육)에 교환권을 도입하여 교환권의 수혜자의 선호에 따라 여러 사립·공립학교 가운데 하나를 선택할 수 있다. 수혜자가 교환권의 액수보다 비용이 많이 드는 학교를 선택할 경우에는 교환권의 액수와 실제의 비용과의 차액에 대해서는 수혜자 자신이 부담하여야 한다. 현재 교환권을 실시하고 있는 대표적인 예는 식권(food stamp), 주택의 임대료보조 등이 있다. 의료보험(Medicare), 의료보호(Medicaid)도 일종의 교환권제도로 볼 수 있으며 사회복지서비스에도 교환권제도를 도입하자는 주장이 제기되고 있다.

(4) 조세지출(tax expenditure)

조세지출이란 특정한 유형의 행위 또는 특정한 집단의 납세자들을 위해 정상적인 조세구조에 예외를 두어 세금을 감면하여 발생한 정부 수입의 감소를 말한다. 조세감면은 인간의 복지를 향상시키고 경제를 활성화시키는 것과 같은 목적을 이유로 주로 사용된다. 미국의 조세제도는 사회복지지출에 세금우대정책을 사용하여 상당한 소득이전의 효과를 내고 있다. 1970년대 중반 이후 간접적 공공지출이 가장 급격하게 확대되었으며 1985년 전체 조세지출은 연방조세수입의 49%이며 직접 공공지출의 36%에 이르며 전체 조세지출 가운데 약 48%가 사회복지에 사용되고 있다(Gilbert and Gilbert, 1989).

조세지출은 여러 방법으로 사용되는데 예를 들어 민간기업이 고용인들에 대해 퇴직연금, 의료보험, 생명보험 등의 부가급여(fringe benefits)를 증대시키고자 지출하는 비용에 대해 기업의 지출로 처리하여 조세를 감면해 줌으로써 일종의 보조금을 제공한다. 최근까지 민간기업의 부가급여는 일반적으로 사회복지라기보다는 근로자가 단체협상을 통해서 임금대신 받게 되는 근로조건으로 여겨져 왔다. 그러나 정부가 부가급여에 대해 세금을 감면해 주어 결과적으로 공공자금의 지출을 초래하기 때문에 사회복지로 분류돼야 한다고 주장하고 있다(Gilbert and Gilbert, 1989). 따라서 조세감면을 받는 민간기업의 부가급여는 부분적으로는 공공부문에 의해 재정지원을 받는다고 해야 할 것이다.

개인들이 개별퇴직연금에 가입하는 경우에도 소득세 공제대상에 포함시킴으로써 보조금을 제공하는 효과를 내고 있다. 뿐만 아니라 개인 또는 기업이 비영리기관에 자발적으로 갹출하는 자선기금에도 면세혜택을 부여하여 비영리기관의 주요 재원인 자선기금을 증대시키는 효과를 낳는다(Gilbert and Gilbert, 1989). 자녀가 있는 저소득계층에 제공하는 근로소득세신용(Earned Income Tax Credit)은 또다른 조세지출의 예이다. 이는 연방정부가 월급에 과세하는 사회보장세를 감면하여 보조금을 제공하고 있다. 이러한 조세지출은 수혜자들에게 현금을 지급하는 효과를 가져와서 소비자들이 사회복지서비스를 자신의 선호에 따라 선택할 수 있도록 장려하고 민간부문이 사회복지의 전달에 더욱 적극적으로 개입할 수 있도록 여지를 제공하였다.

3. 사회복지체계의 민영화

1) 미국의 사회보장체계

(1) 사회보장체계에 의한 국가 개입의 확대: 사회보장과 공적부조의 이원체계

미국의 사회보장체계는 1930년대 대공황을 거치면서 1935년 사회보장법을 통해 도입된 사회보험과 공적부조로 이루어져 있다. 연방정부는 수혜자들이 보험금을 납입하여 운영하는 노령보험 및 실업보험과 같은 사회보험으로 대다수 국민들의 소득에 대한 욕구를 충족시키고자 하는 한편 노동시장에서 직업을 찾을 수 없는 일부 국민들의 소득에 대한 욕구는 공적부조로 충족시키고자 하였다. 이 두 체계는 서로 다른 이념적 기반 위에서 출발하고 있다. 공적부조는 영국의 1601년 엘리자베스 구빈법을 이념적 바탕으로 빈민구제를 위한 국가의 최소한의 개입이라는 입장을 반영하고 있다. 반면에 사회보험체계는 독일의 사회보험체계에 기반을 둔 것으로 1935년 사회보장법으로 도입되면서 국가의 역할을 크게 변화시키는 계기가 되었다. 사회보장법에는 아동에 대한 부조(Aid to Dependent Children), 노령부조(Old Age Assistance), 맹인부조(Aid to the Blind)의 공적부조와 노령보험과 실업보험의 사회보험이 있었다.

1935년 사회보장법의 사회보험은 이후 공공부문 사회복지체계를 확대시키는 과정에서 이념적·재정적 기반이 됐다. 1960년대와 1970년대를 거치면서 사회보험의 적용대상이 확대되어 대부분의 중산층 미국인들에게 확대·적용됐고 급여수준도 높아지면서 정규근로자를 위한 소득보장정책으로 기능하게 됐다. 또한 장애인, 유가족의 소득보장뿐 아니라, 의료보험, 실업보험까지도 확대됐다. 1970년대 초에 일부 저소득 계층들을 대상으로 하던 공적부조 프로그램도 확대됐다. 특히 자녀가 있는 저소득계층의 생계를 위해 급여를 제공하던 AFDC(Aid to Families with Dependent Children)의 수혜자 확대는 두드러졌다.

(2) 이원체계의 차별적 발달: 사회보장의 확대와 공적부조의 축소

사회보험과 공적부조의 확대는 1970년대 국제경제 경기하락과 베트남전쟁으로 미국의 재정상태가 악화되면서 중단되었다. 1960년대 "위대한 사회(Great Society)"의 구호 아래 설립되었던 복지 프로그램은 연방정부예산이 계속 증가하리라는 가정하에서 가능했었다. 이러한 예상과는 달리 연방예산의 적자가 쟁점으로 부각되면서 특히 백인 노동자계층과 중산계층은 복지 프로그램의 확대에 우려를 나타냈다. 백인 중산계층을 중심으로 복지 프로그램의 효율성과 효과성에 대해 의문이 제기되자 공화당을 중심으로 하는 보수주의적인 정치인들은 빈곤을 감소시키고자 했던 1960년대의 사회복지 프로그램이 비용만 많이 들고 형평이 무시되고 비효율적이라고 공격하면서 연방정부의 사회복지지출을 대폭 삭감할 것을 주장했다.

민주당 행정부하에서는 연방정부의 사회복지지출의 삭감을 주장했던 보수주의자들도 레이건 행정부가 들어선 후에는 사회보장의 예산을 삭감할 수 없었다. 사회보장제도는 노령인구의 비율이 계속 증가하여 지출은 계속 늘어온 반면 노동할 수 있는 계층의 인구는 점차로 줄어들어서 지출은 감소할 것으로 예상되어 수입보다 지출이 많아져서 곧 파산할 것이라는 진단을 받았다. 그러나 사회보장은 중산층을 주요 대상으로 하는 소득보장으로 일종의 권리로 여겨지고 있었기 때문에 사회보장의 예산을 삭감하는 정책을 시행한다면 중산층과 노인층의 지지를 잃게 되리라는 것을 알게 되었다. 수혜자들이 보험금을 납입하여 일정 기간이 지나면 연금급여를 받는다는 개념이 이미 사회보험에 강하게 반영되어 있어서 사회보험의 예산 삭감은 개인이 '벌어들인 소득'에 대한 권리 행사를 방해하는 것으로 인식되었다. 결국 경제적인 목적으로 사회보장을 삭감하려는 시도는 레이건 행정부의 정치적 기반인 중산층의 심각한 불만을 야기시킬 가능성이 있어서 정치적으로 실행할 수 없는 것이었다(Heidenheimer, Heclo, and Adams, 1983: 234-235). 결국 현실적인 제약에 의해 레이건 행정부는 사회보장수혜와 의료보장을 삭감하려는 시도를 철회하고, 사회보장위원회에 사회보장체계의 보완책을 연구하도록 했다(Reid, 1995).

반면에 "위대한 사회" 시기에 실시되거나 확대된 복지 프로그램들은 축소해 정부의 지출을 삭감할 수 있었다. 공적부조 프로그램은 사회보험과 달리 개인의 형평과 권리에 입각한 합법성을 전혀 갖지 못했기 때문에 연방예산에서 사회보험보다 훨씬 적은 부분을 차지하면서도 예산삭감의 요구에 훨씬 더 약할 수밖에 없었다(Heidenheimer, Heclo and Adams, 1983: 235). 결국 공화당 행정부는 빈민에 대한 모든 공적부조 프로그램을 재검토하여 "복지의존(welfare dependency)"을 줄인다는 명분으로 국가의 역할을 줄여 나갔다.

연방정부의 사회복지예산감축에 대한 압력은 사회보장과 공적부조에 차별적으로 반영되었다. 사회보장은 당분간은 처음 고안되었던 것과 같이 국가가 개인들에게 연금을 지불하는 방식을 계속 취하면서 연금의 수준도 유지할 수 있었다. 그러나 공적부조는 심각한 예산감축압력에 직면하여 지출을 줄이기 위한 노력을 할 수밖에 없었으며 이에 따라 상대적으로 더 큰 민영화의 압력을 받게 되었다.

(3) 사회보장체계의 내용과 민영화

사회보험

사회보장은 노인, 유가족, 장애근로자에게 소득의 손실을 보충하여 경제적인 보장을 하고자 연방정부가 설립하여 운영하는 사회보험 프로그램을 말한다. 이 보험은 소득보장을 위한 프로그램으로 국가가 지출하는 비용의 측면에서 또한 사회보장의 혜택을 받는 사람의 수의 측면에서 미국에서 가장 큰 역할을 하고 있다.

사회보장에는 형평과 적정성의 두 가지 원칙이 있다. 사회보험에서 수혜자가 지급받는 금액은 수혜자 본인이 사회보험에 가입하여 벌어들인 수입에 따른다. 이는 형평의 원칙에 근거한 것으로 자신이 사회보험기금에 낸 것만큼 받는다는 것을 의미한다. 따라서 사회보장은 이에 가입하면 저소득자이든 고소득자이든 관계없이 사회보장을 받을 자격을 갖게 된다. 사회보장이 추구하는 또 다른 원칙은 적정성의 원칙으로 급여가 기본적인 소득욕구를 충족시켜야 한다는 것이다. 과거 수입이 낮았던 근로자들에게는 수입이 높았던 근로자들보다 높은 비율로 급여를 제공하여 최저수준의 생활을 유지할 수 있도록 하려는 시도이다. 일반적으로 사회보장과 관련된 정책들은 이 두 원칙 간의 균형을 유지하려고 한다(Tracy and Ozawa, 1995).

사회보장이 적용되는 직업의 범위는 계속되는 법의 개정으로 확대돼 왔으며 현재는 거의 모든 직업이 사회보장의 적용을 받고 있어서 대부분의 근로자가 의무적으로 가입하게 되어 있다. 1992년 12월 현재 20세에서 64세 사이의 남자의 93%와 여자의 84%가 노령보험에 가입되어 있다. 사회보장의 혜택을 받는 인구는 4천 1백 50만 명이며, 65세 이상 노인의 92%가 사회보장급여를 받고 있다. 1990년에 노령보험과 장애보험으로 지급된 보험금 총액은 2천 4백 6십억 달러로 국내총생산의 4.5%였다(Social Security Administration, 1993).

사회보장이 수혜자, 특히 노인들의 소득보장에 공헌한 기여는 상당히 커서 사회보장이 없었다면 상당수 노인들이 아직도 빈곤선 이하의 생활을 할 것으로 예상되고 있다. 사회보장청에 따르면 사회보장급여를 받기 때문에 1990년 노인의 12.2%만이 빈곤선 이하의 생활을 하고 있지만 사회보장이 없다고 가정할 경우 거의 50%의 노인이 빈곤선 이하의 생활을 할 것으로 추정하고 있다.[1] 특히 1960년대 말부터 1970년대까지 사회보장급여액이 크게 증가하면서 노인들의 소득은 65세 미만의 젊은 사람들에 비해 상대적으로 크게 증가하였고 65세 이상 노인들의 빈곤율은 65세 미만 계층의 빈곤율보다 낮아졌다.

사회보장의 재원은 근로자와 고용주는 각각 일정한 같은 비율의 사회보장세를 월급여에서 보험금으로 의무적으로 납입하고 자영업자들이 보험금을 의무적으로 납입하여 마련한다. 사회보장재원은 현금지불재정(pay-as-you-go financing)이라는 원칙을 갖고 있는데, 이는 근로자가 자신이 낸 보험금으로 자

---

1) 1990년에 다른 연령층의 빈곤율은 13.7%로 노인들의 빈곤율 보다 높았다. 사회보장은 근로자가 일생동안 매년 평균임금을 벌었고 1992년에 65세로 퇴직했다면 그 근로자가 퇴직 전에 벌던 소득의 약 42%를 제공하였다.

신의 연금을 받는 것이 아니라, 연방정부가 현재의 근로자들에게 세금을 부과하여 현재의 수혜자에게 연금을 지불한다는 세대 간의 계약이라는 특징을 말한다(Heidenheimer, Heclo and Adams, 1983: 222).

사회보장의 가장 심각한 문제는 바로 이 재원조달의 방식과 관련되어 있는데 현재의 청년층이 퇴직했을 때에도 사회보장의 재정이 정상적으로 작동하고 있을 것인지에 대해 언론을 통해서 많은 의문이 제기되고 있다. 학자들도 사회보장급여가 증가하고 수혜자가 늘어나면서 사회보장의 수입보다 지출이 더 많아졌다는 사실에 우려를 표명하고 있다. 경기침체로 높은 실업률이 계속 되면서 사회보장에 보험금을 납입하는 근로자의 수는 줄어드는 반면 출산율의 감소와 함께 퇴직인구의 증가[2]로 수혜자의 증가율이 청장년층의 노동인구보다 더 빨리 증가하기 때문에 사회보장의 주요 쟁점으로 대두되고 있다. 인구학적 변화로 사회보장체계는 심각한 재정압박을 받고 있으며 21세기 초에는 인구학적 변화의 심화로 문제가 더욱 악화될 것으로 예상되고 있다. 노령인구가 증가하면서 노인들에게 사회보장급여를 지불하기 위해 현재 보험금을 납부하는 근로자에 대한 부담이 증가할 것이라고 예상되고 있다(Schulz, Borowski and Crown, 1991).

현재의 사회보장재원인 현금지불재정은 수혜자에 대한 근로자의 비율이 안정되고 경제가 꾸준하게 성장하는 한 문제가 없으나 베이비붐 세대가 퇴직하기 시작하면서 수입보다는 지출이 급격히 증가하여 재정 부족이 발생할 것으로 보인다. 이에 따라 베이비붐 세대에게 사회보장급여를 지급하기 위해서는 사회보장세율을 높여야 할 것으로 예상되어 현재의 사회보장제도를 유지해 나가기 위해서 다음 세대는 더 무거운 재정적 부담을 안게 될 것으로 보인다. 이에 따라 사회보장이 직면하고 있는 재정문제를 해결하기 위해 현재의 급여수준을 낮추고 사회보장세를 올리는 등의 조치가 필요할 것이라는 주장이 계속 대두되고 있다.

이에 따라 여러 차례에 걸쳐 사회보장법을 개정하여 사회보장의 확대를 억제하기 위한 정책을 채택했다. 예를 들어 1980년의 사회보장법 개정법은 연금

---

2) 미국의 65세 이상의 인구는 1960년에 전 인구의 9%에서 2040년에는 20%로 상승할 것으로 예상된다. 이는 출산율이 1959년 3.58에서 1993년 2.00으로 급격히 감소함과 동시에 65세까지 생존율이 증가하는 데 따른 것이다.

수혜자들에게 노동을 권장할 수 있는 유인책의 하나로 연금을 받을 자격이 있는 사람들이 정상은퇴 연령인 65세가 넘어서도 연금을 지급받지 않고 노동을 계속할 경우 이들이 받을 급여액을 증액시키는 방안이 포함되어 있다.

노동유인책 이외에도 사회보장의 지출을 줄이려는 여러 가지 시도가 진행되고 있다. 1981년 제정된 총괄예산조정법(Omnibus Budget Reconciliation Act of 1981)은 연금 수혜자들이 받는 최저급여수준의 조항을 삭제하였다. 즉 당시까지 적정성의 원칙에 입각하여 소득이 많지 않아서 사회보장세를 많이 납세하지 못한 수혜자들에게도 최저급여수준의 급여액을 제공하였으나 이 법에 의해 최저급여수준은 없어졌다.

또다른 사회보장지출 억제책은 1983년 사회보장법 개정법으로 연금수혜자 가운데 일정 기준 이상의 고소득자가 받는 사회보장급여에 소득세를 부과하는 것이었다. 이 법에 의하면 일정한 면세액수(base amount)를 초과하는 소득을 올린 해에는 사회보장연금의 최고 50%(1994년에는 85%)까지 연방소득세의 과세대상으로 규정하고 있다. 급여액에 과세를 하고 고소득계층에 급여를 제한하려는 제안은 실제로 자산검사(means test)로 사회보장을 보편적인 제도에서 복지로 만들어가려는 시도로 볼 수 있다. 사회보장연금 수혜자들에게 소득조사를 실시하면 이에 따라 급여가 변하기 때문에 개인의 형평의 원칙을 침해하게 되고 수혜자들이 연금을 권리로 보는 경향을 약화시킬 수 있다. 그러나 사회보장지출이 계속 증가하고 사회보장의 재정 가운데 원천소득세로 충당하는 부분이 증가하면서 사회보장급여에 대한 소득조사는 계속 실시하게 될 것이고 과세대상이 되는 부분도 확대될 것이다.

사회보장은 수혜자들에 대한 자산조사(means-test) 없이 권리로서 주어지는 혜택이지만 사회보장의 재정적 위기가 심화되면서 그 위기를 해소하기 위한 한 방안으로 사회보장연금수혜자들에게도 소득조사3)는 실시하고 있다. 현행 사회보장 규정하에서는 65세 이상 69세 미만의 수혜자들은 일정액(1995년 기준 11,280달러)의 소득을 가질 수 있으며 그 금액까지는 기준 사회보장급여액을 전액 받게 된다. 수혜자가 이 액수를 초과하는 소득을 갖게 되면 3달러의

---

3) 학자들은 소득조사가 노인근로자의 노동활동에 그다지 중요한 역할을 하지 않는 것으로 보고 있지만 일반인들은 소득조사가 노동에 대한 욕구를 줄이는 주요한 요인으로 인식하고 있다.

초과소득에 대해 사회보장급여액은 1달러 감소하게 된다. 65세 미만의 사회보장 수혜자들은 이보다 낮은 소득(1995년 기준 8,160달러)만을 허용받고, 이를 초과하는 소득에 대해서는 2달러의 초과소득에 대해 급여액은 1달러 감소하게 된다.[4)]

정상퇴직연령을 높인 것도 장기적인 절약방법으로 중요하게 여겨지고 있다. 사회보장청은 정상적으로 연금을 받을 수 있는 연령(normal retirement age)을 2000년부터 65세에서 2027년에는 67세까지 점차적으로 올릴 예정이다. 이에 따라 현재 62세에 퇴직해서 연금을 받게 될 때 줄어드는 연금감소율 20%도 2027년에 30%까지 증가하게 될 것이다. 정상은퇴 연령을 67세로 연장함으로써 예상하지 못한 문제를 야기할 수 있다. 즉 사망률은 인종 및 소득계층에 따라 다르기 때문에 정상은퇴 연령을 올림으로써 일부층의 수혜자들에게 불공평한 피해를 야기할 수 있다. 예를 들어 정상은퇴 연령을 67세로 올리게 되면 평균수명이 66세인 흑인의 경우 평균적으로 연금의 혜택을 전혀 받을 수 없게 된다는 것이다. 또한 저소득계층도 평균수명이 짧아서 고소득계층에 비해 손해를 보게 된다. 노동시장에서 열악한 조건으로 근로기회가 감소하거나 건강문제로 자의가 아닌 타의에 의해 어쩔 수 없이 퇴직을 강요당하게 되는 근로자들에게도 정상은퇴 연령의 증가는 특히 부정적인 결과를 가져올 가능성이 크다. 따라서 연금을 받을 수 있는 연령을 높여서 사회보장급여의 지출은 줄어들게 되지만 이러한 급여의 감소는 저소득자, 소수인종근로자에게 특히 심각한 영향을 미치게 될 것으로 보인다(Gilbert and Park, 1996: 25).

사회보장의 재정문제를 다루려는 또다른 노력은 1983년 사회보장법 개정법을 통해 현금지불재정방식에도 변화를 가하는 것이었다. 개정법은 현재 40대인 베이비붐 세대가 21세기 초에 대거 은퇴함에 따라 연금을 지불하기 위해 필요한 재원이 부족하다는 문제를 해결하고자 예상되는 비용을 감당하기 위해 신용기금을 축적하도록 하고 있다. 따라서 사회보장의 재정은 현금지불재정방식에서 부분적으로 비축기금(partial prefunding)을 마련하는 방식으로 대치되었다(Stein, 1991).

사회보장의 재정적 위기가 점차 심화되어가면서 정부가 일반세입으로 사회보장을 재정적으로 지원하는 금액은 증가하고 있다. 예를 들어 사회보장급여

---

4) 70세 이상의 장애연금수혜자들에게는 소득제한이 없다.

의 일부분을 과세하여 연금기금으로 전환하거나 월급여에 대한 소득세를 일부 감면해줌으로써 사회보장의 재정충당을 위해 일반재정을 간접적으로 사용하는 것과 같은 결과를 낳는다.

사회보장급여는 1970년대까지 생활비가 증가함에 따라 증가하여 계속 상승하였다. 그러나 계속되는 사회보장 재정위기로 급여수준은 생활비에 비해 상대적으로 정체되고 또한 앞으로의 사회보장에 대한 신뢰도 의심받게 되었다. 이에 따라 소득보장의 수단으로 사회보장급여에만 의존하기보다는 개인연금에 의존하려는 경향이 강화되고 있다. 최근의 자료에 따르면 57%의 노인부부와 34%의 독신노인들은 사회보장급여 이외의 연금을 받고 있다(Grad, 1990). 그러나 서비스업 종사자나 부분시간근로자와 같이 개인연금이 부가급여로 제공되지 않는 작업장에 종사하는 저소득근로자들은 상대적으로 개인연금에 가입하는 비율이 낮고 개인연금 의존도가 낮은 한편 고소득 근로자들에게는 개인연금이 퇴직 후 수입대체에 유리하여 가입비율이 높고 의존도도 높은 경향이 있다.

사회보장의 재정적 위기로 노인들의 소득보장의 수단으로서 가치가 점차 떨어지면서 노인들이 퇴직 후의 소득보장으로서 사회보장에 의존하는 정도와 개인연금에 의존하는 정도가 소득계층에 따라 다르게 나타나고 있다. 예를 들어 노인들 중에서 가장 빈곤한 하위 20%의 노인들에 있어서 사회보장급여가 전체 소득에서 차지하는 비율은 76%에서 81%로 증가하였고 중위 20% 노인들의 사회보장급여에 대한 의존은 66%에서 63%로 감소하였고 최상위 20% 노인들의 사회보장 의존도는 20% 정도에 불과해서 매우 낮게 나타났다 (Gilbert and Park, 1996). 결론적으로 소득계층이 하위 40% 노인들은 사회보장에 크게 의존하는 반면 상위소득계층의 노인들은 점점 퇴직 후의 소득원으로 개인연금에 더 의존하는 것으로 변하고 있다.

사회보장이 확대되고 미국 중산층의 소득보장으로 중요한 역할을 하게 된 것은 사회보장수혜자들이 사회보장을 통해 일종의 보조금을 받았기 때문이었다. 이러한 보조금은 소득에 따라 액수의 차이가 있었으며 고소득자들이 가장 큰 액수의 보조금을 받았다. 그러나 사회보장이 재정적 위기에 처하면서 이러한 보조금은 점점 줄어들고 있으며 궁극적으로는 오히려 납입한 보험금보다 적은 금액의 연금을 받을 것으로 보인다. 비용이 상승하고 급여가 줄어들면서 사회보장에 대한 중·상류층의 정치적인 지지는 약화될 것이며 이들은 보험금에 대해 면세 혜택을 받을 수 있는 개인연금에 쉽게 접근이 가능한 계층이다(Gilbert and Park, 1996: 26-27).

이에 따라 사회보장의 연금체계에도 이중체계가 형성될 것으로 예상되고 있다. 첫번째 체계는 사회보장으로 보편적인 적용과 현금지불재정의 기본틀을 고수하는 것이다. 이 체계는 저소득자를 위한 주된 퇴직연금의 원천이 될 것으로 보인다. 두번째 체계는 민간연금으로 보험금에 대한 면세로 일종의 조세지출의 형태로 보조금의 혜택을 받으면서 번창하고 있다. 이 체계는 점점 더 많은 중·상류 소득계층의 노인들에게 퇴직 후 소득을 제공하게 될 것으로 보인다(Gilbert and Park, 1996).

사회보장으로 얻게 되는 혜택이 줄어들면서 퇴직 후의 소득보장으로서 사회보장의 매력은 감소하는 반면 중·상류층은 새로운 소득보장으로 개인연금에 대한 선호도를 증가시키고 있다. 1930년대 이후 미국의 소득보장정책이 공적부조와 사회보장이라는 이중구조로 형성돼 왔다면 이제 사회보장의 민영화를 통해 공적부조, 사회보장, 개인연금이라는 삼중구조를 형성할 것으로 보인다. 미국 노인들은 개인연금, 사회보장, 공적부조라는 서로 다른 소득보장체계에서 어느 체계에 속해 있느냐에 따라 전혀 다른 생활을 영위하게 될 것이다.

사회보장의 매력이 감소하면서 사회보장에 대한 중산층의 지지가 약해지게 되자 사회보장도 민영화의 경향을 강하게 나타내고 있다. 사회보장에서의 민영화의 형태는 개인연금에 대한 세금의 감면혜택을 줌으로써 조세지출의 보조금 형태를 띠고 있다. 앞에서 살펴본 바와 같이, 연방정부가 사회보장에 대한 헌신이 약화되면서 사회보장의 급여수준은 떨어져서 저소득계층의 소득을 감소시키는 효과를 가져오는 반면 중·상류소득계층에는 조세지출의 형태로 개인연금에 더욱 의존할 수 있도록 돕는 효과를 가져올 것으로 보인다. 따라서 사회보장의 민영화도 소득계층에 따라 차별적인 영향을 준다고 하겠다.

공적부조(Public Assistance)

공적부조는 복지(welfare)라고도 하며 주로 사회복지의 잔여적 시각에서 시행된다. 공적부조를 담당하는 공무원들이 부조에 대한 부정적인 생각을 갖고 수혜자들을 대하면서 이를 무의식적으로 수혜자들에게 표현함으로써 수혜자들의 도덕성을 파괴하는 영향을 미치기도 한다.

공적부조는 가능한 한 부조의 이용을 줄이고 복지에 의존하는 것을 줄이기 위해 수혜자들에게 불쾌감을 주려고 하는 경향이 있으며 이를 위해 여러 가지 방법을 사용한다. 예를 들어 공적부조는 현금보다는 현물(음식 또는 의복)이나 교환권으로 제공한다. 이는 일반인들이 자신의 복지를 최대로 증진시키기 위해 현금으로 자신에게 필요한 것을 결정하고 선호하는 종류를 선택하는 것과 달리 수혜자들이 자신의 일을 결정하여 처리할 수 있는 능력이 없다는 것을 암시하고 자신에 대한 의심을 갖게 한다. 또한 이미 공적부조를 받고 있는 수혜자들도 공적부조를 받을 필요가 있는지 지속적으로 재평가한다. 또한 공적부조는 긴급한 경우에 일시적으로만 제공되거나 불법이 발견되면 즉각 원조를 중단하는 방법으로 그 이용을 줄이고자 한다. 수혜자는 공적부조를 받기 위해 일을 하도록 강요받기도 하며 일하는 것을 강조하기 위해 자발적으로 직장을 그만 둔 경우에는 부조를 제공하지 않는 경향이 있다. 공적부조는 최저임금을 받는 노동자의 임금보다 낮은 금액을 지불하여 일을 할 수 있는 사람은 공적부조에 의존하지 않도록 한다.

공적부조는 사회보장과 비교하여 몇 가지 특징을 지닌다. 우선 공적부조를 신청하는 사람은 자산조사를 받아야 한다. 자산조사를 통하여 부조신청자가 최저수준의 생계를 영위하는 데 이미 충분한 자원을 갖고 있지 않다는 것을 확인하려는 것이다. 이 때 조사되는 자원은 노동소득과 불로소득이다. 또한 공적부조에 대한 자격과 급여수준은 구체적 사례에 따라 결정되기 때문에 공적부조를 담당하는 공무원은 급여여부와 급여수준을 결정하는 데 상당한 재량권을 행사한다. 사회보장은 수혜자의 권리라고 보는 반면 공적부조는 자선으로 간주된다. 사회보장의 재원은 근로자와 사용주가 부담하는 사회보장세로 충당하지만 부조급여의 재원은 일반세입, 특히 개인소득세와 재산세로 재정 충당을 한다.

공적부조의 대표적인 프로그램으로 아동이 있는 가족에 대한 보조(Aid to Families with Dependent Children: AFDC)는 아동의 소득보장을 목적으로 한 프로그램이다. 아동의 소득보장은 아동 본인에게 직접 주어질 수 없고 부모에게 간접적으로 주어질 수밖에 없다. AFDC는 부 또는 모가 사망했거나 부 또는 는 모가 유기했거나 이혼, 별거로 인하여 자녀와 함께 생활하지 않는 경우, 또는 미혼으로 부 또는 모가 경제적으로 지원을 못해주거나 보호를 못해주는 자녀가 있는 가정에 급여를 지급하는 것이다.

AFDC는 1935년 사회보장법의 아동에 대한 보조(Aid to Dependent Children: ADC)에 기반을 두고 있다. 사회보장법에서는 ADC의 목적이 어머니들이 어린 자녀들과 함께 가정에 있을 수 있도록 하는 것이라고 밝히고 있다. 1962년에 ADC는 AFDC로 바뀌게 되었고 여성의 사회활동에 대한 사회의 가치관이 변화하여 AFDC를 지급받는 어머니들은 직업을 갖도록 권장을 받고 있다. 1987년 AFDC에 소요되는 자금은 180억 달러 이상으로 공적부조 프로그램 가운데 가장 많은 예산이 지출되고 있다. 이는 여러 공적부조를 받는 사람의 대부분이 AFDC를 받고 있어서 해당되는 가정이 많기 때문이다. 실제로 AFDC에 지출되는 예산은 사회보험 프로그램에 지출되는 예산에 비해 극히 일부분에 지나지 않는다. 그럼에도 불구하고 AFDC 수혜자는 가장 심한 낙인을 받고 있어서 수혜자 1인이 받는 평균 월급여는 보충보장소득(Supplemental Security Income: SSI)보다 낮다. 1992년 AFDC 급여액은 주마다 편차가 심해서 미주리에서는 120달러, 알래스카에서는 924달러에까지 이르고 있다. 이러한 급여액은 최저생계비와 비교해 볼 때 식권을 받는다 해도 빈곤선의 66%밖에 되지 않는 실정이다(Ozawa, 1995).

영국 구빈법의 전통을 가장 많이 간직하고 있는 AFDC에 대한 가장 큰 쟁점은 AFDC를 받는 어머니들에게 일할 것을 요구하는 문제이다. 1988년 연방정부는 가족지원법(Family Support Act of 1988)을 제정하여 AFDC 수혜자들의 노동시장 참여를 강화하였다. 아동의 연령이 3세 이상인 AFDC 어머니는 직업기회와 기본기술(Job Opportunities and Basic Skills: JOBS)이라는 고등학교 교육, 직업 교육 및 훈련을 제공하는 새로운 프로그램에 참여해야 한다. JOBS에 참여하는 어머니들은 교통비와 보육비 보조를 받게 되고 직장을 갖게 되는 AFDC 어머니들은 1년 동안 보육 및 의료혜택을 받게 된다. 또한 양부모와 함께 생활하는 아동이 있는 가족에게도 부모 모두가 실업상태에 있다면 AFDC를 제공할 수 있도록 되었다. 이 때 부모 중의 한 사람은 적극적으로 일자리를 찾고 주정부가 운영하는 실업서비스에 등록하며 직업훈련 프로그램에 참여한다고 동의해야만 AFDC의 급여를 받을 수 있다. 1994년부터 AFDC가정의 한 부모가 구직에 참여하여 직업을 찾지 못하면 주정부가 조직한 작업활동에 1주일에 16시간을 참여할 것을 요구받고 있다.

AFDC는 아동이 있는 가족에게 최저수준의 생활을 보장하지 못하고 있어서 저소득층의 아동을 위한 소득보장으로서 제대로 기능하지 못하고 있다. 이에 따라 노동에 대한 강조를 하면서도 동시에 아동에게 적절한 생활을 영위할 수 있는 자원을 제공하고자 하는 노력이 제시되고 있다. 근로소득세신용(Earned Income Tax Credit: EITC)은 그 대표적인 예로 이는 자녀가 있는 저소득근로계층의 납세자에게 사회보장월급여세를 면제하는 것이다. EITC는 조세지출의 형태로 일정액 이하의 수입이 있는 가정 가운데 자녀가 있는 가족에게 환불할 수 있는 신용을 준다. 1993년 EITC는 1자녀의 경우 가족소득의 18.5%이고 최대 1,434달러이며, 2자녀 이상의 경우 가족소득의 19.5%로 최대 1,511달러였다. 최대의 환불을 받을 수 있는 가족은 소득이 7,750달러에서 12,200달러에 이르는 가족이다. 가족의 소득이 12,200달러가 넘게 되면 환불받을 수 있는 액수는 점차 적어져서 가족소득이 23,050달러가 되면 환불액은 없게 된다. 연방정부는 1992년 EITC로 107억 달러의 조세지출을 한 것으로 보고되었다.

EITC는 여러 측면에서 AFDC와 다르다. 우선 AFDC는 수입이 증가하면 감소하지만 EITC는 상당한 수준의 수입까지는 수입이 증가함에 따라 증가한다. EITC는 수입이 일정한 수준(1993년에 12,200달러)에 이를 때까지 줄어들지 않는다. 또한 EITC는 자녀의 수에 따라 차이가 나는 임금에 대한 보조금을 지급한다. EITC는 노동에 대한 강조라는 측면에서 상당히 성공적이라고 할 수 있다(Ozawa, 1995). 반면에 EITC는 가구주가 일을 할 수 없거나 부분시간노동을 하는 가족을 지원하는 데 효과적이지 못하며 많은 모자가정이 이러한 경우에 해당이 된다.

저소득층의 아동에게 원조를 제공하려는 노력은 AFDC에서 EITC로 초점을 바꾸고 있다. AFDC가 공공자금의 직접 지출이라면 EITC는 조세지출로 간접 지출로 볼 수 있을 것이다. EITC의 문제는 극빈층은 오히려 혜택을 못받고 그보다는 소득이 높은 계층에게 더 많은 혜택을 주고 있다는 것이다. 따라서 AFDC를 민영화하는 과정에서 극빈층에게 불리하게 작용하는 결과를 낳았다.

식권(Food Stamp) 프로그램은 1964년 식권법(Food Stamp Act of 1964)에 의해 시작되어 빈곤층이 영양부족과 기아상태에 빠지는 것을 막고 적절한 식사를 제공하는 것을 목적으로 하고 있다. 식권 프로그램은 다른 공적부조에 비해 폭 넓은 사람들을 대상으로 하며 자격이 있는 사람에게는 누구에게나 혜택을 주고 있으며 주로 공적부조수혜자와 기타의 저소득가정에서 이용하고 있다. 수혜자는 일반식품점에서 원하는 식품을 선택하고 식권으로 지불한다.

식권의 수혜자격은 유동자산이 2,000달러 미만인 가정으로 세전소득이 연방정부가 정한 빈곤선의 130%를 초과하지 않아야 하고 세후소득이 빈곤선의 100%를 넘지 않도록 되어 있다. 노인 및 장애인들에 대한 수혜자격은 일반적인 수혜자격보다 관대하다. 보충보장소득(SSI), 사회보장급여, 군인장애연금 수혜자들의 세전소득에 대해서는 제한을 두고 있지 않다. AFDC, SSI 또는 사회보장 장애연금을 받는 가정은 식권을 받을 자격이 부여된다. 무주거자, 구타당하는 아내, 알코올 및 약물 남용자 등, 비영리보호시설의 거주자도 식권을 받을 수 있다.

1993년 전체 인구의 10% 이상인 2천 7백만 명이 식권의 혜택을 받았다. 경제침체와 실업, 인구의 증가 및 자연재해로 식권의 수혜자는 계속 증가하고 있다. 1989년 식권의 수혜자의 반 이상이 아동이었으며 8%는 노인들이었다. 식권수혜가정의 평균가구원수는 2.6명이고 평균연총소득은 5,316달러였다. 수혜자 가운데 65세 미만의 성인들의 11%는 직장을 갖고 있었고 20%의 가구는 약간의 근로소득이 있었으며 28%의 가구주는 직업 프로그램에 등록되어 있었다. 많은 수혜자들은 연령, 장애로 노동요구로부터 면제되어 있다.

연방정부는 식권의 비용은 전액 부담하고 관리비는 주정부와 같이 부담한다. 1991년 식권의 가치는 173억 달러였으며 연방정부의 전체비용은 188억 달러였다. 이 비용은 1993년 281억 달러로 증가하였다(DiNitto, 1995).

식권 프로그램은 교환권을 사용하는 프로그램으로서 현물로서 식품을 직접 제공하는 것이 수혜자들의 식품선택의 범위를 제한할 뿐만 아니라 연방정부의 관리비용을 절약하는 이점을 안고 있다.

2) 주택

(1) 주택의 문제: 지불능력

주택의 문제는 주택의 수, 수준 및 지불능력의 문제로 나누어 볼 수 있다. 무주거자(the homeless)의 문제가 빈번하게 언론에 보도되고 있으나 미국의 주택재고량은 전체 가구수를 넘어서고 있어서 주택의 수는 주택문제라고 보기 어려운 상태이다. 주택의 수준과 관련해서도 상하수도 시설을 갖추고 있는 등 최근에는 최저의 수준은 갖추고 있다고 보는 것이 일반적이다. 따라서 주택의 문제는 결국 지불능력(affordability)의 문제라고 볼 수 있다. 일반적으로 가구소득의 25~30% 이상을 월임대료로 지불하면 지불능력에 문제가 있는 것으로 보고 있다.

주거지불능력의 문제는 저소득세입자에게 심각한 문제이다. 주택소유자의 비율은 계속 증가해왔지만 주택소유자와 세입자의 소득격차는 점차로 크게 벌어지고 있어서 세입자의 주택소유자에 대한 소득비는 1970년 70%에서 1983년 51%로 감소하였다(Bureau of the Census, 1986). 세입자들은 전반적으로 더 빈곤하게 되어 특히 저소득세입자들에게는 적절한 주거를 구하는 일이 더욱 어렵게 되었다. 연방정부의 주거보조를 받을 자격이 있는 세입자가구는 전체 세입자가구의 37%(1981년)에 달하고 있다. 전체적으로 주택재고량은 전체 가구수에 비해 부족하지 않지만 최빈곤층의 세입자가구가 이용할 수 있는 임대주택의 수는 상당히 부족한 상태이다.

(2) 주택부문의 공공지출

주택에 대한 공공지출은 직접지출과 간접지출로 나누어 볼 수 있다. 직접지출은 공공주택의 건설·관리, 저소득세입자에 대한 임대료 보조금 및 주거 교환권(housing vouchers)이 있으며, 간접지출은 개인주택구입 또는 개축에 대한 조세지출, 신용보조금·융자보증 등이 있다.

주택부문에서 정부의 직접지출은 우선 공공주택의 건설과 운영의 형태를 띤다. 1930년대 중반부터 1960년대까지 빈곤층에 대한 연방정부의 주택부문 지출의 대부분은 공공주택의 건설과 운영에 사용되었다. 이후로 공공주택의 건설은 급격히 줄어들어서 1980년대 이후에는 중단된 상태이고 단지 기존의 공공주택을 운영하는 데 지출을 하고 있다. 현재 정부가 소유·관리하고 있는 공공주택은 전체 주택의 2%에 불과하다(Mulroy, 1995). 빈곤가정은 일반적으로 대규모 주택단지내에 있는 공공주택에 거주할 수 있는 혜택을 받으며 이는 빈곤층에 대한 주거부조의 한 형태이다. 입주자는 공공주택임대료의 일부를 보조받아서 시장가격보다 낮은 임대료를 지불하고 임대료의 절약으로 1년에

약 평균 1,000달러 정도의 소득보조를 받는 효과를 내고 있다.

공공주택의 건설을 통한 직접지출이 크게 감소하면서 주택에 대한 정부의 지원은 세입자들에게 임대료에 대한 보조금을 제공하는 방향으로 초점을 바꾸었다. 1974년 주택과 지역사회개발법(the Housing and Community Development Act of 1974)이 제정되었고 이 법에 의해 섹션 8(Section 8) 프로그램하의 임대료보조금이 주된 주택 프로그램으로 등장하였다. 이 프로그램에 의하면 임대료보조금을 받을 수 있는 자격은 가구의 소득이 거주하는 지역의 중간소득의 80% 이내인 가구에 주어진다. 1981년부터는 임대료보조금을 받을 자격은 거주지역의 중간소득(median income)의 50% 이하인 가구로 더욱 제한되었다. 또한 임대료보조금을 받기 위해서 저소득 세입자들은 일정한 최저기준 이상이고 임대료의 수준이 적당한 주택에서 거주해야 한다. 이로써 저소득 세입자들이 선택할 수 있는 주택의 폭을 민간임대주택시장으로 확대하였다. 세입자는 임대료로 주택소유주에게 소득의 30%를 지불하고 정부는 공정한 임대료와의 차액을 주택소유주에게 직접 지급한다(Mulroy, 1995). 또한 이 프로그램은 민간건설부문이 빈곤층을 위한 주거를 건축, 소유, 관리할 수 있도록 하고 이를 통해 얻을 수 있는 이윤도 제한을 두지 않았다(Marcuse, 1986). 실제로 1980년까지 섹션 8 프로그램의 보조금을 받은 주택 가운데 신축주택과 개축주택이 가장 많은 부분을 차지했다. 이러한 상황은 1981년부터 변화하여 섹션 8 프로그램하에서 보조금을 받는 주택 가운데 기존의 주택의 비율은 1982년 88%, 1983년 92%로 증가하였다(Struyk, Mayer and Tuccillo, 1983).

연방정부의 보조금을 받는 주택의 건설이 더욱 감소하고 기존 주택의 이용이 증가하면서 교환권 프로그램이 1983년 주거 및 도시재활법(Housing and Urban Recovery Act of 1983)에 의해 도입되었다. 저소득층 세입자들은 임대료 지불에 사용할 수 있는 증표를 받게 되었는데, 이를 받기 위해서 세입자들은 최저 주거수준 이상의 주택에 거주해야만 한다. 섹션 8 프로그램하에서는 저소득층 세입자가 지불해야 하는 정상주택시장의 임대료와 세입자가 실제로 지불하는 임대료와의 차이를 정부가 직접 집주인에게 보상하였다. 반면 교환권 프로그램하에서는 저소득층 세입자에게 그 차액을 교환권으로 제공하여 세입자-집주인 간의 거래에서 정부의 역할을 배제하여 소비자의 선택을 증대시키고자 하였다(Gilbert and Gilbert, 1989). 교환권은 공정시장임대료[5]와 세입자 소득의 30%와의 차액으로 계산하며 세입자가 공정시장임대료보다 낮은 주거를 찾으면 공정시장임대료와 실제 임대료와의 차액을 세입자가 차지할 수 있다. 또한 세입자가 공정시장임대료보다 임대료가 비싼 주거에서 생활할 수 있으나 교환권의 금액은 공정시장임대료와 세입자 소득의 30%의 차액으로 제한되어 있어서 그보다 임대료가 비싼 주거에서 생활하면 그 차액을 추가로 부담해야 한다. 그러나 이로 인해 선택할 수 있는 주거의 범위는 훨씬 커지게 되어 공공의 부담은 일정하게 유지하면서 수혜자의 선택의 폭은 확대되었다. 따라서 빈곤층에 대한 주거부조에 시장이 더욱 관여하게 된 것을 의미한다.

또다른 형태의 연방정부의 직접 지출은 지역의 물리적 환경개선을 위한 지역사회개발에 지역사회개발총괄보조금(Community Development Block Grant)을 제공하는 것이다. 지역사회개발 프로그램의 주된 활동은 주택의 개축으로 민간주택시장에서 저소득층 및 중하층 가구가 주택을 구입하여 개축할 수 있도록 돕는다. 이 프로그램은 주택대출자금의 월 상환금의 일부를 주거 및 도시개발부(Department of Housing and Urban Development)가 지불한다. 영리를 목적으로 하는 기업도 지역사회개발 보조금을 받을 자격이 주어져서 민영화의 경향을 보였다. 영리를 목적으로 하는 활동이 활성화되며 지역사회개발 프로그램이 주된 목적으로 하던 지역환경개선과 주택개축이라는 원래의 경향은 약화되고 저개발지역의 기업활동에 대한 지원이 증가하였다.

정부가 주택에 지출하는 공공자금의 다른 형태는 간접지출로서 조세지출이다. 주거에 대한 연방조세지출은 1985년 410억 달러로 전체 조세지출의 12%에 달했으며 이러한 조세지출의 총액은 연방정부가 주거에 사용하는 직접 지출보다 많은 금액이다(Gilbert and Gilbert, 1989). 주거부문의 조세지출에서 가장 큰 항목은 자가주택 소유자가 지불하고 있는 주택융자금의 이자에 대해 소득세를 공제하는 것이다. 이러한 소득공제는 중산층에게 상당한 공공자금을 이전하는 역할을 하며 주택을 소유하는 비용의 평균 20%를 절감하는 효과를 가져온다.

주거에 대한 또 다른 간접 지출의 형태는 보증보조금으로, 조세지출보다 더욱 계산하기 어렵다. 이러한 보조금은 직접융자, 융자보증, 미상환융자금의 대납으로 이루어진다. 직접융자방식을 통해서 수혜자는 정부로부터 일반 금융권

---

5) 주택 및 도시개발부(HUD)가 정한다.

이 제공하는 이자율보다 낮은 이자율로 융자를 얻을 수 있다. 또한 정부로부터 받는 융자는 상환기간도 일반 융자보다 길고 이자를 상환하는 시기를 연기할 수 있으며, 상환유예기간이 있어서 그 기간에는 상환할 필요가 없고 융자에 필요한 비용도 감면할 뿐 아니라 같은 주택이라도 일반금융권보다 더 많은 융자액을 제공하는 혜택을 준다. 주택에 대해 연방정부가 제공하는 직접융자 프로그램으로 수혜자가 받은 혜택은 1986년에 약 1억 7천 5백만 달러에 달했다. 직접융자에 의한 보조금은 민간금융권보다 낮은 이자율로 제공되기 때문에 실제로 수혜자에게 돌아가는 혜택은 위의 금액보다 많게 된다. 직접융자의 주된 대상자는 노인, 장애인, 재향군인이다.

연방정부의 융자보증은 일반 금융권에서 받은 융자에 대해 연방정부가 지급을 보증하는 것이다. 연방정부의 보증으로 수혜자는 보증이 없을 때보다 낮은 이자율로 주택자금을 융자받을 수 있게 된다. 따라서 보증을 받은 융자에 대한 이자율과 일반주택이자율에 대한 차액이 보조금으로 계산된다. 민간담보보험처럼 민간보험회사에서 융자보증을 얻을 수 있는 경우 연방정부가 부과하는 요금과 민간보험회사가 부과하는 요금의 차이를 보조금으로 계산할 수 있다. 대부분의 연방정부 보증융자 프로그램은 농업부(Department of Agriculture), 주택 및 도시개발부(HUD), 재향군인청(Veteran's Administration)하의 주택 프로그램으로 시행된다. 융자보증에 의한 보조금은 1986년 약 61억 달러에 이르는 것으로 추산된다(Gilbert and Gilbert, 1989). 일반적으로 융자보증 보조금은 실제의 가치보다 적게 계산되는 경향이 있다. 이는 연방정부가 주택분야에 제공하는 융자보증액이 상당히 많아 민간금융권은 차용자를 끌어들이기 위해 연방정부와 경쟁을 하기 때문에 융자보증이 없었을 경우에 시장에서 부과할 수 있는 이자율보다 낮은 이자율을 적용시킬 수밖에 없다.

직접융자 또는 융자보증의 혜택을 받은 수혜자들이 융자금을 상환하지 못할 때 연방정부는 상환되지 않은 융자금을 대신 지급해야 한다. 일반적으로 연방정부의 직접융자 또는 융자보증을 받는 수혜자들은 민간금융권이 융자를 제공하는 고객들보다 융자금을 갚지 못할 위험부담이 더 크기 때문에 연방정부가 융자금을 대신 지급하는 형태로 지급하는 보조금의 액수는 상당히 많은 편이어서 1986년 연방정부가 대신 지급해야 하는 주택융자금은 45억 달러에 달했다.

미국에서 주택에 대한 공공자금은 1960년대까지 주로 공공주택의 건설·관리에 지출되어 왔다. 1970년대 초에 이르러서 공공주택건설과 관리에 소요되는 비용이 급증하고 대규모의 공공주택단지에서 범죄 등의 사회문제가 심각해지자 주택정책의 방향은 바뀌게 되었다. 그 결과, 주택 및 지역개발법에 의해 섹션 8 프로그램이 시행되고 공공자금은 주로 기존 주택에 대한 임대료보조금의 형태로 지출되기 시작했다. 따라서 주택분야의 혜택을 수혜자에게 전달하는 과정에 영리를 추구하는 민간부문, 즉 집주인들이 개입하게 되어 민영화의 경향이 두드러지기 시작했으며 이 경향은 교환권 프로그램으로 더욱 강화되었다. 주택정책의 민영화는 1980년대 말 공공주택을 세입자들에게 매도하기로 결정하면서 확대되었다. 뿐만 아니라 주택분야에서는 직접지출보다 많은 간접지출을 조세지출 및 보증보조금을 통해서 제공함으로써 주택을 통한 공공자금의 분배과정에서 민간의 역할은 계속 확대되고 있다.

결론적으로 연방정부의 주거부문 지출은 현물급여에서 점차로 교환권, 조세지출, 직접융자, 보증보조금의 형태로 변화되어 왔다. 이 과정에서 빈곤층에 대한 혜택은 교환권으로 한정되어 있는 반면 상당부분의 공공자금이 조세지출, 직접융자, 보증보조금의 형태로 일반적인 사회복지수혜자의 개념과는 거리가 먼 중산층의 주택소유자에게 제공되고 있어서 사회복지의 원래 기능 가운데 하나인 소득재분배에 오히려 역행하는 결과를 가져올 것으로 우려된다.

3) 개인사회복지서비스(Personal Social Services)

개인 사회복지서비스는 보호가 필요한 사람들을 돕기 위한 여러 가지 활동을 말한다. 최근까지도 개인 사회복지서비스의 주 대상은 저소득층으로 시장경제에서 충족시킬 수 없는 욕구들을 충족시키고자 하였다. 개인 사회복지서비스를 전달하는 주된 체계는 여러 비영리기관으로 사회사업전문가들에 의해 운영되었다. 일부 상담과 같은 영역에서는 시장경제의 논리가 적용되어 서비스 비용을 스스로 부담할 수 있는 계층이 이용하기도 하였으나 이는 사회복지라기보다는 일반적인 상품의 구매라고 보았다. 따라서 대부분의 중산층 가정에서는 개인 사회복지서비스를 받을 기회가 거의 없었다.

1960년대 중반 이후 전통적인 지지체계가 쇠퇴하면서 위기상태에 놓인 중산층은 민간부문의 상담서비스에 대해 지불할 수 있는 능력이 점차로 줄어들고 개인 사회복지서비스에 대한 욕구가 점차로 증가하게 되었다. 이와 동시에 개인 사회복지서비스를 생산하고 전달하는 과정에서 영리기업이 개인 사회복지서비스 영역으로 진출하게 되고 개인 사회복지서비스는 조세지출에 의한 보조금을 받으며 여러 직장에서 확대되고 있었다.

개인 사회복지서비스의 재원은 직접공공지출, 보육 및 근로자 부가급여에 대한 조세지출, 그리고 자선단체에 대한 기부금이 주를 이룬다. 직접공공지출은 연방정부가 지출하는 것으로 여러 개인 사회복지서비스를 전달하는 프로그램으로 분리되어 있다. 원래 이들 프로그램은 개별보조금으로 재원을 충당하여 연방정부가 지출될 수 있는 영역에 대해 상당한 통제력을 행사하고 있었다. 1970년대 초에 연방정부는 주정부에 보다 많은 통제력을 행사할 수 있도록 하면서 9개 총괄보조금(block grants)을 설립하였다. 이 보조금에는 사회서비스 (social services), 저소득 주택 전기·가스부조, 지역사회서비스, 알코올·약물 남용 및 정신보건, 예방보건 및 보건서비스, 임신부·아동 보건, 초등 및 중등교육, 지역사회개발, 직업훈련이 있었으며 사회서비스총괄보조금은 개인 사회복지서비스의 재원으로서 가장 중요했다.

닉슨 행정부는 1974년 사회보장법 Title XX를 제정하여 연방사회서비스 자금이 주의 인구에 따라 배당될 수 있도록 하였다. 각 주는 인구비례에 의한 자금을 부여받게 되는데 주정부는 연방정부가 제시하는 일정한 규칙을 지키고 연방정부가 제공하는 보조금의 25%에 달하는 사회서비스를 위한 자금 (matching fund)을 제공하도록 하였다. 이전까지 사회서비스는 시각장애인, 신체장애인, 노인, 모자가정 등 공적부조를 받는 가정에게만 한정되어 있었으나 각 주의 재량권이 확대되면서 서비스에 대한 자격은 확대되어 많은 중산층도 개인 사회복지서비스의 수혜자로 포함하게 되었다. 이러한 사회복지서비스는 무료로 제공되거나 수혜자의 소득에 따라 차등요금을 부과하기도 하였다. 수혜자격의 확대와 함께 연방정부의 보조금을 받을 수 있는 사회복지서비스의 범위도 확대되었다. 연방정부의 규제가 완화되면서 각 주정부는 지역의 필요에 따라 적절한 사회복지서비스를 제공할 수 있었다.

사회복지서비스에 지대한 영향을 미친 또 다른 법은 레이건 행정부가 통과시킨 1981년 총괄예산조정법(the Omnibus Budget Reconciliation Act of 1981:

OBRA)이었다. 이 법은 Title XX 프로그램을 대신하여 사회복지서비스에 대한 재정지원을 각 주에 총괄보조금(block-grant)으로 제공하여 자금에 대한 주정부의 재량권을 더욱 확대시켰다. 이 법으로 Title XX의 사회복지서비스에 대한 규제는 대부분 없어졌다. 따라서 각 주정부는 25%의 주정부자금에 대한 의무에서도 제한받지 않게 되었고 빈곤층에 대한 서비스로 50%를 요구했던 제한도 없어졌다.

연방정부의 규제가 없어지면서 사회복지서비스에 대한 주정부의 재량권은 상당히 확대되었다. 그러나 총괄보조금으로 바뀌면서 사회복지서비스에 대한 연방정부의 자금은 대폭 삭감되었다. 1982년에 30억 달러였던 사회복지서비스 연방예산은 1983년 26억 달러로 오히려 대폭 줄어들었다. 예를 들어 알코올, 약물 및 정신의료서비스 총괄기부금은 이전까지 계속 확대되었던 알코올과 약물관련 서비스에 대한 연방정부의 재정지원을 통합하고 자금은 25%나 삭감되었다(Burke, 1995). 따라서 사회서비스 총괄보조금으로 주정부는 사회복지서비스를 공급하는 과정에서 상당한 재량권을 확보했으나 연방자금의 감소를 받아들여야만 했다. 이에 대한 해결책의 하나로 주정부 및 지방정부는 사회복지서비스에 대한 기여를 확대할 수밖에 없었다. 또한 전반적으로 사회복지서비스를 받을 수 있는 자격요건을 강화하여 특히 빈곤한 계층에만 서비스를 제한하였다. 이에 따라 공공재원으로 운영되는 시설에서 서비스를 받고자 하는 사람들의 수는 늘어났고 서비스를 받기 위해 기다리는 시간도 늘어났다. 뿐만 아니라 빈곤층이 아닌 서비스 이용자들은 요금을 지불하여야만 했다. 결국 치료를 위한 공공 재원이 삭감되고 영리를 목적으로 하는 사회복지서비스가 증가하면서 요금을 지불하는 이용자들을 위한 서비스와 공공자금의 보조금으로 빈곤층에게 제공되는 서비스로 사회복지서비스 체계가 이원화하게 되었고 사회복지서비스의 불공평성에 대한 우려가 제기되었다(Burke, 1995).

총괄보조금의 도입으로 민간기관들은 사회복지서비스를 수혜자들에게 제공하기 위해 공공기관과 서비스 구매계약을 맺었고 이를 통해 공공부문으로 진출하게 되었다. 실제로 민간기관과의 서비스 구매계약은 이미 1960년대 중반부터 시작되어 Title XX를 통해 확대되어 연방자금은 비영리 사회서비스 기관의 1980년 재원의 50%를 점하게 되었다. 사회복지서비스 기관은 서비스 구매계약을 통해 직접적으로 공공자금지원을 받았을 뿐 아니라 기부금에 대한 조세지출의 형태로만 1985년 140억 달러에 달하는 간접적인 공공보조금을 받았다(Gilbert and Gilbert, 1989).

영리를 목적으로 하는 서비스 공급자와의 서비스 구매계약은 다양한 형태의 개인 사회복지서비스를 의료서비스와 분류함으로써 의료보험과 의료부조 하에서 환불을 받을 수 있게 되면서 크게 증가되었다. 예를 들어 정신건강, 약물남용, 장애 등과 관련된 서비스는 쉽게 의료보호체계로 분류되어 환불을 받을 수 있었다. 또한 보육, 장애인들의 수송, 거택내 식사 프로그램, 직업훈련 등도 영리기관이 활발하게 활동하고 있는 영역이다.

개인 사회복지서비스 제공에 시장과 민영화를 사용한 가장 대표적인 예는 보육이다. 여성의 노동시장 참여가 증가하면서 보육서비스 시장은 급격히 확대되고 있다. 여성들이 본격적으로 직업을 갖기 전에 보육의 필요성은 극히 제한되어 있어서 친지 또는 이웃에 의해 욕구를 충족시킬 수 있었다. 그러나 1960년에서 1985년 사이에 6세 미만의 자녀를 가진 기혼여성의 노동참여율은 19%에서 53%로 증가하였고 이들 여성에게 있어서 가장 심각한 스트레스를 유발하는 요인이 보육이며 또한 상당한 비용이 들어서 가계에 부담을 주게 되었다. 보육에 대한 욕구는 증대되어 영리를 목적으로 하는 보육시설에서 보호하고 있는 아동은 전체 보육시설아동의 41%에 달하고 있다(Gilbert and Gilbert, 1989). 예를 들어 'Kinder-Care Learning Centers, Inc.'는 세계 최대의 영리 보육회사가 되었다. 이러한 민간기업은 중산층을 주된 고객으로 하고 있으며 부모들이 지급하는 보육료가 기관의 수입 가운데 가장 많은 부분을 차지하고 있다. 이러한 보육료 지출은 연방조세지출과 주정부조세혜택으로 보조를 받는다. 예를 들어 레이건 행정부하에서 중요한 보육정책의 하나로 보육료지출에 대한 세금혜택에 관한 법을 통과시켰으며 이는 현재 보육에 대한 연방정부의 재정지원 가운데 최대 규모를 차지하고 있다(Gummer, 1995). 이 법에 따라 1981년 이 세금혜택을 신청한 가족의 64%는 중간소득 이상의 소득을 갖고 있는 가족이었다. 반면에 혜택을 신청한 가족의 7%만이 연간소득 1만불 이하를 벌었던 것으로 보고되어(Tuominen, 1991) 이 법에 의한 공공자금의 혜택은 주로 중산층 가족에게 돌아가는 것으로 나타났다.

보육서비스에 대한 재원은 부모들이 지불하는 보육료가 가장 큰 부분을 차지한다. 연방정부는 부모들이 지불하는 보육료에 대해 조세지출로 보조를 지급하며 또한 사회서비스 총괄보조금과 주정부보조금으로 직접지출을 한다. 1980년대 후반에 AFDC 수혜여성들에게 직업훈련과 취업 프로그램에 참여를 요구하면서 보육비용을 지급하게 되었기 때문에 이로 인하여 보육에 대한 직접공공지출은 계속 증가될 것으로 보인다. 따라서 민간보육시설은 전체 보육료를 부담하고 대신 연방세금혜택으로 환불6)을 받는 가정, 가구소득에 따라 보육료의 일부분만을 부담하고 나머지는 사회서비스 총괄보조금의 공공자금으로 지불하는 가정, 공공자금으로 완전히 보조를 받아서 무료로 서비스를 받는 가정에 보육서비스를 제공하고 있다(Gilbert and Gilbert, 1989). 1984년 10억 달러가 사회서비스 총괄보조금으로 주로 저소득층 및 중하류소득층 가구에 혜택을 준 반면, 20억 달러의 보조금은 조세지출의 형태로 중산층 가구에 유리하게 분배되었다.

결론적으로 개인 사회복지서비스는 민영화가 급격하게 진행된 사회복지부문으로서 민간사회복지서비스 기관과 서비스 구매계약, 민간기관에 대한 보조금 및 조세지출의 형태로 민영화를 추구하고 있다. 위에서 언급한 바와 같이 조세지출은 주로 중산층 가구에 유리하게 작용하는데 이 조세지출에 의한 보조금이 저소득층에 주로 혜택을 주는 사회서비스 총괄보조금의 두 배에 이른다는 것은 민영화가 각 소득계층에 미치는 차별적인 영향에 대해 시사하는 바가 크다고 할 것이다.

4. 나가는 글

영리를 목적으로 하는 기업이 사회복지서비스의 전달과정에 참여하도록 함으로써 민영화는 정부의 사회복지에 대한 책임을 완화시키는 역할을 할 수 있다. 그러나 여전히 재원의 조달은 정부가 맡으면서 기업이 서비스의 전달을 맡게 함으로써 가격 효율성은 높일 수 있으나 기업의 이윤 추구로 인해 서비스의 질은 저하될 수 있다는 비판이 제기되어 왔다. 반면에 이윤을 추구하는 여러 기업이 하나의 서비스를 전달하는 과정에서 경쟁을 하게 되면서 수혜자들이 서비스를 선택할 수 있는 여지를 제공하였다 것은 민영화가 가져온 이점

---

6) 한 자녀에 대해 연간 720달러.

이라고 할 것이다. 그러나 이러한 이점은 실제로 중산층에게 가장 직접적으로 해당이 되고 있다. 중산층의 수혜자들은 주로 세금혜택의 형태로 사회복지서비스를 전달받기 때문에 자신들의 선호에 따라 최대의 선택을 누릴 수 있는 반면, 저소득층의 수혜자들은 세금혜택보다는 제한이 많은 교환권의 형태로 많은 서비스를 전달받고 있기 때문이다.

  사회복지예산감축을 위한 노력의 일환으로 민영화는 실제로 저소득층을 위한 직접사회복지지출은 급격히 축소시키고 있는 반면, 오히려 중산층을 위한 간접사회복지지출은 증가시키고 있다고 할 수 있다. 미국 사회복지체계의 민영화의 특성은 현물에서 교환권 및 간접지출로, 현금에서 간접지출로 진행되고 있다는 것이다. 이러한 변화로 사회복지는 사회적 이전의 특성보다는 경제적인 교환의 특성을 많이 띠고 있다. 이러한 민영화의 과정 속에서 가장 큰 혜택을 받는 계층은 중산층으로서 간접지출이 급속도로 증가하고 있는 현상은 그 분명한 예라고 할 수 있다. 이러한 변화과정에서 저소득계층에 대한 사회복지혜택은 점차로 줄어들고 있다. 사회복지에 대한 직접적인 지출이 줄어들면서 가장 큰 타격을 입게 되는 것은 저소득계층이며 중산층은 과거에 직접적인 지출에 의해 수혜를 받던 것에서 간접적인 지출로 수혜를 받게 되면서 외형적으로는 직접적인 수혜를 덜 받고 있지만 실제적인 측면에서는 더 많은 수혜를 받고 있다. 미국의 사회복지체계의 민영화는 전통적으로 주된 사회복지의 대상자였던 저소득층에 대한 혜택은 줄어들고 중산층에 대한 혜택이 증가하는 결과를 낳았다.

참고문헌

Brilliant, Eleanor L. 1995, "Voluntarism," in NASW, *Encyclopedia of Social Work*, 19th ed., Washington, D.C.: National Association of Social Workers.

Bureau of the Census. 1987, *Statistical Abstracts of the United States*, Washington, D.C.: Government Printing Office.

Burke, Anna Celeste. 1995, "Substance Abuse: Legal Issues," in NASW, *Encyclopedia of Social Work*. 19th ed., Washington, D.C.: National Association of Social Workers.

Choi, Jae - Sung. 1992, "Privatization of Welfare Goods and Its Efficiency: Implications for the Mental Health Care Delivery System for the Elderly," Unpublished Paper.

DiNitto, Diana M. 1995, "Hunger, Nutrition, and Food Programs," in NASW, *Encyclopedia of Social Work*, 19th ed., Washington, D.C.: National Association of Social Workers.

Gilbert, Neil, and Barbara Gilbert. 1989, *The Enabling State: Modern Welfare Capitalism in America*, New York: Oxford University Press.

Gilbert, Neil, and Neung-Hoo Park. 1996, "Privatization, Provision, Targeting: Trends and Policy Implications for Social Security in the United States," *International Social Security Review* 49.

Grad, S. 1990, "Earnings Replacement Rates of New Retired Workers," *Social Security Bulletin* 53(10).

Gummer, Burton. 1995, "Social Planning," in NASW, *Encyclopedia of Social Work*, 19th ed., Washington, D.C.: National Association of Social Workers.

Heidenheimer, Arnold J, Hugh Heclo and Carolyn Teich Adams. 1983, *Comparative Public Policy*, New York: St. Martin's Press.

Joel, D. 1993, "The privatization of secure adult prisons: Issues and evidence," in G. Bowman, S. Hakim & P. Seidenstat(eds.), *Privatizing Correctional Institutions*, New Brunswick, N.J.: Transaction Books.

Knapp, M. 1987, "Searching for Efficiency in Long-Term Care: De-Institutionalisation and Privatisation," *British Journal of Social Work* 18.

McNeece, C. Aaron. 1995, "Adult Corrections," in NASW, *Encyclopedia of Social Work*, 19th ed., Washington, D.C.: National Association of Social Workers.

Marcuse, Peter. 1986, "Housing Policy and the Myth of the Benevolent State," in R. G. Bratt et al.(eds.), *Critical Perspectives on Housing*, N.J.: Temple University.

Mulroy, Elizabeth A. 1995, "Housing," in NASW, *Encyclopedia of Social Work*, 19th ed., Washington, D.C.: National Association of Social Workers.

Ozawa, Martha. 1995, "Income Security Overview," in NASW, *Encyclopedia of Social Work*, 19th ed., Washington, D.C.: National Association of Social Workers.

Reid, P. Nelson. 1995, "Social Welfare History," in NASW, *Encyclopedia of Social*

Work, 19th ed., Washington, D.C.: National Association of Social Workers.

Salamon, L. M. 1993, "The Marketization of Welfare: Changing Nonprofit and For-profit Roles in the American Welfare State," *Social Service Review* 67.

Savas, E. S. 1987, *Privatization*, N.J.: Chatham House Publishers, Inc.

Schulz, J. H., A. Borowski & W. H. Crown. 1991, *Economics of Population Aging: The "graying" of Australia, Japan, and the United States*, New York: Auburn House.

Skocpol, Theda. 1988, "The limits of the New Deal System and the Roots of Contemporary Welfare Dilemmas," in Margaret Weir, Ann Shola Orloff, and Theda Skocpol(eds.), *The politics of Social policy in the United States*, Princeton, N.J.: Princeton University Press.

Social Security Adiminstration. 1991, "Congress Focuses on Social Security Retirement Earnings Test Proposals," *Social Security Courier*(Oct).

Social Security Adiminstration. 1993, *Social Security Handbook*, Washington, D.C.: Social Security Adiminstration.

Stein, B. 1991, "Pay-as-you-go, partial prefunding, and full funding in American social security," *History of Political Economy* 23(1).

Struyk, Raymond, Neil Mayer, & John Tuccillo. 1983, *Federal Housing Policy at President Reagan's Midterm*, Washington, D.C.: Urban Institute Press.

Tracy, Martin B. Ozawa and N. Martha. 1995, "Social Security," in NASW, *Encyclopedia of Social Work*, 19th ed., Washington, D.C.: National Association of Social Workers.

Tuominen, M. 1991, "Caring for Profit; The Social, Economic, and Political Significance of For-profit Child Care," *Social Service Review* 65(3).

Zastrow, Charles. 1993, *Introduction to Social Work and Social Welfare*, 5th ed, Pacific Grove, C.A.: Brooks/Cole Publishing Co.

유럽의 사회통합과 사회정책*

유팔무
한림대 사회학과 교수

1. 서론: 연구의 목적과 초점

유럽공동체(EU)는 최근 빈번하게 논의되고 있는 세계화(globalization)와 지역화(localization)의 물결의 진원지라고 할 수 있다. 그렇기 때문에 유럽통합의 장래는 곧 이러한 지역화와 세계화라는 다소 모순적이고 이중적인 과정이 어떤 방향으로 전개될 것인가를 파악하는 데 있어서 가장 관건이 되는 지역이다. 통합유럽에 대한 국가 차원에서의 통상, 외교적 차원에서의 정책수립을 위해서는 물론이거니와 현재 한국이 속한 아시아 지역 혹은 아태지역 국가들의 협력과 통합의 문제에 대해서도 지역통합의 실험을 앞서서 실천하고 있는 유럽의 경험과 교훈이 중요한 참고자료가 될 것이 틀림없는 사실이기 때문이다.

그동안 유럽통합에 대해서 많은 연구가 쏟아져 나왔으나 대체로는 시장통합, 경제통합에 초점이 맞추어졌다. 그것은 그간의 유럽통합이―일차적으로는 일본과 미국의 경제적 도전에 대한 위기감에서 출발하여―주로 '자유로운 상품, 서비스, 자본 및 사람의 이동' 등 4대 자유를 추구하면서 경제적인 통합에 초점이 맞추어져 있었기 때문일 것이다. 그러나 1990년 로마에서 개최된 EC 정상모임 이후부터는 경제적 이익뿐만 아니라 조화(harmonization)를 향한 공동체의 건설이 강조되고 있다. 유럽의 통합이 유럽내 특정국가나 특정 집단만의 발전이 아닌 유럽시민(European Citizen)의 형성을 최종적인 목표로 하는 것이라면 유럽내에서 지역 간 불평등의 심화, 경제적 공간과 '사회적 공간'의 불일치는 통합의 장래를 어둡게 할 것이기 때문이다.

* 이 논문은 1994년도 교육부 지원으로 이루어진 지역연구과제 보고서 「유럽의 시장통합과 사회통합」 가운데 중요부분을 발췌하여 손질한 것이다. 이 연구는 필자의 책임하에 조명래(단국대 지역개발학과), 조원희(국민대 경제학과) 교수와 김동춘 박사(서울대 지역종합연구소 특별연구원)가 공동으로 참여하였다.

본 연구는 유럽통합의 진행과정과 성격 및 향후의 진로를 주로 사회통합의 문제를 중심으로 접근하려고 한다. 유럽공동체의 성격과 향후의 전망을 파악하는 데 있어서 사회통합을 향한 다양한 시도들에 초점을 맞추는 것이 유용하고 또 필요한 이유는 다음과 같다.

첫째, 유럽공동체내에서 자본의 이동은 자유로워지더라도 노동력의 이동은 자유롭지 않을 가능성이 있다. 이것은 생활조건, 문화, 교육수준, 직업선택의 여건, 사회보험 혜택 등에서 여전히 차별성이 존재하기 때문이다. 따라서 노동력의 자유로운 이동을 위하여 유럽공동체내의 각료회의나 의회 등의 기구나 개별 국가가 어떠한 노력을 경주하고 있는지를 살펴보면 통합의 현단계와 그 한계에 대한 보다 정확한 평가가 가능할 것이다.

둘째, 북부유럽 국가의 노동조합은 임금이 싸고 근로조건이 탄력적인 남부 국가로 자국의 회사들이 회사운영을 확대하면 자국의 실업률이 더욱 높아질 것으로 우려하고 있다. 시장의 통합은 노동집약적인 부국의 노동자나 중소기업에게는 오히려 불리한 결과를 가져올 가능성이 존재하고 있는 것이다. 여기서 노동자를 비롯한 시민의 삶의 질은 하향평준화할 것이라는 두려움이 생기게 되고 시장의 통합은 차별적인 이해관계를 갖는 계층 간의 분열을 야기할 위험성도 안고 있는 셈이다. 따라서 시장통합과 사회통합의 긴장이 발생할 소지가 있고 그것은 공동체의 형성에 심각한 문제를 제기할지도 모른다.

셋째, 1991년 네덜란드의 마스트리히트에서 EC 정상들은 유럽통합을 위한 두 개의 기둥인 경제통화동맹과 정치통합에 합의하였다. 그러나 사회적 차원에서는 영국의 반대로 합의하지 못하였다. 그리고 네덜란드에서는 비준을 위한 국민투표를 실시한 결과 마스트리히트 조약이 부결되었다. 즉 '사회헌장'에 대한 일부 국가의 부정적 태도는 유럽연합(EU)의 장래에 새로운 문제를 던져주는 것이며 국가이익과 공동체 이익을 완전히 합치시키는 것이 현실적으로 상당한 어려움을 안고 있다는 사실을 말해준다.

그러면 유럽연합 차원에서 사회통합이란 무엇을 의미하는가? 검토에 앞서 우리는 사회통합의 의미를 분명히 할 필요가 있다.

'통합'이란 우선 다음의 두 가지 의미를 동시에 지닌다고 할 수 있다. 한편으로 그것은 서로 분리된 두 개 이상의 단위가 하나로 되는 것, 즉 통일을 의미하며 다른 한편으로 그것은 전체를 구성하는 부분들이 서로 조화를 이루고 전체에 순응하는 것을 의미한다.[1] 국가 간의 사회통합이란 이런 의미에서 두 개 이상의 사회가 하나로 통일되고, 통일된 전체 속에 서로 조화를 이루고 전체에 대해 순응하는 것이라고 하겠다. 이렇게 넓게 보면 사회통합이란 시장통합과 정치통합을 다 포괄하는 통합을 의미하는 것이다.

그러나 시장통합과 정치통합을 제외한 상태에서 사회통합 고유의 의미를 찾는다면 그것은 무엇보다도 인적, 문화적인 교류 및 이동의 차원에서 경계와 벽이 허물어지고 하나의 장(場)이 형성되는 것이라 할 수 있다. 사회통합을 이런 좁은 의미에서 본다면 유럽차원에서의 사회통합이란 교통, 통신, 거주, 결혼, 취업, 교육, 문화생활 등의 면에서 유럽이 하나의 단일한 공간으로 형성되어 나아가는 것을 말한다.[2]

한편 사회통합의 여러 측면들은 대부분 시장통합과 직결되어 있는 문제들이다. 그 중에서도 특히 교통문제라든지 노동력 이동과 취업의 문제는 시장통합의 필요성이나 통합성 정도와 밀접하게 연동되어 있으며, 따라서 상당한 부분이 시장통합에 의해 영향을 받게 된다. 사회통합은 또 사회복지제도와 밀접히 연관되어 있다. 특히 노동력 이동은 회원국들의 상이한 여건 때문에 이해득실을 교차하게 만들고 노동조건과 복지제도의 균질화를 요구하는 경향이 있다. 유럽연합 차원에서 공동의 사회정책(복지정책)을 채택한 마스트리히트 조약은 이와 같은 사회통합의 관점에서 볼 때 전환기적 중요성을 지닌다.

그러나 유럽의 사회통합에 대해서는 유럽연합 회원국들 사이에 다양한 이견들이 존재하며 통합에 대한 지지 정도도 상이하다. 이것은 각국이 처한 상황, 그리고 경제적, 정치적인 처지에 따른 것이며 그 자체는 동시에 유럽에 통합된 정도를 가리키는 척도이기도 하다. 예컨대 회원국 국민들이 유럽연합에

---

1) 사회학적 의미에서 '사회통합'이란 "개별인간들 혹은 집단들의 다양성을 하나의 (사회적) 통일체 혹은 통일성에 결합시키는 것"(H. Schoeck, *Soziologisches Woerterbuch*, Freiburg im Breisgau, 1975)이라 정의할 수 있다. 그러나 다양성을 획일화시키는 것이 곧 통합은 아니며 다양성의 병존 자체도 통합이라고 할 수 없다. 따라서 통합이란 다양성 속에서의 조화를 의미한다고 할 수 있다. 그러나 이러한 통합은 방법의 면에서 동의에 의해서만 이루어지지는 않으며 일정한 강제를 수반하는 것이 일반적이다.

2) 고전사회학자 뒤르케임도 "여러 성원들 간의 상호작용의 정도"를 사회통합의 주된 요소의 하나로 간주하고 있다. 루이스 코저, 『사회사상사』(신용하·박명규 역), 일지사, 1990, 202쪽.

대해 느끼는 소속감 같은 것은 바로 그들이 유럽연합 자체에 얼마만큼 통합되어 있는지를 종합해서 말해주는 것이라 할 수 있다.

이와 같은 의미에서 본고는 유럽의 사회통합이 어디까지 와 있는가를 알아보기 위해 다음과 같은 사항들에 관심을 집중하려고 한다.

첫째는 유럽연합 회원국들 사이의 인적, 문화적 교류와 이동이 얼마나 활발하고 자유롭게 이루어지고 있는가, 또 이를 위한 유럽연합의 노력은 어떠한가 하는 점이다. 그리고 이러한 사회적 교류 가운데 가장 큰 비중을 차지하는 노동력의 이동현황은 어떠한가, 그리고 이러한 이동을 촉진하거나 지체시키는 요인들은 무엇인가 하는 점에 대한 고찰이다.

둘째는 노동자복지와 유럽 차원의 사회정책이 어디까지 와 있는가 하는 점이다. 여기서는 유럽연합 회원국들의 복지제도가 얼마만큼 상이한가, 공동의 사회정책이 어떤 경로를 거쳐 어디까지 왔는가, 그리고 그 내용이 무엇인가 하는 점이다.

셋째는 이와 같은 유럽 차원의 사회통합 정책에 대해 유럽 각국의 태도는 어떠한가 하는데 대한 고찰이다. 우리는 이를 통해 유럽의 '정신적'인 사회통합이 어디까지 와 있는가를 알 수 있을 것이다.

2. 인적 교류, 협력과 노동력 이동

국가 간의 사회통합을 이루는 측면의 하나는 국가 간의 인적, 문화적인 교류와 이동의 면에서 경계와 벽이 허물어지고 하나의 장(場)으로 되는 과정을 말한다. 그렇기 때문에 이런 측면에서 교류와 이동이 증대되어 가는 것은 사회통합의 정도가 늘어나는 것이라고 할 수 있으며 이러한 교류와 이동을 촉진시키기 위한 유럽차원의 정책은 곧 사회통합을 위한 노력이라고 하겠다. 그러나 이것만으로는 사회통합이 실질적으로 이루어졌다고 할 수 없다. 실질적인 사회통합이란 전체를 이루고 있는 구성부분들, 유럽 회원국과 그 회원국 국민들이 '전체'에 조화롭게 순응하느냐에 달려 있다. 이런 의미에서 후자를 '실질적인 사회통합'이라고 한다면 전자는 '형식적인 사회통합'의 측면을 가리키는 데에 불과하다고 할 수 있다.

그러나 이와 같은 형식적인 사회통합의 측면도 수많은 요소들로 이루어져 있다. 국경통제의 완화 및 철폐, 교통, 통신분야에서의 장애제거와 협력, 문화적인 교류와 협력, 교육 및 학술활동과 관련된 교류와 협력, 그리고 이동, 취업을 동기로 한 노동력 이동 등이 그것이다.

노동력 이동을 포함하는 인적, 문화적 교류와 협력을 촉진하기 위한 유럽차원의 노력은 이미 1957년 로마에서 체결된 EEC 조약에서부터 있어 왔다. 이 조약을 통해 공동체 회원국들은 1970년 이전까지 회원국들 간의 '인력, 서비스, 자본의 자유이동을 제어하는 모든 장벽을 제거한다'고 천명한 바 있다. 그러나 실질적으로 노동력 이동이 자유로워지기 시작한 것은 EEC가 1968년 11월 회원국 노동자들의 자유이동 보장을 재천명하면서부터였다. 그리고 의사, 변호사와 같은 자유전문직종의 EEC내에서의 자유개업은 그후에도 오랜 시간이 지체되다가 의사는 1976년, 변호사와 간호원은 1977년, 치과의사와 수의사는 1978년, 약사는 1985년에 이르러서야 가능하게 됐다(장홍, 1994: 122).

한편 유럽이사회는 1984년 6월 17~19일 유럽 패스포드 창설, 국경검문 철폐 등을 포함하는 조치를 채택하였다. 그 결과 1988년 1월부터는 유럽여권이 도입되었다. 그리고 1993년부터는 화물에 대한 국경통제가 전면 철폐되었다. 그러나 사람에 대한 국경검문의 전면철폐는 1986년 2월에 조인된 단일 유럽법에서도 재천명되고 있으나 커다란 진전을 보지 못한 채 프랑스, 서독, 베네룩스 등 일부 회원국들에 의해서만 적극적으로 추진되었다. 그리하여 1990년 6월 이들 5개 회원국들 사이에 쉥겐 협정이 체결되었고 그후 1993년까지 덴마크, 영국, 아일랜드를 제외한 전 유럽공동체 회원국이 가입하였으나 (Schmuck, 1993: 285), 1994년부터 독일, 프랑스, 스페인, 베네룩스 사이에서만 국경통제가 전면 철폐되었다.[3]

교통, 통신, 에너지공급 차원에서의 교류, 협력은 보다 광범위하게 이루어지

---

3) 국경의 완전한 철폐는 범죄, 정치망명, 이민 등을 용이하게 하는 문제를 야기시켜 그에 따른 조치들을 필요로 하기 때문에 회원국들의 합의가 쉽지 않다. 이에 따라 유럽위원회와 유럽연합이사회는 조직범죄, 테러, 마약밀매 등에 대처하기 위한 방안으로 1993년 12월 '유럽안보계획'을 유럽이사회에 제출했으며 유럽차원의 국제조직범죄를 퇴치하기 위한 수사활동과 정보수집 및 교환을 목적으로 하는 유로폴(Europol)을 그 산하에 설치하는 것을 주내용으로 하고 있다(CDU, 1994: 39-40).

고 있다.

유럽연합은 1993년 1월 1일부터 항공운송과 통신 시장을 자유화하기로 결정하였다. 또한 파리, 브뤼셀, 쾰른, 암스테르담을 연결하는 고속철도 건설사업이 진행중에 있으며, 운하터널을 통해 런던으로 연결될 예정이다. 그리고 유럽전역에 걸친 이동통신, 호출기시스템이 구축되고 있으며, 세관통계, 부가가치세, 소비세, 가축약품, 식물보호 등 전자통신을 이용한 회원국들 부서 간의 자료전달시스템이 개선되고 있다. 또한, 전기, 천연가스 공급망 확충이 이루어지고 있다. 그 중에서 특히 주목할 만한 것은 1997년까지 이탈리아와 그리스 사이, 1998년까지 아일랜드와 영국 사이의 전기가 연결되는 사업이다. 에너지 조달을 위한 계획도 많이 있는데, 여기에는 구동독 지역과의 연결, 이탈리아 육지와 코르시카, 사르디니아 등을 연결하는 사업이 있고, 1994년까지는 그리스, 1996년까지는 포르투갈에 천연가스 공급망이 건설될 예정이다(CDU, 1994: 55-58).

문화와 교육분야에서의 교류, 협력도 사회적인 거리를 좁히는 데 중요한 일익을 담당하고 있다.

문화정책과 관련하여 유럽내에서 중요한 정부기구는 유럽각료이사회와 유럽연합이다. 이 산하에 수많은 문화협정과 프로그램들이 존재한다. 전체유럽 차원에서는 '유럽의 안보와 협력을 위한 회담'에 따라 문화분야의 협력과 교류가 이루어지고 있다.4) 유럽각료이사회는 정부차원의 협력문제를 주로 다루는 반면, 유럽연합은 마스트리히트 조약과 유럽연합이사회의 결정에 포함된

---

4) 이 회담은 1973년 7월 3일 헬싱키에서 시작하여 75년 7월 21일까지 제네바에서 계속되었으며, 1975년 10월 1일 헬싱키에서 마쳤다. 회담에는 벨기에, 불가리아, 덴마크, 동독, 서독, 핀란드, 프랑스, 그리스, 아일랜드, 이탈리아, 유고, 캐나다, 리히텐슈타인, 룩셈부르크, 말타, 모나코, 네덜란드, 노르웨이, 오스트리아, 폴란드, 포르투갈, 루마니아, 스웨덴, 스위스, 스페인, 체코, 터키, 헝가리, 소련, 영연방, 미국, 사이프러스 등의 고위급대표자들이 참석했다. 이 회담에서는 안보문제 이외에도 참가국들 간의 상호이해를 증진시키기 위해 인도적, 문화적인 영역에서의 협력 문제도 논의되었다. 여기서는 각국의 문화활동에 대한 이해증진을 위한 정보교환, 문화활동에 종사하는 사람들 사이의 접촉과 협력의 증진 등을 포함하는 문화분야에서의 협력과 교류가 합의되었고, 대학생, 교사, 학자 등을 각국의 관련기관에서 상호교류할 수 있는 가능성의 확대, 타국의 언어 및 풍습에 관한 연구의 지원, 각종 교수방법에 관한 경험과 자료들의 상호교환 등 교육과 학술분야에서의 협력과 교류도 합의되었다(Gasteyger, 1994: 332-337).

분야들을 다루고 있다.

유럽연합 차원의 문화정책은 마스트리히트 조약을 통해 최초로 조약형태 (128장 참조)를 취했다.[5] 여기서는 특히 문화생산 및 상품을 국가별로 지원하는 문제, 저작권 및 문화창조자들의 사회보장 등을 다루고 있다. 조약에 따른 유럽위원회 소관사항으로는 음향영상산업의 지원, 문화분야의 교육 및 재교육 등의 문제가 있다. 문화행사에 대한 지원, 특히 '유럽'관현악단의 공연, 청소년 문화창작자에 대한 직업교육, 문화재 보호, 보존기술의 개발 및 교육, 번역작 품상과 영화상을 주는 1999년 '유럽문화도시'(바이마르) 행사의 개최 등이 있 다(CDU, 1994: 60-62).

교육과 관련해서는 특히 회원국들 사이의 유학을 촉진하는 등 공동 교육지원 프로그램이 주목할 만하다.

마스트리히트 조약 제126조에 의하면, 위원회는 회원국들 사이의 협력이나 활동을 지원함으로써 교육의 발전에 기여하도록 규정하고 있다. 위원회의 주요활동으로는 유럽 차원의 교육기관의 발전, 학생들의 이동에 대한 지원, 교육기관 사이의 협력에 대한 지원, 교육과 관련된 정보 및 경험의 교환, 청소년 및 사회교육자의 교환, 유학의 지원 등이 포함되어 있다(Läufer, 1993: 102).

그러나 유럽 차원에서는 마스트리히트 조약수립 이전부터 다각적인 협력과 교육지원 프로그램이 있어 왔다. 1988년 6월 각료이사회의 결정에 따라 1991 년부터는 회원국내에서 최소 3년 이상의 대학과정을 거친 경우, 대학졸업을 인정받게 되었다.[6]

교육지원 프로그램 중 대표적인 것은 에라스무스(ERASMUS) 계획으로서, 1987년부터 대학생과 교수요원에게 장학금을 지원하여 대학 간 교류를 증진시키고 있다. 1988년부터 1990년 사이에 1,500개 대학의 1만 3천 명이 이 프로그램에 의해 지원을 받았다. 1993년도부터는 6백만 명의 유럽대학생 중

---

5) 조약 제128조에 의하면, "위원회는 회원국들의 민족적, 지역적 다양성을 보존하면서, 동시에 공동의 문화유산을 강조하는 가운데, 문화를 계발시키는 데에 기여"하도록 되어 있다. 위원회 활동으로는 유럽국가들의 역사와 문화에 대한 이해의 증진 및 확대, 유럽적인 중요성이 있는 문화유산의 보호 및 유지, 비영리적 문화교류, 음향영상분야를 포함하는 예술적, 문화적 창작활동 등이 포함된다(Läufer, 1993: 103-104).

6) 이는 다른 회원국에서 취업하는 데 필요한 자격요건이 되기도 한다.

10%까지 유럽내 유학을 지원할 계획이다. 그 다음 템푸스(TEMPUS) 계획은 에라스무스 계획 가운데 중유럽과 동유럽에 대한 지원을 가리키는 것으로서, 1992년 회계년도의 지원액은 거의 1억 5천만 마르크에 달한다. 유럽위원회는 또 링구아(LINGUA) 계획을 통해 1990년~1994년 사이에 4억 1천만 마르크를 학교, 대학교, 기업 등에서의 외국어교육, 특히 주변적인 외국어학습을 지원하고 있다. 코메트(COMETT)는 1987년 이래로 신기술분야의 교육 및 재교육, 산학협동에 대해 지원하는 프로그램으로서, 1987년과 1990년 사이에 3,777명의 대학생들이 산학협동 실습과정을 졸업했다.

한편 1975년 피렌체에 설립된 유럽대학연구소는 박사과정생 장학지원기관으로서 유럽의 문화, 법, 경제, 역사 등의 분야에서 박사학위자 200명을 배출했다. 이외에 유럽 및 국제관계를 전공하는 학생들에게 1년 단기간 지원하는 유럽 단설 대학 프로그램, 청소년 직업교육 및 직업준비과정을 위한 페트라(PETRA), 직업교육 및 새로운 정보기술을 위한 유로테크넷(EUROTECNET), 교육전문인력의 연수체류 및 청년노동자 교환 프로그램 아리온(ARION) 등의 직업교육 프로그램들이 있다(CDU, 1994: 49-50; Arbeitsgruppe Bildungs-bericht am Max-Planck-Institut fuer Bildungsforschung, 1994: 154ff.).

이와 같은 유럽차원의 노력을 통해 유럽 국가들 사이의 국경은 갈수록 개방되어 가고 있으며, 이로 인해 국경을 넘나드는 여행자 수도 급속히 늘어나고 있다. 그리하여 1950년 서유럽에서 국경을 넘는 여행자 전체 수는 2,500만 명이었으나, 1985년에는 3억 3,300만 명 규모로 늘었다. 이 후자 가운데 서유럽 내에서 이동한 여행자 수는 1억 4,800만 명으로 여행자 전체의 45%에 달했다(Reynolds, 1992: 24).

이주민의 수 역시 늘어나 <표 1>에서처럼 유럽국가들내의 외국인 구성비도 지난 40년 동안 크게 늘어났다. 1990년 현재 외국인 비율이 가장 높은 곳은 스위스로서 16.3%에 달하며, 그 다음은 벨기에 9.1%, 독일 8.2%였다. 특히 독일의 경우, 외국인이 차지하는 비율이 8배 가량으로 늘어났으며, 네덜란드, 벨기에, 스웨텐 등 대부분의 국가들이 2~4배 정도로 늘어났다(Therborn, 1995: 49).

미국의 경우, 해외에서 출생한 거주민의 비율이 1990년 현재 8.3%이고, 오스트레일리아와 캐나다는 1986년 현재 각각 20.8%와 15.6%(Therborn, 1995:

<표 1> 서유럽 국가들의 외국인 구성비(1950~1990)

(주거인구 중 외국인의 백분율임)

국가	1950	1990
오스트리아	4.7	5.3
벨기에	4.3	9.1
덴마크	-	3.1
핀란드	-	0.5
프랑스	4.1	6.4
독일	1.1	8.2
이탈리아	0.1	1.4
네덜란드	1.1	4.6
노르웨이	0.5	3.4
스웨덴	1.8	5.6
스위스	6.1	16.3
영국	3.2a	6.0

출처: Therborn(1995: 49), <표 3.5>에서 발췌. a는 1951년 현재.

49)라는 점에 비추어 볼 때, 유럽연합내의 외국인 비율은 결코 높다고 할 수는 없을 것이다. 물론 외국인은 몇몇 지역에 집중되는 경향이 있다. 1990년 파리 시에는 외국인이 주민의 16%에 달했고, 1991년 현재 영국 전체에 거주하는 '백인'의 비율은 94.5%였는데, 런던 시에는 그 비율이 79.8%에 불과했다. 1990년대 초 암스테르담 시에는 인구의 22%가 외국인이었고, 프랑크푸르트 시에는 약 25%, 브뤼셀에는 28% 정도였다(Therborn, 1995: 50).

1991년 현재 유럽연합 12개 회원국 중 룩셈부르크를 제외한 11개국에 거주하고 있는 외국인 수는 <표 2>에서처럼 1,262만 명으로서 유럽연합 인구 3억 4,600만 명에 비추어보면, 3.6%에 해당한다. 그러나 제3국에서 이주해 온 경우들을 제외하면 회원국 출신인 사람은 모두 476만 명이고, 전체 인구의 1.4%에 불과하다.

회원국 전체의 인구 가운데 단지 1.4%만이 다른 회원국에 이주해 살고 있다는 것은 유럽의 사회통합 정도를 잘 보여주는 지표의 하나라고 할 수 있다. 그리고 유럽회원국들 사이의 이주 숫자가 앞으로 급속히 증가할 가능성도 없는 것으로 보인다.

데렉(Deleeck, 1991: 587-588)은 그 이유를 다음 두 가지로 들고 있다.

첫째, 노동력 이동의 측면에서 볼 때 북유럽 국가들의 노동시장이 포화상태에 이르렀다는 점 때문이다.

<표 2> 다른 회원국에 거주하는 유럽공동체 시민의 분포

(단위: 천명)

출신국	체류국											
	벨기	덴마	독일	그리	스페	프랑	아일	이탈	룩셈	네덜	포르	영국
벨기에	-	0.2	17.8	1.2	9.7	50.2	-	3.7	-	22.9	0.9	-
덴마크	2.1	-	12.5	1.1	5.5	2.4	-	1.1	-	1.3	0.3	-
독일	24.3	6.3	-	10.7	39.1	43.8	-	24.5	-	39.4	4.1	43.0
그리스	19.1	0.5	274.8	-	0.6	7.9	-	11.8	-	4.0	0.1	13.0
스페인	50.2	0.9	126.4	0.9	-	321.4	-	6.8	-	17.6	7.1	30.0
프랑스	92.3	1.9	71.8	6.3	23.6	-	-	17.1	13.2	7.5	2.8	28.0
아일랜드	1.3	0.9	8.4.	0.5	0.7	1.9	-	1.0	-	3.1	0.2	532.0
이탈리아	250.2	2.0	508.7	6.4	13.0	333.7	-	-	-	15.9	1.1	75.0
룩셈부르크	4.9	-	4.5	-	-	3.2	-	0.2	-	0.4	-	-
네덜란드	60.8	1.8	96.9	2.7	13.8	14.0	-	4.4	20.5	-	1.5	20.0
포르투갈	10.6	0.3	71.1	0.3	31.0	764.9	-	1.9	32.9	7.8	-	13.0
영국	21.0	10.1	83.0	16.1	65.3	34.2	-	17.2	-	37.1	7.1	-
12개국 계: 4,759.3	536.8	24.9	1,275.9	46.3	193.3	1,577.6	89.8	89.8	-	156.9	25.3	766.0
제3국 포함 계: 12,616	858.7	136.2	4,489.1	155.2	334.9	3,680.1	83.5	407.0	-	591.8	94.5	1,785.0

* 자료: Amt für amtliche Veröffentlichungen der EG(Hrsg.), *Start in den Binnenmarkt. Europa in Bewegung*, Luxemburg, 1991, S.39; Schmuck(1993), p.233의 <표>를 재구성.
* 그리스는 1987년, 스페인은 1982년, 영국은 1985~1987년, 나머지 나라는 1988년 현재의 숫자임.
* 1991년 현재 유럽연합 12개 회원국의 인구는 3억 4천 6백만 명으로, 룩셈부르크 40만 명, 아일랜드 360만 명, 덴마크 520만 명, 포르투갈 980만 명, 벨기에 10,000명, 그리스 1,010만 명, 네덜란드 1,520만 명, 스페인 3,910만 명, 프랑스 5,690만 명, 영국 5,770만 명, 이탈리아 5,800만 명, 독일 8,040만 명이다(Schmuck, 1993: 29).

과거 유럽공동체가 존속한 이래로, 따라서 1957년 이래로, 북유럽 국가들 사이의 이동은 미미했다. 이동은 주로 이탈리아와 스페인으로부터 북유럽 국가들로 이루어졌는데 남유럽 국가들에서는 취업기회가 적었고 북유럽 국가들에서는 노동력이 부족했기 때문이었다.[7] 그러나 북유럽의 노동시장이 포화상태에 이르게 되고 비숙련 노동자에 대한 수요가 희소해지면서부터 그리스, 포

---

7) 1973년 제1차 석유위기가 발생할 때까지는 주요 흐름이 남유럽으로부터 북유럽의 성장국가로 이동한 '초청노동자'였지만, 이 맥이 끊어진 이후에는 지중해 연안 북아프리카와 아시아로부터 남유럽으로의 불법 이주가 주된 흐름을 이루었다. Reynolds(1992: 24)를 참조

르투갈, 남부 이탈리아, 스페인으로부터의 이동흐름은 전망이 흐려졌다.

둘째, 유럽에는 문화적 차이(예컨대 언어장벽)가 아직도 커다란 장애물로 남아 있다는 점 때문이다.

이상에서 본 것처럼 자유로운 노동력 이동에 장애가 되는 요소들을 철폐하기 위한 노력, 국경통제를 철폐하기 위한 지속적인 노력, 교통, 통신수단과 에너지 공급망의 확충을 위한 공동의 협력, 문화 및 교육 차원에서의 교류증대와 공동지원을 위한 노력 등 사회통합을 위한 유럽차원의 노력은 꾸준히 진행되고 있으며, 일정한 결실을 맺어나가고 있다. 이와 같은 노력들은 유럽차원에서 진행된 상호 간의 경제협력, 그리고 공동시장의 형성을 위한 노력들과 맞물린 가운데 이루어진 것들이며, 대체로 시장통합에 장애가 되는 요소들을 제거해 나감으로써 시장통합을 촉진한다는 '소극적인 동기' 속에서 추진되어 왔다. 그렇기 때문에 시장통합과 밀접하게 연관되고 경제적 이해관계가 일치하는 분야에서는 통합의 진전이 빠르고, 그렇지 않은 분야의 통합은 더디게 되었다. 가장 대표적인 분야의 하나가 바로 사회복지 측면에서의 통합이다.

3. 사회통합으로서의 사회복지와 공동 사회정책

노동력 이동을 포함하는 인적, 문화적 교류와 협력의 확대가 형식적 측면의 사회통합을 가리키는 반면, 사회복지제도의 확충과 이를 위한 공동의 노력은 실질적인 측면에서의 사회통합과 직접적으로 연관된다. 사회복지제도란 사회적인 불균형과 차이, 그에 따른 사회적 균열과 갈등을 완화, 해소하는 것을 목적으로 삼고 있는 것이며, 복지제도의 확충은 노자관계, 실업, 여성, 청소년, 노인, 농민 문제 등에서 발생하는 균열과 갈등을 완화, 해소하여 실질적인 사회통합을 증진시키는 데 작용하기 때문이다.

그러나 사회복지 측면에서의 통합은 두 가지 성격을 동시에 지니고 있다. 한편으로 그것은 실질적인 사회통합을 향한 유럽 공동의 노력이 빚어낸 결과이기도 하지만, 다른 한편으로는 형식적 측면에서의 사회통합과 마찬가지로 경제협력 및 시장통합을 가속화시키고, 특히 국가 간의 노동력 이동을 활성화시키려는 필요성에 의해 추진되었기 때문이다. 그리고 복지문제를 유럽차원에서 공동으로 해결하려는 노력은 그에 따른 비용과 비용분담을 요구하고, 각국의 복지상황 및 복지제도의 차이, 이로 인한 이해관계의 교차 등으로 인해 많은 어려움을 겪어 왔다.

1) 실업, 농업, 낙후지역에 대한 공동의 지원

사회복지 측면에서의 통합을 위한 노력은 크게 두 가지 수준에서 이루어져 왔다. 하나는 개별국가들 수준에서 사회적으로 낙후한 분야의 문제를 공동의 협력과 지원을 통해 해결해 나가는 것이고, 다른 하나는 유럽연합 수준에서 사회복지의 기준을 마련하고 입법화함으로써 각국의 사회복지제도를 균질화하고 통합해 가는 것이다. 전자의 노력은 실업, 농업, 낙후지역에 대한 공동의 지원정책으로 집약되며, 후자의 노력은 노동자의 권익과 사회보장을 중심으로 한 유럽 사회헌장의 제정과 입법화추진으로 집약된다.

사회적으로 낙후한 분야의 문제를 공동의 협력과 지원을 통해 해결해 나가기 위한 유럽차원의 노력은 이미 EEC 조약에서부터 비롯된다. 이 조약의 전문은 '다른 지역 간의 격차와 후진 지역의 낙후성을 줄임으로써 균형 있는 발전을 보장한다'는 점을 천명하고 있다. 이 조약에 근거하여 1960년에는 고실업 상태에 있는 낙후 지역의 고용증대와 직업재훈련을 재정적으로 지원하기 위한 '유럽사회기금(European Social Fund: ESF)'이 창설되었다. 또한 1962년 각료 이사회는 유럽농업지도보증기금(EAGGF)을 설치하기로 결정하여 1970년까지 마라톤 회의를 거쳐 구체안을 마련했다. 이 기금은 제3국으로부터 EEC내로 농산물을 수입하는 업자에게 국제농산물가격과 EEC 농산물가격 사이의 차액을 징수하여 조성되는 것으로서 EEC내의 농산물가격유지를 위한 재정지원, 수출보조, 농업구조 개선 등을 목적으로 하고 있다(장홍, 1994: 127-128). 그리고, 역내 국가들 사이의 발전격차와 불균등발전에 따른 문제들을 해소 혹은 완화하기 위한 기금으로서 유럽지역개발기금(European Regional Development Fund: ERDF)이 1975년 로메협정에 의해 창설되었다.

이렇게 해서 사회기금, 지역개발기금, 농업개선 및 보장기금의 세 가지는 오늘날 유럽차원에서 존재하는 경제적, 사회적 협력을 위한 대표적인 기금을 구성하고 있으며, 1989년부터는 '구조기금'이라는 명칭으로 통합·운영되고 있다.

이 기금의 총 규모는 1991년 현재 260억 마르크로서 유럽공동체 전체예산의 25% 정도를 차지하고 있으며, ① 저발전지역의 발전과 구조적 적응에 대한 지원, ② 사양산업지역의 전환, ③ 장기실업의 구제, ④ 청소년 직업준비과정 지원, ⑤ 농촌지역의 발전 지원 등의 용도에 쓰이고 있다(CDU, 1994: 32-33).

이 가운데 사회기금은 1990년의 경우, 예산규모가 41억 ECU로서 구조기금 전체(113.9억 ECU)의 35.9%에 달하며, 유럽공동체 총예산의 8.7%에 해당한다. 사회기금 가운데 약 90%는 직업교육을 보조하는 데 사용되며, 고용촉진을 보조하는 데에 10% 가량이 쓰인다(Schmuck, 1993: 66). 그리고 이 기금의 혜택을 받고 있는 사람은 매년 280만 명 정도가 된다(CDU, 1994: 32-33).[8]

<표 3> 유럽공동체의 예산조달과 지출항목(1992)

(단위: %)

예산총액: 1,288억 마르크, 630억 에퀴						
국가별 부담	독일 25	프랑스 19	영국 16	이탈리아 15	스페인 9	네덜란드 6	기타 회원국 10
예산조달 의 원천	부가가치세 분담금 55		회원국 분담금 22		관세 19		기타 4
지출항목	농업부문 62	지역개발/교통 14	사회복지 9	행정 5	연구 4	기타 6

* 자료: Transcontact Verlagsgesellschaft(Hrsg.), *Europa im Schaubild*, Bonn, 1993, S.53; Schmuck(1993), S.30의 <그림>에서 인용.

유럽공동체의 예산은 1979년 예산시스템이 완성된 이래로 유럽공동체 12개 회원국 총 GDP의 1.0%에 해당하는 규모로 편성되어 왔는데 1992년도의 경우, <표 3>에서처럼 총 예산 1,288억 마르크 가운데 사회부문에 지출된 액수는 9%이다. 나머지 지출항목들 가운데 가장 큰 비중을 차지하는 것은 농업정책 분야로서 62%, 그 다음은 지역개발 및 교통 14%, 행정 5%, 연구 4%, 기타 6%이다(Schmuck, 1993: 30). 이와 같은 예산은 부가가치세 분담금(55%), 회원국 분담금(22%), 관세(19%), 기타(4%) 등으로부터 조달되고 있으며 이를 국가별로 보면 1,280억 마르크(630억 에퀴) 가운데 독일이 25%로서

―――――――――――

8) 유럽연합위원회는 또 1990년 사회기금을 통해 실업자의 직업훈련을 목적으로 하는 유로폼(EUROFORM), 여성의 직업교육 및 취업기회 균등화를 지원하는 나우(NOW), 장애인들의 고용을 촉진하기 위한 호리즌(HORIZON) 등 세 가지의 프로그램을 가동시켰다(CDU, 1994: 32-33).

가장 많은 부담을 지고 있다. 다음은 프랑스 19%, 영국 16%, 이탈리아 15%, 스페인 9%, 네덜란드 6% 등이며, 기타 국가들에서 10%가 조달되고 있다.

2) 사회복지의 균질화를 위한 노력

그 다음 유럽차원에서 사회복지에 관한 공동의 기준을 만들고 이를 통해 각 국의 복지제도를 균질화하려는 노력 역시 1957년 로마조약에서부터 찾아볼 수 있으나 1974년 각료이사회가 '사회정책을 위한 행동강령'을 채택함으로써 본격화되었다. 이 강령에서는 EEC의 모든 근로자들을 위한 최소 기준이 채택되었으며 이후 수차례에 걸쳐 노동자권익을 보호하는 각료이사회 지침들 (Council Directives)이 채택, 발효되었다.

첫번째 지침(EC 75/129)은 1977년 2월에 발효된 것으로서 대량해고에 대한 조절기준을 마련하였고 사실통보 및 상담의 절차를 확립했다. 이 지침에 따르면 대량해고시 기업은 첫째, 사전에 노동자대표에게 문서로 된 해명서를 보내 해고를 피하거나 해고의 규모나 피해를 줄이기 위해 그들과 협의해야 할 의무가 있다. 둘째로는 노동부 같은 해당기관에 그 사실을 통보하는 것이다. 해고는 위의 통보가 있은 지 30일이 경과해야 할 수 있으며, 해당기관은 이 기한을 30일 더 연장할 수 있도록 되어 있다.

1979년에 발효된 두번째 지침(EC 77/187)은 휴업 또는 합병에 의해 새로운 고용주를 위해 일하게 된 노동자들에게 종전의 계약조건이 승계되도록 하는 것이다. 이 경우에도 사전통보 및 협의(consultation)를 위한 절차, 그리고 노동자대표와의 협의 등이 의무화되고 있다.

1983년에 발효된 세번째 지침(EC 80/987)은 기업이 도산했을 경우의 노동자권리에 관한 것이다. 이것은 고용주와 정부가 재정적으로 분담하여 '보증기구'를 만들도록 하여 임금이나 그 밖의 요구사항에 대한 지불을 보증하게 하는 것이다(Addison/Siebert, 1991: 600-601).

유럽연합 각료이사회는 또 성평등문제에 관한 지침들도 채택하였다. 첫번째 것은 평등임금지침(EC 75/117)으로서 동일한 가치의 노동에 대해서는 동일하게 지불하는 원칙을 도입하였고 단체협약에서 차별규정을 없애려 하였다. 그리고 평등고용지침(EC 76/207)은 고용에 있어서의 성차별에 관한 것인데,

직업훈련 및 승진과 노동조건에 있어서의 성차별 문제도 포함하고 있다(Addison/Siebert, 1991: 601-602). 유럽의회는 또 1984년 사회의 모든 활동분야에서 남녀 평등을 이룩하기 위해 노력할 것을 촉구했다.[9]

한편 1986년 12월 영국은 사회보장정책을 적극적으로 추진해 온 유럽연합 위원회에게 제동을 걸기 위해 노동시장의 유연성을 증대시키고 탈조절화하는 내용의 '고용증대를 위한 행동강령'을 이사회에 제출, 채택되었다. 그 결과, 공동체의 사회복지정책은 일시적으로 주춤거리게 되었다.

그러나 1988년 10월 위원회는 들로르가 중심이 되어 작성한 유럽사회헌장('노동자의 사회적 기본권에 관한 공동체헌장')을 제출하였고 이 안은 1989년 12월 유럽이사회에서 채택되었으며 그후 1991년 마스트리히트 조약의 내용으로 포함되었다(Addison/Siebert, 1991: 605-607; CDU, 1994).[10]

.마스트리히트 조약에 포함된 사회헌장의 주요 내용과 행동강령은 다음과 같다(Addison/Siebert, 1991: 608-614).

① 이동의 자유: 다른 회원국에서 일하는 회원국 노동자들은 어떤 직업에 종사하든 초청국의 국민과 동일한 노동조건과 사회적 보호를 받으며 일할 수 있는 권리를 갖는다.

---

9) 그러나 위원회가 이사회에 제출하였으나 채택되지 않은 지침들도 많았으며, 그 중 하나가 노동자경영참여에 관한 지침이다. 이것은 1970년에 도입되어 1975년에 수정된 유럽기업규정(European Company Statute)의 후반부에 포함되어 있는 지침으로서 세 가지 참여모델을 제시, 회원국들에게 선택하도록 하고 있다. 첫째 모델은 노동자가 감독부서 혹은 행정부서에 대표를 보낼 수 있는 제도로서, 대표들은 노동자들에 의해 선출된다. 그러나 인원수는 해당부서 총원에 비해 최소 1/3을 넘어야 하나 최대 1/2을 넘지 못하도록 하고 있다. 두번째 모델은 회사의 감독 혹은 경영이 아닌 별도의 기구에 참여하는 것을 허용하는 방식이다. 이 기구의 대표선출이나 운영방식은 앞의 것과 유사하다. 세번째 방식은 단체협약에 의해 수립된 참여의 형식을 취하는 것이다(Addison/Siebert, 1991: 603-604).

10) 마스트리히트 조약은 1991년 네덜란드의 소도시 마스트리히트에서 유럽이사회가 채택한 조약으로서 정식명칭은 '유럽연합에 관한 조약(Treaty on European Union)'이다. 이 조약은 이전의 파리 조약, 로마 조약, 단일유럽법을 모두 묶어 개정·보완한 것으로서 1992년 2월 12개국 정상들에 의해 공식 조인되었다. 그리고 1992년 6월부터 10월까지 각국의 비준을 받았으며, 1993년 11월 1일을 기해 효력을 발휘하게 되었다. 이 조약에 의해 '유럽공동체'의 명칭은 '유럽연합'으로 바뀌게 되었다.

② 고용과 급여: 모든 고용에 공정하게 급여해야 한다. 노동자들에게는 일정 수준의 생활수준을 유지하는 데 충분한 만큼의 임금이 보장되어야 한다. 이것은 부분노동자, 임시노동자 등에게도 마찬가지로 적용되어야 한다.

③ 생활 및 노동조건의 향상: 내부시장의 완성은 공동체내의 모든 노동자들의 생활과 노동조건의 향상을 초래하는 것이어야 한다. 노동시간의 지속과 조직에 대해서는 특별한 기준이 제시되어야 하며, 여러 가지의 고용형태에 대해서도 제시되어야 한다. 집단해고와 도산의 경우에 대한 절차도 마련되어야 한다. 고용조건은 회원국의 사정에 따라 법, 단체협약, 계약 등으로 명문화되어야 한다.

④ 사회적 보호: 모든 노동자들은 그 지위와 기업규모에 상관없이 적절한 사회적 보호를 받을 권리를 가져야 한다. 노동시장에 진입할 수 없는 사람, 그리고 생계수단을 갖지 못한 사람들은 그 사정에 상응하는 충분한 자원과 사회적 보조를 받아야 한다.

⑤ 결사와 단체협상의 자유: 노동자들(그리고 사용자들)은 조합이나 그에 준하는 결사체에 가입 혹은 가입하지 않을 자유를 가져야 한다. 노동자조직(그리고 사용자조직)은 각국의 법규와 관행에 따른 조건하에서 단체협약을 체결할 권리를 갖는다. 단체행동을 할 수 있는 권리에는 파업할 권리가 포함되며, 각국의 조절과 단체협약에 따른 의무에 복종해야 한다.

⑥ 직업훈련: 모든 노동자는 직업훈련을 받을 기회를 가져야 하며, 직업생활 전시기를 통해 국적에 따라 차별 없이 받을 수 있어야 한다.

⑦ 남성과 여성에 대한 동등한 대우: 고용, 임금, 노동조건, 사회적 보호, 교육, 직업훈련, 승진 등의 기회에 있어서 특히 여성에 대한 차별을 제거하는 노력이 강화되어야 한다. 남성과 여성이 직업적, 가정적 의무를 조정할 수 있는 조처들이 개발되어야 한다.

⑧ 통보, 협의, 참여: 노동자를 위한 통보, 협의, 참여를 위한 적절한 방안들이 개발되어야 한다.

⑨ 작업장에서의 건강, 보호, 안전: 모든 노동자들은 작업환경내에서 만족스러운 건강과 안전조건들을 향유해야 한다. 훈련, 통보, 협의, 균형 잡힌 참여의 필요성을 고려하는 조처들이 마련되어야 한다.

⑩ 청소년의 보호: 최저고용연령은 15세 이상이어야 한다. 작업시간은 제약

되어야 하며 18세 이하에 대해서는 야간근무가 금지되어야 한다.

⑪ 노인의 보호: 노인은 적절한 생활수준에서 살 권리가 있다.

⑫ 불구자들에 대한 사회적, 직업적 참여기회의 확대를 지원한다.

그러나 이러한 사회헌장에 대해서는 크게 두 가지 방향에서 문제가 제기되고 있다. 하나는 사회헌장을 채택하는 것이 비용의 증가를 가져오고, 따라서 미국 등과 같은 역외 국가들에 비해 경쟁력을 떨어뜨리는 효과를 낸다는 점이고, 다른 하나는 그것이 법적 강제성 없이 원칙만을 천명하는 상징적인 성질의 것에 불과하다(Deleeck, 1991: 584)는 점이다.

전자의 문제는 사회헌장을 채택하는 과정에서 특히 영국과 덴마크에서 강하게 제기된 것이었다. 그리하여 1989년 12월 사회헌장을 채택한 유럽이사회에 영국 수상은 참석하지 않았으며, 프랑스, 독일 등의 적극적인 입장과 강력하게 맞섰다. 결국 영국은 마스트리히트 조약에서 통화 및 사회정책분야에서 예외 조항을 허용 받았다. 덴마크의 경우도 조약 비준에서 부결(50.7% 반대)되어 역시 통화, 방위정책, 유럽시민권, 경찰과 사법분야의 협력에서 예외조항을 인정받아 2차 국민투표에서 비준(56.8% 찬성)되었다(장홍, 1994: 290).

유럽차원에서 공동의 사회복지 기준을 마련하고 또 나아가서는 이를 제도화하는 데에는 이와 같은 국가들 간의 견해차이가 장애물로 작용해 왔다. 물론 이와 같은 견해차는 각국의 경제적 조건, 사회복지 상태와 제도 등에 있어서의 차이, 그리고 이에 따른 이해관심의 차이를 반영하고 있다. 이와 같은 차이들은 유럽차원에서 공동의 사회복지 기준을 마련하고 각국의 제도를 균질화시키는 데에 걸림돌로 작용하고 있는 것이다.

특히 유럽연합 회원국들의 사회복지제도는 매우 다양하여 복지제도의 균질화에 직접적으로 어려움을 주고 있다. 우선 사회복지 관련 지출이 GDP에서 차지하는 비중이 <표 4>에서처럼 그리스, 스페인, 포르투갈 등 20% 내외인 경우에서부터 프랑스, 독일 등 30% 내외인 경우까지 극히 다양하다. 재원조달 방법도 고용주 및 피용자, 그리고 국가의 재정에 의존하는 비율로 볼 때 각국에 따라 다양하다. 아일랜드, 덴마크 등은 주로 국가재정에 의존하고 스페인, 이태리, 프랑스 등은 고용주의 기여금에 크게 의존한다. 독일은 주체에 비슷한 정도로 부담시키며 영국은 고용주와 정부가 주로 부담한다(Mosley, 1990).[11]

<표 4> 사회보장을 위한 지출(1962~1991)

(국내총생산액에서 차지하는 %)

	1962	1966	1970	1975	1980	1985	1988	1990	1991
네덜란드	13.7	18.2	20.7	28.1	30.8	31.1	31.7	32.2	32.4
덴마크	-	-	19.6	25.8	28.7	27.8	28.9	29.7	29.8
프랑스	16.3	18.2	18.9	22.9	25.4	28.8	28.0	27.8	28.7
룩셈부르크	15.7	17.6	16.0	21.5	26.5	25.5	25.9	25.9	27.5
벨기에	15.5	16.5	18.5	23.0	28.0	29.3	27.8	26.7	26.7
서독	17.5	18.7	21.4	29.8	28.7	28.4	28.5	26.9	26.6
영국	-	-	15.9	19.5	21.5	24.3	21.9	23.0	24.7
이탈리아	14.3	18.1	18.8	22.6	19.4	22.6	22.9	24.0	24.4
아일랜드	-	-	13.2	19.4	21.6	23.8	22.0	20.3	21.3
스페인	-	-	-	-	18.1	19.9	19.8	20.7	21.4
그리스	-	-	-	12.2	19.2	19.5	-	-	
포르투갈	-	-	-	-	14.7	16.2	17.1	17.0	19.4

자료: Oskar W. Gabriel/Frank Brettschneider(Hrsg.), *Die EU-Staaten im Vergleich*,
Bundeszentrale für politische Bildung, Bonn, 1994, S.538, <표 42>를 재구성.

이와 같은 차이는 유럽통합의 과정에서 사회복지 정책면에서의 통합을 어렵게 만드는 요인의 하나가 되고 있으며, 데렉(Deleeck, 1991: 585-586)은 그 이유로 이러한 요인을 포함하여 다음 4가지를 들고 있다.

첫째, 개별국가들 간의 차이가 대단히 크다는 점 때문이다. 복지비 부담 및 지출의 규모가 다양하며, 제도적인 차이도 존재한다. 사회·경제적, 인구학적 구조(연령분포, 비경제활동인구 및 장기실업자의 수, 여성취업인구의 비율 등)도 대단히 상이하다.

둘째, 시장의 합리성과 복지정책의 합리성이 대단히 상이하다. 시장은 가능한 한 적게 조절되어야 하고 복지정책은 국가적인 개입과 사회법적 규정을 근거로 성립한다.

셋째, 사회복지를 정책상의 목표와 기관으로 구별해서 본다면, 유럽의 사회

___

11) 테르본(Therborn, 1995: 95-97)은 유럽국가들의 사회복지 유형이 다양함을 다음 세 가지 차원에 비추어 설명하고 있다. 첫째 서비스와 소득이전을 담당하는 조직으로서, 국가인가 아니면 공적보조 및 보험인가, 둘째 권리부여의 유형으로서, 모든 시민 혹은 주민에게 사회적 서비스와 소득보장의 권리를 부여하는 보편주의적 유형과 빈민, 소외계층 등 특정한 직종이나 사회집단에게만 권리를 한정하는 특수주의적 유형인가, 셋째 복지비지출(교육비 포함)의 규모가 국내총생산에서 차지하는 비중이 얼마나 되는가 등이다.

복지제도는 목표를 다수의 다양한 기관들을 통해 달성하는 방식으로 특징지을 수 있다. 그렇기 때문에 국가적 혹은 국제적 통일성은 필요하지도 바람직하지도 않다.

넷째, 대부분의 유럽국가들은 사회복지제도가 국가로부터 상대적으로 많은 자율성을 지니고 있으며, 모든 사회복지제도는 요구자들 사이의 신뢰를 필요로 한다. 특히 임금협상을 바탕으로 이루어지는 사회복지는 상호신뢰를 바탕으로 해야 가능한데 유럽차원에서 이것이 가능하겠는지 의문이다.

4. 유럽통합에 대한 회원국 국민들의 태도

이상에서 본 바와 같이 사회통합을 향한 유럽의 노력은 형식적, 실질적인 측면에서 지속적으로 이루어져 왔으며, 1991년 마스트리히트 조약 체결을 기점으로 하여 한층 더 가속화되고 있다. 이와 같은 노력은 유럽을 하나의 거대한 연방국 혹은 연합국으로 발전시키려는 원대한 이상 속에서 이루어지는 것(George, 1992: 52-53)이고, 직접적으로는 시장통합의 진전에 따라 촉진되는 성질의 것이다. 그러나 통합에 임하는 개별 국가들의 사정과 이해관심은 상이하며 통합이 진전되어 감에 따라 국가간의 이해득실이 교차하기도 한다.

예컨대 시장통합이 진전되어 감에 따라 '남유럽 국가들'은 국가 간의 빈부격차가 더욱 심화될 것을 우려하고 있다. 전통적인 산업분야와 직업분야들은 더욱 뒤쳐지고 투자와 기술혁신은 서비스부문의 고용이 큰 비중을 차지하는 부유한 국가들에 집중될 것이기 때문이다. 그리고 고도로 숙련된 전문인력의 결핍과 고급기술인력의 유출로 인하여 스페인, 포르투갈, 그리스, 남부 이탈리아, 아일랜드와 같은 나라들의 후진성은 한층 더 강화될 것이기 때문이다. 반면에 '북유럽 국가들'은 남유럽 국가들의 '사회적 덤핑'을 통해 자신들의 경쟁조건이 악화될 것을 우려하고 있다. 즉 남유럽의 저임금국가들이 특히 노동집약적인 분야에서 시장점유율을 높여 가는 반면, 자신들의 복지비부담은 더욱 높아갈 가능성이 커지기 때문이다(Deleeck, 1991: 589-590).

이런 이유들로 인해 유럽의 사회통합은 진전 속도가 더딜 뿐 아니라 회원국들마다 통합에 대한 적극성이나 지지도가 다르며, 그만큼 유럽연합에 '정신적

'으로' 통합된 정도도 다르다.

유럽통합은 대체로 광범위한 대중적 지지를 받아 왔다. 1950년대 초반의 여론조사에 의하면, 서독에서는 70% 이상이 유럽통합을 좋은 일이라고 긍정적으로 평가했다. 이탈리아에서는 그것이 60%를 상회했으며, 1970년부터는 75~80%가 유럽통합을 지지했다. 프랑스의 경우는 70년대 중반부터 서독, 이탈리아와 비슷한 지지율을 보였다(Therborn, 1995: 246).

<표 5> 유럽통합에 대한 유럽회원국들의 지지율

(단위: %)

국가명	1991년 가을	1992년 봄
벨기에	81	80
덴마크	68	61
독일	80	73
(구서독)	(79)	(72)
(구동독)	(83)	(76)
그리스	81	83
프랑스	79	75
아일랜드	79	81
이탈리아	89	88
룩셈부르크	74	73
네덜란드	76	77
포르투갈	83	84
스페인	79	78
영국	68	70
평균	79	76

자료: Schmuck(1993: 39)의 <그림>을 재구성.

유럽통합에 대한 회원국 국민들의 지지도는 대체로 평균 75% 선을 넘어서고 있다. 마스트리히트 조약체결을 전후해 실시한 '유럽여론조사' 결과에 따르면 유럽통합에 관한 지지도는 1991년 가을에는 79%, 1992년 봄 후에는 76%로 나타났다(Schmuck, 1993: 17-18, 39).

이를 국가별로 비교해 보면, <표 5>와 같이 이탈리아 국민들의 지지도가 89~88%로 가장 높았으며, 덴마크의 경우는 68~61%로 가장 낮았고 영국은 그 다음으로 낮아 68~70%였다.

그러나 이와 같이 상대적으로 높은 지지와는 달리, 유럽공동체에 대한 소속감은 낮은 편이다.

1986년 '유럽여론조사(Eurobarometer)'에 의하면, 자신을 '자주' '유럽시민'으로 인식하고 있느냐는 질문에 대해 긍정적으로 답한 경우는 전체적으로 19%였다. 이것이 프랑스에서는 27%, 룩셈부르크 26%, 그리스 24%, 스페인 21%, 독일과 이탈리아는 20%, 덴마크 19%, 네덜란드 18%, 벨기에 17%, 포르투갈 16%, 아일랜드 14%, 영국 11%였다. 그러나, 영국과 아일랜드에서는 절대 다수(각각 67%와 58%)가 자신을 유럽시민이라고 인식했던 적이 한번도 없다고 답했다(Therborn, 1995: 247-249).

이와 같은 응답은 유럽 시민적 정체성 혹은 소속감을 말해주는 것이며, 따라서 유럽 회원국 국민들은 여기에 대해 긍정적으로 답한 정도만큼 유럽공동체에 '통합'되어 있다고 할 수 있다. 이렇게 보면 그 통합된 인구의 규모는 20% 내외에 달한다고 하겠다.

그렇지만 자신을 유럽공동체의 시민으로 동일시한다는 사실만으로는 아직 통합을 이야기하기는 곤란하다. 1989년 '유럽여론조사'에서는 자신을 유럽시민으로 인식하는 이유가 무엇인지를 조사했는데, 그 응답결과를 보면, '제약 없는 여행'(51%)을 가장 많이 들었다. 그 다음은 '젊은 이들이 다른 유럽공동체 국가에 가서 유학할 수 있는 가능성'(44%), 그리고 '외국물품을 관세 없이 구입할 수 있는 점'(42%)을 들었다(Therborn, 1995: 247-249). 이와 같이 스스로 유럽공동체의 시민으로 인식하는 이유를 대부분 국경을 자유롭게 넘나드는 여행, 유학, 관세 없는 쇼핑으로 들고 있는 것은 이들의 소속감이 다분히 표면적, 형식적인 수준에 머물고 있다는 것을 말해준다. 이런 의미에서는 앞서 본 20% 수준의 통합성 역시 실질적인 통합이라기보다는 형식적인 통합의 정도를 말해주는 것으로 해석되어야 할 것이다.

또한, 1981년 유럽 가치체계연구집단의 광범위한 조사에 따르면, 지역적 정체성의 범주를 5개로 주고 선택하게 한 결과, 서유럽인들의 47%는 무엇보다도 자기가 사는 지방을 꼽았다. 그 다음, 27%는 자기 나라를, 15%는 지역(region)을, 9%는 전체로서의 세계를, 그리고 유럽을 꼽은 경우는 4%에 불과한 것으로 나타났다(Therborn, 1995: 247-249). 그리고 잉글하트(Inglehart)가 주도한 미시건대 사회조사연구소의 '세계가치관조사 1990~1991'에 의하면 유럽인들이 자기 대륙에의 소속감을 느끼는 정도(지방, 나라 등을 제치고 대륙에의 소속감 혹은 정체성을 1순위나 2순위로 꼽은 비율)는 다음의 <표 6>와 같이 다른 대륙들에 비해 높다고 할 수 없으며, 아프리카의 경우에 비해서는 훨씬 뒤떨어지고 있다(Therborn, 1995: 249).

<표 6> 대륙에의 소속감(1990~1991)

	(응답자의 %)
유럽연합내의 서유럽	16
비유럽연합내의 서유럽	9
동유럽	15
북미	10
남미	14
아프리카	22
아시아	5

자료: Therborn(1995: 250), <표 1, 2, 3>

이상과 같이 유럽통합에 대한 회원국 국민들의 태도와 의식조사를 통해 우리가 알 수 있는 것은 유럽의 '시민'들이 유럽통합에 대해 75% 수준의 높은 지지를 표하고는 있지만, 유럽 시민으로서의 시민의식이나 소속감을 지닌 경우는 20% 수준으로 이보다 훨씬 낮으며, 이러한 소속감조차도 대부분 표면적, 형식적인 성질의 것이라는 점이다. 나아가서는 유럽연합에의 지지도나 소속감, 그리고 이를 통해 나타나는 '정신적' 통합의 정도는 나라마다 다르며, 특히 영국과 덴마크와 같은 경우는 지지도나 통합의 정도가 가장 낮은 국가에 속한다.

영국의 경우, 전통적으로 유럽주의보다는 미국과의 우호, 협력적 관계를 중시하는 대서양주의를 강하게 띠어 왔으며, 유럽통합의 궁극적인 조직적 성격을 보는 두 가지의 입장, 즉 연방주의와 국제연합주의 입장 가운데 후자에 가까운 편이다.[12] 1991년 유럽 이사회에서 영국(대처수상)은 '사회헌장'이 경쟁

---

12) 조지(George, 1992: 52-53)에 의하면, 연방주의(federalist)는 유럽국가들 사이의 협력을 원활히 하고 세계적인 사안에 대해 효과적으로 대처할 수 있기 위해서는 유럽이 연방국가의 형태로 통합되는 것이 바람직하다는 입장이고, 국제연합주의(intergovernmentalist)는 연방국가체제로 통합하는 것이 각국 고유의 문화와 자유를 침해할 우려가 있다고 보면서 유럽통합을 독립된 주권국가들 사이의 국제협력기구 수준으로 제한해야 한다는 입장을 말한다. 전자 입장을 대표하는 인물은 유럽경제공동체(EEC)의 구상을 추진한 프랑스인 장 모네(Jean Monnet)이고, 후자의 입장을 대표하는 인물은 영국의 대처수상이다.

을 위축시킨다는 이유로 강하게 반발하여 프랑스(미테랑 대통령) 등과 충돌하였으며, 영국에는 사회헌장의 적용을 제외시킨다는 조건으로 마스트리히트 조약이 성립하게 된 바 있다.

국민들의 태도 또한 소극적이다. 앞서 본 바와 같이, 1991/1992년 유럽통합에 대한 지지율 조사에서 영국은 덴마크 다음으로 낮은 지지율을 보였으며, 1986년 유럽여론조사에서 영국은 유럽시민의식을 가장 적게 가진 것으로 나타났다. 1979년 조사에서도 유럽공동체에 대한 지지율(평균 60%)은 영국이 가장 낮은 것(33%)으로 나타났다(장홍, 1994: 243-244).

또한 1993년 "유럽공동체가 해체된다면, 거기에 대해 유감으로 생각하느냐 다행이라고 생각하느냐"에 대한 조사에서도, 다음의 <표 7>과 같이, 영국이 가장 소극적인 태도를 보이고 있다.

반면에 독일의 경우는 유럽통합에 대해 오래 전부터 적극성을 띠었으며, 특히 집권여당인 기민당은 1994년 9월 유럽연합이 연방국가형으로 발전해 가야

<표 7> 유럽공동체 해체에 대한 회원국별의 반응(1993)

(단위: 응답자의 %)

국가	유감	다행
벨기에	37	5
덴마크	42	18
프랑스	39	14
그리스	50	5
아일랜드	56	5
이탈리아	55	5
룩셈부르크	58	5
네덜란드	47	5
포르투갈	41	7
스페인	39	8
영국	28	24
서독a	45	9

자료: Therborn(1995), p.248의 <표 12.2>를 재구성. a는 서독의 경우. 구동독의 지지는 37%와 9%로 이보다 낮음.

한다는 입장에서 구체화를 위한 발전모델을 제시하는 백서(Säuble/Lamers-Papier)를 발표(Möschel, 1995: 10)할 정도로 적극적이다. 독일은 특히 동구지역의 붕괴 및 통일에 따른 부담으로 인해 유럽연합에 더 많은 관심과 기대를

갖고 있다. 정치적인 약점을 보상하려는 이유 이외에도 유럽연합내의 시장확대를 통해 상실된 동구시장을 보상하려 하고 있으며, 이로 인해 정치통합에 대해서도 적극적이다(Bischoff/Menard, 1992: 101-102).

그러나 독일통일을 계기로 유럽연합 국가들 사이에는 독일의 주도권을 우려, 경계하는 목소리가 높아지게 되었으며(George, 1992: 62), 앞서 보았듯이 1991/1992년 마스트리히트 조약의 체결을 전후해 유럽통합에 대한 지지율이 낮아지는 변화를 보이고 있다. 지지율은 80%에서 73%로 낮아졌는데, 구서독의 경우는 79%에서 72%로, 구동독은 83%에서 76%로 낮아졌다(Schmuck, 1993: 39). 또한 《슈테른》지의 조사에 따르면, 92년 7월 독일인 가운데 22%만이 유럽통화를 도입하는 데 찬성하고, 72%는 독일화폐를 유지하는 것이 낫다고 응답하였다. 이는 1991년 가을, 유럽통화 도입에 대한 지지도가 유럽에서 평균 54% 수준이었고, 가장 지지도가 낮았던 덴마크가 보였던 지지율 35%(반대 54%)에 비하면, 대단히 낮은 지지율이다(Schmuck, 1993: 17-18). 유럽통합에 대한 지지율의 저하는 특히 마스트리히트 조약을 계기로 유럽연합에 대한 독일의 재정적 부담이 늘어나고, 유럽통화의 도입이 독일에 불이익을 초래할 것으로 보는 우려 때문인 것으로 풀이된다.

<표 8> 유럽 통합을 위한 노력에 독일 청년층의 지지 정도(1993)

(단위: %)

	매우 찬성	약간 찬성	약간 반대	매우 반대	모르겠음
구서독	27.6	41.9	7.4	5.3	7.7
구동독	16.3	51.6	18.5	6.8	6.8

자료: Thomas Henschel, "Europa-det is'n Anfang," *Jugendliche und ihre Einstellungenu Zu Europa 1993*(Arbeitspapiere), Mainz, 1993, 52ff.; P. Moritz/B.Zandonella(1994), S.4에서 발췌.

그럼에도 불구하고, 독일의 유럽통합 지지율은 여전히 높은 수준을 유지하고 있다. 1993년 여름, 동서독의 15~24세 350명을 상대로 한 여론조사 결과를 보면 유럽통합에 대한 지지율은 젊은 층에서도 70% 가까운 수준(구서독 69.5%, 구동독 67.9%)에 달하고 있다.

5. 요약과 결론

오늘날 유럽통합은 시장통합의 단계를 넘어서서 화폐통합, 사회통합의 길에 접어들어 있다. 이와 같은 통합의 주된 추동력으로 작용한 것은 50년대 초창기에는 전후 유럽의 경제복구와 발전을 위한 협력의 필요성, 동서 유럽 간 집영 간의 대립과 경쟁이었고, 그후 70년대 중반 이후부터는 자본축적의 위기, 세계시장에서의 국제경쟁력 약화를 극복하기 위한 협력과 통합의 필요성이었다. 이와 같은 필요성에 의해 우선적으로 추진되고 또 추진될 수 있었던 것은 시장의 통합, 즉 유럽 단일시장의 형성이었으며 장기간에 걸친 노력 끝에 유럽은 시장통합에 성공하였고, 가입 회원국 수도 지속적으로 늘어났다. 그리고 시장통합의 진전에 따라 이와 직결된 화폐통합의 필요성과 노동력 이동 등 사회통합의 필요성이 제기되었으며 이 분야에서의 통합 역시 일정한 속도로 진전을 거듭하고 있다.

앞서 우리는 유럽의 사회통합 현황을 크게 세 가지 방향에서 조명해 보았다. 국가들 간의 사회통합은 "두 개 이상의 사회가 하나로 통일되고, 통일된 전체 속에 서로 조화를 이루고 전체에 대해 순응하는 것"이라 할 수 있다. 그러나 시장통합과 정치통합을 제외한 좁은 의미에서 사회통합은 "인적, 문화적인 교류 및 이동의 차원에서 경계와 벽이 허물어지고 하나의 장(場)이 형성되는 것" 그리고 "사회적인 균열과 갈등의 요소를 완화, 해소하는 사회복지제도가 확충되고 균질화되는 것"을 가리킨다. 우리는 사회통합의 이 두 가지 측면, 즉 형식적 측면과 실질적 측면에 비추어 통합을 위한 유럽차원에서의 노력이 어떻게 전개되어 왔는지, 그리고 그 결과 통합이 실제로는 얼마만큼 진전되었는지를 검토하였다. 그리고 나서는 유럽연합 시민들이 지니는 통합 자체에 대한 태도와 소속감을 검토하였다. 이러한 태도와 소속감은 통합의 노력과 진전 상황의 결과를 사실상 종합적으로 반영하는 것이라고 할 수 있으며, 동시에 회원국 시민들이 유럽연합에 '정신적'으로 얼마나 통합되어 있는가를 보여주는 것이기도 하다.

우선, 인적 교류, 협력과 노동력 이동의 측면에 비추어 볼 때, 유럽차원의 노력은 오래 전부터, 다각적으로 전개되어 1970년대부터는 취업과 개업을 위한 이동이 자유로워졌으며, 1988년부터는 유럽공통의 여권이 도입되고, 1993

년도부터는 화물에 대한 국경통제가 전면해제되었다. 사람에 대한 국경통제도 지속적으로 철폐되어 가고 있으나 범죄 등 복잡한 문제가 얽혀 있어 뒤늦게 1994년부터 6개국 간의 국경통제만 전면철폐되었다. 이밖에도 교통, 통신, 에너지공급, 문화, 교육 분야에서의 교류와 협력이 다각적으로 이루어지고 있으며, 특히 교육분야에서는 유럽공동의 다양한 교육지원 프로그램이 설치, 운영되고 있다. 이와 같은 교류의 증진과 통합의 노력에 힘입어 국경을 넘는 여행자 수는 엄청나게 늘어나고 있다. 국경을 넘어 이주하는 인구 역시 늘어나고 있지만, 극히 미미한 수준에 머물러 있다. 그리하여 1991년 현재 회원국 전체의 인구 가운데 단지 1.4%만이 다른 회원국에 이주해 살고 있을 뿐이다. 이는 사회적 측면에서의 유럽통합이 아직도 대단히 낮은 수준에 머물러 있다는 사실을 말해주는 것이라 하겠다.

사회복지 측면에서의 통합을 위한 노력은 크게 두 가지 수준에서 이루어져 왔다. 하나는 개별국가들 수준에서 사회적으로 낙후한 분야의 문제를 공동의 협력과 지원을 통해 해결해 나가는 것이고, 다른 하나는 유럽연합 수준에서 사회복지의 기준을 마련하고 입법화함으로써 각국의 사회복지제도를 균질화하고 통합해 가는 것이다.

전자의 수준에서의 노력 가운데 대표적인 것은 실업, 농업, 낙후지역에 대한 공동지원으로서 유럽차원에서는 이미 1960년대 초부터 유럽사회기금, 농업개선 및 지원기금, 지역개발기금 등을 설치하여 직업교육, 고용촉진 등을 위한 목적에 사용되고 있다. 이러한 기금들은 1989년부터 '구조(개선)기금'이라는 명칭으로 통합, 운영되고 있는데 기금의 총액은 1991년 현재 260억 마르크로서 유럽공동체 전체예산의 25%를 차지하고 있으나 회원국 전체의 GDP에서 1% 비중밖에 차지하고 있지 못하다.

사회복지에 관한 공동의 기준을 만들고 이를 통해 각국의 복지제도를 균질화하려는 노력 또한 오래 전부터 이루어져 왔으며 특히 1970년대부터 여러 차례에 걸쳐 노동자의 권익 등을 보장하는 각료이사회의 지침들이 채택되었다. 그리고 1989년에는 유럽사회헌장('노동자의 사회적 기본권에 관한 공동체헌장')이 유럽이사회에서 채택되었고 그 내용의 대부분은 1991년 마스트리히트 조약에 그대로 채용되었다. 이는 유럽차원에서 사회복지에 관한 공동의 기준이 확립되고 조약으로서 일정한 규제력을 갖게 되었다는 것을 의미한다. 그러나 이것은 내용상 원칙의 천명에 불과하여 구체성을 결여했고 비용의 증가와 국제경쟁력의 약화를 초래한다는 반발을 불러일으키기도 하였다. 그래서 영국은 조약체결에서 사회헌장 부분은 적용 받지 않는 예외로 남게 되었다. 이처럼 복지문제를 유럽차원에서 공동으로 해결하려는 노력은 그에 따른 비용과 비용분담을 요구하고 각국의 복지상황 및 복지제도의 차이, 이로 인한 이해관계의 교차 등으로 인해 많은 어려움을 겪어 왔으며, 복지제도의 균질화는 아직도 초보적인 단계에 머물러 있다.

한편 유럽통합에 대한 회원국 국민들의 태도와 의식에 관한 각종 조사들은 유럽의 '시민'들이 아직까지는 유럽공동체 혹은 유럽연합에 대부분이 피상적으로 통합되어 있다는 사실을 보여주고 있다. 그들은 유럽통합에 대해 75% 수준의 높은 지지를 표하고는 있지만 유럽 시민으로서의 시민의식이나 소속감을 지닌 경우는 20% 수준으로 이보다 훨씬 낮으며 스스로를 유럽시민으로 의식하는 이유도 대부분 "국경을 자유롭게 넘나드는 여행, 유학, 관세 없는 쇼핑" 등 표면적, 형식적인 성질의 것이다. 또한 유럽연합에의 지지도나 소속감, 그리고 이를 통해 나타나는 '정신적' 통합의 정도는 나라마다 상이하며 특히 영국과 덴마크와 같은 경우는 지지도나 통합의 정도가 가장 낮은 국가에 속한다. 독일의 경우는 유럽통합에 대해 오래 전부터 적극성을 띠어 왔으나 마스트리히트 조약의 체결을 전후하여 유럽통합에 대한 지지율이 현저히 낮아지는 변화를 보이고 있다.

이상과 같이 유럽의 사회통합은 일정한 진전을 거듭하고 있음에도 불구하고 사회적인 측면에 비추어 볼 때 그 진전의 정도는 아직 초기적, 외형적인 상태에 머물러 있으며 그 전망 또한 밝지 못하다. 한마디로 말해 시장통합을 넘어서는 화폐통합, 그리고 사회통합은 특히 회원국 간의 차이와 이해관계의 상충으로 인해 저항을 받아온 것이다. 시장의 통합은 그 자체가 회원국들 사이의 경제적 격차와 중심-주변부 관계를 심화시키고 있으며 이러한 불균형을 개선하기 위한 재정적인 지원과 협력은 주로 중심부 국가들의 비용분담을 요구하고 있다. 이러한 비용분담은 통합에 대한 중심부 국가들의 태도에 부정적으로 작용하고 있으며 그 절대적 규모도 크지 않다. 이와 같은 상황은 사회복지제도의 균질화 및 통합과 관련해서도 마찬가지이다.

이런 맥락에서 볼 때 마스트리히트 조약비준을 전후하여 유럽통합에 대한 회원국 국민들의 지지율이 하락한 점이라든가, 영국과 덴마크가 통화 및 사회정책분야 등에서 이탈한 것은 유럽통합의 전망과 관련하여 주목할 만한 사항들이다. 이는 국경통제의 철폐와 관련된 쉔겐협정의 경우에서도 마찬가지이다. 이 협정은 유럽차원에서 공동으로 해결되지 못한 채, 덴마크, 영국, 아일랜드를 제외한 일부 국가들만이 가입한 상태에서 협의가 진행되어 왔다.

이런 점들에 주목하여 아놀드(Arnold, 1995: 8)는 마스트리히트 조약을 계기로 "유럽연합은 전환점에 서 있으며 그 방향설정의 위기(Orientierungskrise)에 처해 있다"고 말한다. 그리고 이를 통해 유럽연합은 단순한 국제협력기구 이상으로 발전해 나갈 가능성이 회박해졌다고 전망하고 있다.

"현재 실질적으로 최고의 의사결정기구는 각료이사회인데, 이런 구조는 초국가기구가 아니라 국제협력기구의 성격을 지니는 것이다. 마스트리히트 조약 이후, 유럽통합은 진전을 보고 있다기보다는 정체상태에 머물고 있다.

마스트리히트에서는 민족적 독립성을 상실할까 우려하는 분위기가 지배했으며 유럽연합 각료이사회는 1992년12월 에딘버그에서 보족성원리를 채택하여 이러한 우려를 불식시켰다. '회원국들은 각자 민족적 정체성을 보존하고 그러한 자격을 유지한다'는 것으로 시작되는 결의문은 그러한 원칙을 확인하고 있다. 그러나 이로써 유럽통합의 방향은 180도 선회한 셈이다. 즉 각국의 주권을 초월하는 초국가기구로의 발전이 아니라 주권국들 간의 국제협력기구로의 방향이 정립된 것이다(Arnold, 1995: 4).

이와 함께 마스트리히트 조약 이후의 통합상황을 잘 표현해 주는 것은 '2개의 속도'라는 공식이 정립된 것이다. 즉 준비가 된 회원국들은 가까운 시일내에 통합에 임하고 그렇지 못한 나머지 회원국들은 천천히 통합에 임하도록 한다는 것이다.(Arnold, 1995: 6-7) 이런 점은 최근 1995년 9월 22일 1999년 1월로 예정된 화폐통합과 관련한 유럽연합 15개국의 비공식 정상회담에서 요건에 맞는 국가들끼리 먼저 통합하자는 쪽으로 의견을 모은 사실을 통해서도 확인되고 있다. 이 회담에서는 유럽화폐의 명칭을 에퀴(ECU) 대신 유로(Euro)로 바꾸기로 합의했으나 회담이 끝난 후 인터뷰에서 쥐페 프랑스 총리는 "1999년에 단일통화를 채택할 경우, 15개 회원국 중에서 참여할 수 있는 나라는 프랑스와 독일을 포함하는 6~7개국에 불과할 것"이라고 밝혔다. 독일의 콜 총리와 영국의 메이저 총리 또한 "모든 국가들이 같은 날 통화통합에 참여하지는 못할 것”이라면서 부분적인 화폐통합을 기정 사실화하고 있는 것이다 (≪중앙일보≫, 1995. 9. 26).

이와 같은 상황은 각국이 처한 상황의 차이, 이에 따른 이해관계의 교차 등이 반영된 결과로서 유럽통합의 전망을 어둡게 해주고 있다. 유럽의 통합은 실질적인 통합으로 진전하기 어려우며 이 또한 회원국들의 발전정도에 따라 적어도 ‘두 개의 속도’를 취하면서 파행적으로 진행되어 나갈 것이 분명하다.

참고문헌

장홍. 1994, 『유럽통합의 역사와 현실』, 고려원.

Addison & Siebert. 1991, “The Social Charter of the European Arbeitsgruppe Bildungsbericht am Max-Planck-Institut fuer Bildungsforshcung”(1994), *Das Bildungswesen in der BRD: Strukturen und Entwickungen im Ueberlick*, Reinbeck bei Hamburg.

Arnold, H. 1995, “Die europäische Union zwischen Maastricht und Maastricht-Revision,” in *Aus Politik und Zeitgeschichte. Beilage zur Wochenzeitung Das Parlament* 13(Jan.).

Bischoff, J. & M. Menard. 1992, *Weltmacht Deutschland? VSA*, Hamburg.

CDU. 1994, *Europa in Stichworten: Fakten und Argument zur Europapolitik*, Hrsg. v. Bundesgeschäftsstelle.

Deleeck, H. 1991, “Die Systeme sozialer Sicherheit im europäischen Einigungsprozeß,” in *Zeitschrift für Sozialrefom*, Heft 10.

Gasteyger, Curt. 1994, *Europa zwischen Spaltung und Einigung: 1945 bis 1993*, Bundeszentrale für politische Bildung, Bonn.

George, Stephen. 1992, “The Europian Community in the new europe,” in Colin Crouch/David Marquand(eds.), *Towards Greater Europe?*, Oxford: Blackwell Publishers.

Kowalsky, W. 1991, “Europa vor der Herausfordrung zivilisierter Innenbeziehungen,” in *AusPolitik und Zeitgeschichte. Beilage zur Wochenzeitung Das Parlament* 13(Jan.), 1995.

Läufer, Thomas. 1993, *Europäische Gemeinschaft; Europäische Union*, Bundeszentrale für Politische Bildung, Bonn.

Moritz, P. & B. Zandonella. 1994, *Europa für Einsteiger-Thema im Unterricht, Lehrheft* 5, Bundeszentrale für politische Bildung.

Mosley, H. G. 1990, "The Social Dimension of Europian Integration," in *International Labour Review* 129(2).

Möschel, W. 1995, "Europapolitik zwischen deutscher Romantik und gallischer Klarheit," in *Aus Politik und Zeitgeschichte. Beilage zur Wochenzeitung Das Parlament* 13(Jan.).

Raulff, H. 1983, "Die Entwicklung in Westeuropa bis zur Direktwahl des Europäischen Parlaments," in W. Benz & H. Graml(Hrsg.), *Europa nach dem Zweiten Weltkrieg 1945-1982, Fischer Weltgeschichte* Bd.35, Fr.a.M.

Reynolds, David. 1992, "Thawing History: Europe in the 1990s and Pre-cold War Patterns," in Colin Crouch & David Marquand(ed.), *Toward Greater Europe?*, Oxford: Blackwell Publishers.

Rose, R. 1993, "Bringing Freedom Back in: Rethinking Priorites of the Welfare State," in Catherine Jones(ed.), *New Perspectives on the welfare state in europe*, London/N.Y.

Schmuck, O. 1993, *Von der EG zur Europäischen Union*, Bundeszentrale für politische Bildung, Bonn.

Teague, P. & J. Grahl. 1992, *Industrial Relations and Europian Integration*, London.

Therborn, Göran. 1995, *European Modernity and Beyond*, London: SAGE Publications.

이태리 신사회정책의 전개와 한계*

이재열
서울대 사회학과 조교수

1. 이태리 사회정책 형성의 제도적 배경

내각의 평균수명이 채 1년이 되지 못할 정도로 정치적 혼돈에 빠져 있지만 현재 유럽에서 가장 높은 경제성장률을 기록하고 있는 역동적인 나라, 법률과 규범은 이상적이지만 실제로는 온갖 부정부패가 만연하는 나라, 파시즘을 통해 강력한 중앙집권을 이룩했지만 지역 간 격차가 국가 간 격차보다도 더 큰 나라. 이러한 상충되는 설명만큼 이태리의 특성을 잘 드러내는 것은 없어 보인다. 조합주의에 기반한 스웨덴의 사민주의체제와 대비하면 이태리는 사회체계의 스펙트럼에서 그 대척점에 존재한다.[1] 그러나 1990년대의 변화는 이러한 대비가 영원히 지속되는 것이 아닐 수도 있다는 점을 보여주고 있다. 1990년 총선에서 스웨덴의 사민당이 부르주아 정당연합에 정권을 내주는 사태가 발생하고, 이를 토대로 '사민주의의 종언론'이 대두되고 있다면, 이태리에서는 1993년에 역사적인 노·사·정 간의 3자협약을 이끌어 내었고 1992년에는 전후 이태리정치의 다수파였던 기민당을 정점으로 하는 중도우파연합이 새로 부상된 북부동맹의 정치적 팽창에 의해 와해되는 상황에 이르게 됨으로써 사민

---

* 이 논문은 1994년도 교육부의 지역연구비를 받아 「유럽의 노동시장정책연구: 스웨덴과 이태리를 중심으로」라는 제목으로 수행된 연구결과의 일부분이다. 전체 연구결과는 1995년 2월 한림대학교 사회조사연구소의 <연구논문시리즈>로 일단 출간되었고, 동년 9월 한국 유럽학회 주관의 학술대회에서 발표되었다. 이 글을 준비하는 과정에서 현지 자료수집에 많은 도움을 준 이태리의 Istituto di Scienze Economiche의 Marino Regini 박사와, 브레시아 대학의 Gian Primo Cella 교수, CESOS의 Antonietta De Sanctis 박사 등에 감사한다. 또한 자료수집을 도와준 한림대 대학원의 유영희 양, 귀중한 논평을 해준 허재준 박사에게도 사의를 표한다.
1) 골드소프는 이태리를 이중구조의 전형으로 지칭하였다(Goldthorpe, 1984).

주의적인 방향으로 선회하고 있다는 예감을 갖게 하고 있다.

전후 이태리의 사회정책은 이태리의 정치적·사회적 특성을 배경으로 놓고 이해하여야 한다. 이태리의 통일은 1860년대에 가리발디에 의해 이루어졌지만 여전히 지역 간에는 언어, 문화적 전통, 산업구조, 정치적 성향 등에서 간과할 수 없는 많은 차이가 존재한다. 그 특성에 따라 나누면 크게 세 지역으로 구분된다. 산업화의 정도가 가장 높은 북부지역과 전통적인 농업에 기반한 남부지역, 그리고 다양한 장인기술을 기반으로 소기업들이 활약하는 중부의 제3 이태리 지역이 그것이다(Putnam, 1993; 이재열, 1993).

1970년대 이후 지방자치가 전면적으로 실시되어 지방정부가 입법권과 경제정책을 담당하고 있지만, 전통적으로 중앙정부와 지방정부 간의 권력의 배분이 불균등하게 이루어져 왔기 때문에 지방정부는 중앙정부에 의존적이다. 지방과 지방 간, 그리고 중앙과 지방 간의 관계도 법률적 제도화가 이루어지기보다는 정치적 흥정에 의해 결정되어 왔다(Sassoon, 1986). 한편 이데올로기에 의한 정치영역의 균열은 이태리의 오랜 특징이기도 했다. 카톨릭과 반카톨릭주의 간, 공산주의와 반공주의 간, 집단주의와 개인주의 간의 대립은 그 몇 가지 예에 불과하다. 이데올로기의 균열구조는 정당구조의 극심한 균열을 가져왔으며 언론, 노동조합, 사회단체의 균열로 연결되어 좀체로 통일된 통치구조를 가지고 있지 않은 것으로 보인다.[2]

균열구조의 심각성은 국가-시민사회 간의 관계에도 반영되어 사회적·경제적 영역의 행위를 규제하는 공식적 법률은 실제 사회적 게임과 무관하거나 매우 느슨하게 연계돼 있어서 정치체제를 움직이는 가장 큰 원동력은 집단들 간의 조직화한 이해관계들 간의 타협과 조정에 의존한다. 그리고 그 타협과 조정의 정점에 정당이 존재한다. 최근 들어 노·사·정 간의 3자협약이 만들어져서 신조합주의적인 이익조정양식이 도입되고 있기는 하나 스웨덴의 3자협약과 비교하면 제도화의 수준이 매우 낮을 뿐 아니라, 협약의 이행은 행위집단들 간의 자의적이고 비공식적인 협력에 의존하고 있다. 따라서 이태리의 정치경제는 정치적으로는 암묵적인 연방주의(tacit federalism)로, 경제적으로는 암

---

2) 이태리는 세계에서 가장 많은 정기간행물과 방송을 보유하고 있는 나라 중의 하나이다. 전부 79개의 일간지가 매일 총 500만 부 이상을 발행하고 있으며 약 2,000여 개의 라디오 방송과 약 500개의 TV방송을 보유하고 있다(대한무역진흥공사, 1990).

묵적인 조합주의(tacit corporatism)로 불리곤 한다(Ferner and Hyman, 1992).

이처럼 이태리의 사회적 정치적 구조를 특징짓는 균열구조는 사회적 협상과정의 '미약한 제도화(weak institutionalization)'로 명명된다. 즉 공식적인 법적·사회적 협상의 창구는 매우 엄격함에도 불구하고 전혀 행위자들에 의해 준수되지 않으면서도 밀도 있는 연줄망에 근거한 비공식적 창구에서는 비교적 잘 준수되는 게임의 규칙이 존재한다는 것이다(Cella, 1989; Negrelli & Santi, 1990). 미약한 제도화는 사회체계로서의 이태리 시스템의 운명을 결정짓는 가장 중요한 조직원리로 자리잡고 있다. 그러므로 한편으로는 지역적, 이데올로기적, 경제적 이익의 균열을 극복할 수 있는 사회정책의 유연성을 제공하기도 하지만 다른 한편으로는 비공식적인 협상과 줄다리기가 쉽사리 공식적인 정책형성과정을 연고주의나 부정부패의 장으로 변형시키기도 한다. 이같은 예측불가능성이야말로 체제의 불안정성을 끊임없이 재생산하면서 이태리의 사회정책의 내용과 기능을 평가하기 힘들게 하는 요인으로 작용한다.

2. 이태리의 정치체제와 노사관계의 특성

1) 이태리의 정치체제와 국가의 성격

전통적으로 이태리의 국가는 사용자단체, 노조 등과의 관계를 제도화시키는데 매우 미약한 영향력을 행사한 것으로 평가된다. 단체교섭을 추진할 수 있는 정책도구를 가지지 못했으며 노사관계의 개혁을 추진할 능력도 매우 미약하다. 그 이유는 이태리의 정치체제에 대한 이해를 통해 명백히 드러난다.

내각책임제를 실시하고 있는 이태리의 정치체제는 매우 복잡하다. 비례대표제에 의해 선출되는 하원(The Chamber of Deputies)과 상원(The Senate)이 있으며 양자는 동등한 권한을 가지고 있어서 매우 미묘한 상호조정이 필요하다. 정치체제의 특성상 유럽에서 가장 복잡한 다당제를 실시하고 있으므로 항상 연정을 통해 정권이 교체됐으며, 전후 50회 이상의 정권교체를 이룰만큼 불안정한 정국을 유지하고 있다. 그러나 정권의 교체가 인물이나 정책의 교체로는 연결되지 않기 때문에 실질적인 안정성을 유지하는 것으로 평가되고 있다.

<표 1> 이태리 정당들의 득표율 변화

정당 \ 연도	1948	1953	1958	1963	1968	1972	1976	1979	1983	1987	1992
기민당(DC)	48.5	40.1	42.4	38.3	39.1	38.8	38.7	38.3	32.9	34.3	27.3
공산당(PCI)	31.0	22.6	22.7	25.3	26.9	27.2	34.4	30.4	29.9	26.6	17.0
사회당(PSI)		12.8	14.2	13.8	14.5	9.6	9.6	9.8	11.4	14.3	13.6
사민당(PSDI)	7.1	4.5	4.5	6.1		5.1	3.4	3.8	4.1	3.0	2.6
공화당(PRI)	2.5	1.6	1.4	1.4	2.0	2.9	3.1	3.0	5.1	3.7	4.7
자유당(PLI)	3.8	3.0	3.5	7.0	5.8	3.9	1.3	1.9	2.9	2.1	2.8
급진당(PR)	-	-	-	-	-	-	1.1	3.5	2.2	2.6	-
사회운동당(MSI)	2.0	5.8	4.8	5.1	4.4	8.7	6.1	5.3	6.8	5.9	6.5
Monarchist	2.8	6.9	4.8	1.7	1.3	-	-	-	-	-	-
DP	-	-	-	-	-	-	1.6	0.8	1.5	1.7	-
녹색당(Verdi)	-	-	-	-	-	-	-	-	-	2.5	-
북부동맹(LN)											8.1
재건공산당(RF)											6.5
기타	2.5	2.7	1.7	1.3	6.0	4.0	0.8	4.1	2.7	3.2	

출처: Jacobs(1989: 173), Leonardi and Kovacs(1993: 54)

정당 중에는 기민당(Democristiani: DC)이 1948년 이후 다수당으로서의 위치를 확보해 왔다. 비록 DC의 지지율은 계속 하락해 왔지만 약 1/3 정도의 지지를 확보하고 있으며, 1981~1982년과 1983~1987년 사이의 짧은 기간을 제외하고는 계속 수상직을 독점해 왔다. 그러나 이러한 DC의 독점은 1992년의 총선에 막을 내리게 된다. DC의 권력기반은 전통적으로 카톨릭 교회와의 강한 유대에서 생겨난다. 이들은 이러한 종교적인 배경을 바탕으로 다양한 사회조직에서 후견주의(clientelism)를 기반으로 하는 동원체제를 구축해 왔다. 그러나 DC는 강한 이데올로기적 응집성을 가진 조직이라기보다는 정책적 지향을 공유하는 다양한 분파로 형성되어 있기 때문에 동구권의 몰락 이후 '공산주의의 위협'이 사라진 후에는 공산주의에 대항하는 결속체로서의 역할이 소멸되어 내부 갈등이 표면화되는 상황에 처하게 되었다.

이태리 공산당(Partai Communistas Italiani: PCI)은 반파시즘 레지스탕스 운동에서의 독보적인 역할을 기반으로 이태리의 제2정당으로서 전통적으로 유로커뮤니즘의 맹주 역할을 하였다. 그러나 냉전체제의 성립 이후 PCI는 전국적으로 1/4 정도의 지지를 확보해 왔음에도 불구하고 이태리의 정당체계에서 체계적으로 배제되어 중앙정계에서는 항상 소수당으로 남아 있었고 지역적으로 적색지대(red belt)로 지칭되는 중부지방의 지방정부를 장악하는 데 그쳤다. 이태리 공산당은 1970년대의 '역사적 타협'[3]을 계기로 정책을 수정해 교조적 공산주의노선을 포기하고 수정주의적 노선을 채택하게 되었다. 그러나 이러한 타협주의적 노선은 내부 갈등을 빚어 1980년대 이후 PCI는 우파성향의 인사들이 모인 민주좌파당(Democratic Left Party: PDS)과 골수 PCI좌파들이 모여 만든 신공산당(Rifondazione Comunista: RC)로 분열되었다.[4] 1992년 총선은 이태리 정치가 다시 불안정기에 접어들고 있음을 보여준다. 대부분의 정당이 의석을 잃었으며, PDS는 16%의 지지를 얻는 데 그치고 RC도 5.6%의 지지만을 확보하여 공산당계열은 전후 최저의 지지율을 기록하였다. 그러나 공산당의 지지율의 하락은 DC에 대한 지지도의 증가로 이루어지지 않아서 30% 미만의 의석을 얻는 데 그쳤다. 가장 큰 수혜자는 북부동맹(Lega Nord: LN)으로서 전국수준에서는 9%, 북부지역에서는 18%의 지지를 획득하는 비약적인 성장을 하였다. 따라서 이태리의 정국은 현재 남부에서는 DC와 PSI가, 북부에서는 LN과 PDS가 지배적인 양분화 현상을 보이고 있다.[5]

이태리의 노사관계에는 전통적인 국가개입의 요소와 전후 무력한 정부 간의 상충적인 모습이 동시에 투영되어 있다. 이태리의 경우는 독일에서와는 달

---

3) 1974년의 역사적 타협을 이루게 된 배경은 한편으로는 1968년의 혁명적 변화열기가 식게 된 시대적 상황과 더불어 다른 한편으로는 아옌데를 실각시킨 칠레의 군부쿠테타의 영향이었음이 지적된다. 당시 PCI의 서기장이었던 벨링거(Enrico Berlinguer)는 좌파급진주의는 급격한 반동을 불러일으킬 수 있기 때문에 DC와의 동맹을 통해 지지기반을 넓히고 소련의 공식 이데올로기와 대비되는 유럽의 커뮤니즘을 구축해야 한다는 주장을 하였다. 그리하여 PCI는 이태리의 NATO 가입을 지지하였으며, 스페인과 프랑스 공산당과의 연대를 강조하였다. 그 결과 PCI는 1975년 총선에서 전국에서 33.4%의 지지를 얻는 압승을 거두었으며, 모두 6개의 지역정부를 석권하여 이태리의 도시지역을 장악하는 승리를 얻었다 (Jacobs, 1989: 182).

4) 이태리 정당체계에서 PCI가 배제되기 때문에 이태리 정치는 '제한적 민주주의(blocked democracy)'라는 평가를 받았다. PCI가 제2정당임에도 불구하고 PCI를 배제한 연립정권을 세우기 위해 DC가 소수당인 사민당(PSDI), 공화당(PRI), 자유당(PLI) 등과 제휴하게 됨에 따라 이들 군소정당들이 지지율 이상의 영향력을 행사할 수 있다는 것이다. 특히 사회당(PSI)은 10% 이내의 지지를 받았음에도 불구하고 이러한 조건을 이용해 1983년부터 1987년까지 수상직을 장악할 수 있었다.

5) 북부동맹의 등장 배경과 이태리 정치에 미치는 함의에 대해서는 Leonardi and Kovacs(1993), Woods(1995), 성경륭(1995) 등을 참조할 것.

리 파시즘시대의 제도적 유산을 청산할 기회를 갖지 못했다.[6] 따라서 전전의 제도적인 틀이 전후 기민당 정권에서도 그대로 준용되었는데, 특히 광범한 국영기업이 그대로 유지되면서 국가의 노사관계개입의 채널로 준용되었다. 그러나 이태리 경제에 대한 국가의 전략적 역할은 이태리 정부의 약체성과 입법기능의 경화증(硬化症)을 배경으로 이해해야 한다.[7] 공산당을 배제하는 제한적 민주주의를 유지하기 때문에 연정의 분파들 간의 불안정한 공존이 지속되고 있고, 정권의 정당성이 끊임없이 위협받는 상황에서 의회내 정당들의 상호견제 때문에 근본적인 개혁입법은 기대하기 힘든 구조를 가지고 있다. 따라서 정책의 변화는 매우 점진적이고, 또한 우연적인 타협에 의해 그 경로가 결정되어 왔다. 특히 노동정책의 경우는 노조와 기업가조직 모두의 합의를 끌어낼 수 있는 내용들만이 수용되었다는 점에서 변화는 매우 불연속적이면서 단편적이라고 할 수 있다. 정책의 집행과정에서도 이러한 불연속성은 발견된다. 국가와 경제 간의 관계는 다양한 규제양식과 원칙들이 혼재되어 통제와 교환, 그리고 자발적인 동원 등이 혼합되어 있다(Lange and Regini, 1989).

2) 자본가조직

이태리의 자본가조직은 매우 다양하고 분절되어 있다. 그 이유는 이데올로기적인 차이에 기인하기보다는 이태리의 경제구조 자체의 다양한 분절, 특히 소유구조, 기업규모, 산업별 분화 등의 분화에 기인하고 있다. 이태리의 경제구조는 여타의 유럽국가에 비하면 매우 특이한 구조를 가지고 있다. 대기업의 비중이 매우 작은 반면, 중소기업과 장인생산의 비중이 매우 높다. 10인 이하의 소기업에 종사하는 노동력의 비중이 40%에 달하며, 이는 프랑스, 독일, 영국 등의 약 2배에 해당하는 수치이다. 반면에 대기업에 종사하는 노동자의 비중은 17%에 불과하다. 유럽의 100대 대기업 중 이태리의 기업은 6개에 불과하며 몬테디손(Montedison), 올리베티(Olivetti), 피렐리(Pirelli), 피아트(Fiat) 등이 대표적이다. 따라서 중소기업의 역할이 자본가조직에서 매우 중요하다. 또

---

6) 그 이유는 독일에서의 패망과는 달리 무솔리니는 1943년의 궁정쿠테타를 통해 실각했기 때문이라는 주장이 있다(Ginsborg, 1990).

7) 이태리정부의 약체성에 대한 소개로는 Allum(1973)을 참조할 것.

한 이태리 경제에서 빠뜨릴 수 없는 것은 공기업의 중요성이다. 전체 비농인구 중 약 25%가 공공부문에 종사하고 있다. 특히 IRI(Istituto per la Ricostruzione Industriale)와 ENI(Ente Nazionale Idrocarburi)는 수천 개의 자회사를 거느린 대규모 공기업이다. 공기업은 주로 철강, 통신, 금융분야에 집중되어 있다.

대표적인 자본가조직은 컨핀더스트리아(Confindustria: Confederazione Generalle dell'Industria Italiana)라는 업종별 조직의 연맹체로서 제조업과 건설업의 주요기업들로 구성되어 있다. 약 112,000개의 회원사의 고용인구는 약 370만에 달한다. 산하조직으로는 금속, 화학, 섬유 등의 각 산업별 조직을 두고 있다. 그러나 산업구조의 규모별 분절화현상 때문에 컨핀더스트리아는 자본가조직을 망라하는 대표성을 확보하지 못하고 있다. 중소기업을 대표하는 독립적 조직은 컨파피(CONFAFI: Confederazione della Piccola e Media Industria)로서 약 3만 개의 회원사에 85만 명을 고용하고 있다. 반면에 공기업부문은 인터신드(Intersind: Associazione Sindacale Intersind)가 대표성을 확보하고 있다.

따라서 경제구조의 분절화에 따라 자본가조직의 이익대표조직도 분절돼 있다. 이러한 균열은 자본집약적 부문과 노동집약적 부문 간, 내수부문과 수출부문 간, 그리고 공공부문과 사부문 간에 특히 뚜렷하게 드러난다. 이러한 다양성에도 불구하고 컨핀더스트리아는 지금까지 가장 주도적인 역할을 해왔다. 80년대 초반까지의 컨핀더스트리아의 정책은 거시적 수준의 3자협약을 이루는 것이었으나, 80년대 중반이후부터는 지속적으로 분권화한 교섭, 특히 기업체 수준의 교섭에 중점을 두어 왔으며 국가의 노동시장 개입에 반대하는 입장을 취했다.

3) 노동조합

노동조합의 조직은 정당과의 관계에서 매우 복잡한 양상을 띠고 있다. 19세기 후반에 최초로 발전된 사회주의적 노조는 1906년에 이르러 전국적인 조직으로 발전했고 사회주의의 영향력하에서 노동자들을 격리시키기 위해 카톨릭을 중심으로 노조를 설립했으나 파시즘이 집권한 1922년 이후에는 철저히 탄압을 받았다. 1944년 파시즘이 패망한 후 사회주의, 공산주의, 기독교 민주주의 계열의 노조들은 통합된 전국조직으로서 이태리 노동조합총동맹(Confede-razione Generale Italiana del Lavoro: CGIL)을 결성했다. 그러나 냉전기간중 이들간의 결별이 이루어져 기민당 계열은 이태리 노동조합동맹(Confederazione Italiana dei Sindacati Lavoratori: CISL)을 결성하였고, 사회민주주의와 공화주의 계열은 이태리 노동조합(Unione Italiana del Lavoro: UIL)을 결성하여 독립하였다. 따라서 CGIL은 좌파 사회주의자와 공산주의자들의 근거지가 되었다.

<표 2> 이태리 3대 노조연맹의 노조원수와 조직률

연도	CGIL(천명)	CISL(천명)	UIL(천명)	전체(천명)	조직률(%)
1950	4,641	1,190	-	5,830	50.8
1955	4,194	1,342	-	5,536	43.9
1960	2,583	1,324	-	3,908	28.5
1965	2,543	1,468	-	4,011	28.5
1970	2,943	1,808	780	5,530	38.5
1975	4,081	2,594	1,033	7,708	48.5
1980	4,599	3,060	1,347	9,006	49.0
1985	4,592	2,953	1,306	8,851	42.0
1990	5,150	3,508	1,486	10,145	39.3

출처: Ferner and Hyman(1992: 545)

이들 노조들 간의 세력관계는 역사적으로 세 단계로 구분해 설명할 수 있다. 1960년대 초까지는 이들 3노조 간의 경쟁기였고, 1960년대 후반부터 1970년대 중반까지는 노조들 간의 연대가 강화된 시기이며, 1980년대 이후는 새로운 경쟁의 시대로 인식되고 있다.

1960년대 중반까지의 가장 주된 쟁점은 CGIL의 노선이 PCI의 정치적 목적에 지나치게 종속되어 있다는 비판을 받은 반면 CISL은 DC의 임금억제정책에 지나치게 추종적이라는 것이었다. 그러나 이 시기의 쟁점은 단순한 노조-정당 간의 줄잇기에 있지만은 않았고, 근본적으로는 노조의 역할에 관한 논쟁과 연관되어 있다. 즉 노조가 노조원의 이익을 대변할 것인가, 혹은 노동계급전체의 이익을 대변할 것인가 하는 문제와 연계되어 있다. CISL의 현실주의자들은 1960년대 이후 DC와의 연계를 약화시키면서 미국의 노조주의를 모델로 하는 실용적인 노선을 추구하였다. CGIL의 경우는 내부에서 계급투쟁을 지지하는 노선과 단체협상을 중시하는 현실주의자들 간의 대립이 지속되었다.

이 결과 1960년대까지 CGIL은 가장 많은 조직력의 약화를 경험하였다. 반면에 CISL은 전반적인 정치적 상황과 결합해 가장 급속한 조직의 성장을 경험하였다. <표 2>에 보면 CGIL의 노조원수는 1950년의 460만에서 1970년에는 290만으로 감소한 반면, 같은 기간동안 CISL의 노조원수는 119만에서 180만으로 증가하였다.

그러나 1969년의 대규모 노동자파업은 한편으로 노조의 양적 및 질적인 성장을 가져왔으며, 노조들 간의 연대를 강화시켰다. 1969년을 고비로 노조의 조직률은 급속하게 성장하였으며, 이태리의 노사관계, 그리고 노조와 정치권과의 관계에서 패러다임적인 전환을 경험하였다.[8] 그 주된 변화는 크게 세 가지로 나뉘는데 첫째는 주요 전략산업의 작업장에서의 노조의 영향력이 급속도로 증대되었다는 점이다. 노조는 생산조직에 대한 통제권과 고용안정, 그리고 부문 간 임금격차의 해소 등을 이룩하였다. 둘째는 세 개의 주요 상급노조들 간의 관계가 점차 우호적인 방향으로 변화하였다. CGIL은 전통적으로 범산업적인 연대를 중시한 반면 CISL과 UIL은 개별 산별노조의 중앙집권적 조직화를 강조하였다. 그러나 1969년의 노사분규 분출기간을 통해 모든 상위노조들은 산별노조연맹의 성격을 강화하면서 동시에 산별노조 내부에서는 일반노동자들의 참여를 통한 분권화를 추구하는 양상을 보이게 되었다. 이는 노조운동이 지도자를 중심으로 한 정치투쟁에서 보다 실질적인 노사관계쪽으로 관심이 이전됨을 의미한다. 상급노조들 간의 우호적인 관계를 바탕으로 1972년에는 세 조직을 포괄하는 단일 노조연맹의 결성이 추진되는 단계까지 이르게 된다. 이는 결국은 실패로 끝나게 되지만 이는 노조의 정당에 대한 종속이 약화되고 독자적인 발언권이 강화되는 중요한 계기가 되었다.

강력한 통일된 노조운동은 그러나 1970년대 초반을 계기로 정치적·경제적 위기에 봉착하게 된다. 1970년대의 오일쇼크를 주 요인으로 하는 전반적인 경

---

8) 이태리와 프랑스에서 1968~1969년의 노동자대파업은 당시에 맹위를 떨치던 학생운동의 영향력과 결부되어 각 사회에 깊은 흔적을 남겼다. 이 때의 경험은 마치 1987~1988년의 한국의 노동자대투쟁의 경험과 여러 가지로 유사한 점을 지닌다. 그 중 가장 중요한 변화는 노동계급의 이익을 상위노조에서 정치적으로만 대변하던 기존의 노조조직에 대한 일반노동자들의 발언권이 강화되었다는 점이다. 1968년의 경험에 대한 정리로는 Berger and Piore(1980), Lange and Regini (1990), Cella(1990), Romagnoli(1990) 등을 참조할 것.

기침체와 노동운동의 성공에 따른 엄청난 임금상승과 그에 따른 인플레 등으로 증가한 실업은 노조운동의 성공을 곧바로 좌절시키는 배경으로 작용하였다. 그리고 1980년대에 들어 노조들 간의 새로운 경쟁이 시작되었다. 분열의 단초는 크락시(Croix) 청권이 추구한 삼자협약정책에 대한 노조들 간의 태도차이에서 비롯되었는데, 그 배경에는 각 노조의 지지기반이 상이하다는 점이 작용하고 있다. 일례로 CGIL은 대기업의 산업노동자들을 주된 지지기반으로 하며 가장 큰 규모를 자랑하고 있다. 그리고 전통적인 적색지대(즉 에밀리아, 토스카나, 튜린, 제노아, 밀라노 등)를 지역적 기반으로 하고 있다. 반면에 CISL은 브레시아(Brescia)를 중심으로 하는 동북부의 카톨릭 우세지역을 기반으로 화이트칼라층과 공공부문 노동자들을 지지기반으로 하고 있다. 반면에 UIL은 지지기반이 불특정하고, 지역적으로 산재되어 있는 특성이 있다.9)

3. 이태리의 산업정책과 노동시장정책

1) 산업체제의 특성과 산업정책

스웨덴의 산업체제가 이익집단들 간의 자발적인 협조에 의한 조정에 의해 특징지어진다면 이태리의 산업체제는 강력한 국가의 규제에 의해 특징지어진다. 1970년대 중반까지도 이태리의 산업정책은 특별히 구별되는 체계적이고 자율적인 면모를 보여주지 못했다. 정부내 다양한 부처나 조직들의 제각기 독자적으로 추진되는 정책들의 느슨한 집합에 불과하였다.10) 정부의 통합적인 산업정책이 최초로 모습을 드러낸 것은 1977년에 발표된 법률 675조에 의해

---

9) 필자와 CISL계열의 연구소장인 첼라(Cella) 박사와의 인터뷰에 의하면 80년대 초반의 노조 간 경쟁기에 가장 주된 쟁점은 노·사·정 간 3자협약에 대한 태도의 차이였다. 1984년 2월 14일의 산발렌티노(San Valentino) 협정에는 CISL과 UIL이 참석한 반면 CGIL의 공산당 분파는 참여를 반대하였다. 이 때의 쟁점은 물가임금연동제(Scala mobile)의 축소문제였다.

10) 부처간 협의회로는 부처간 금융조정위원회(Comitato Interministeriale per il Credito e il Risparnio), 부처간 가격조정위원회(Comitato Interministeriale Prezzi), 부처간 정치·경제조정위원회(Comitato Interministreriale per la Politica Economica) 등이 있다(Ferrera, 1989).

서였다. 이 법률은 정부와 의회, 그리고 관료들 간의 관계를 새로 정립하여 기존의 법률을 한편으로는 폐기하고, 다른 한편으로 새로운 제도적 틀을 도입하였다.

그 내용중 가장 주목할 만한 것은 산업정책조정위원회(Committee for the Coordination of Industrial Policy: CIPI)의 신설이었다. CIPI는 예산성의 주도하에 산업성, 노동성, 내무성, 재무성 등이 참여하여 정책적이고 정치적인 산업정책의 작성과 그 실행을 담당하도록 하였다. 따라서 CIPI는 산업구조조정의 목표를 설정하고, 이의 달성을 위해 개별 사안을 집행까지 하는 권한을 부여받은 것이다. 따라서 CIPI는 산업 간 우선순위의 설정과 국가개입을 위한 계획안을 작성할 수 있게 되었다. 그러나 CIPI의 노력은 전반적으로 실패인 것으로 평가되고 있다. 그 이유로는 여러 가지를 들 수 있으나 계획기능의 결여, 운영의 부실 등을 들 수 있다.[11] 특히 의회와 정책형성과정 간의 제도적인 차단막을 만들지 못해 정책결정과정의 과도한 정치쟁점화를 유발한 점, CIPI의 불충분한 주도력, 정책의 기술적·실질적 측면에 대한 불충분한 대비 등이 실패의 원인으로 지적되고 있다.

또한 법률 675조는 CIPI로 하여금 주요 정책의 입안과정에서 각 지방정부 및 사회집단(특히 노조와 기업가조직인 컨핀더스트리아)과의 합의를 요구하고 있기 때문에 노조나 기업가조직에서는 정부의 정책에 대한 제동을 걸 수 있었다. 그리고 양원내에 설치된 산업구조조정위원회에 부여된 권한은 CIPI의 거의 모든 정책입안 및 집행영역에 대한 수정을 가능케 하는 것이었기 때뮤에 불필요하게 정책결정과정을 제도적으로 정치화시키는 역할을 하게 되었다.

2) 복지의 이중구조: 공공복지와 사적복지

이태리를 복지국가로 보기 힘든 이유는 법률적으로 정리된 체계와 실제 운영 사이의 괴리 때문이다. 유럽의 다른 나라들, 특히 스웨덴의 복지체계를 "보편주의적-평등주의적" 모형이라고 한다면, 이태리의 복지체제는 "특수주의적-

---

11) 일례로 CIPI의 첫 사업은 1977년에 발의되어 1980년에야 집행이 된 산업조정 기금의 조성과 운영이었는데, 기금조성기간이 종료된 시점에서 모두 29개의 프로젝트만이 승인되었고, 프로젝트의 내용도 대부분 적극적인 조정보다는 기존 사업의 보조가 대부분이었다(Fererra, 1989: 121).

업적주의적" 모형의 후견주의적 변형이라고 볼 수 있다. 스웨덴의 복지체계는 필요에 따라, 그리고 모든 시민에 대해 연대주의의 원칙에 의해 공평하게 그 혜택을 주는 체계라고 정리할 수 있다. 반면에 이태리의 복지체계는 수혜자의 직업지위에 의해 그 혜택여부와 내용이 결정된다. 스웨덴 모델에서는 국가예산을 주된 재원으로 하고 각종 복지서비스의 전달체계를 국가가 직접 관장하나 이태리의 특수주의적 모형에서는 수익자 부담이 주를 이루고 서비스의 대부분은 다양한 형태의 소득이전이 주를 이룬다(Paci, 1989).

<표 3> 목적별 정부예산지출

(단위: GDP에서 차지하는 비중)

	1983	1984	1985	1986	1987	1988
일반행정	3.5	3.4	4.5	4.0	4.0	4.0
방위	2.0	2.0	2.1	2.0	2.1	2.1
치안유지	1.6	1.6	1.6	1.6	1.7	1.7
교육	5.2	5.1	5.1	5.0	5.2	5.2
보건	5.5	5.3	5.4	5.3	5.7	5.8
사회보장	16.1	15.6	15.9	16.2	16.0	15.9
주택	1.7	1.6	1.9	1.6	1.6	1.5
문화	0.5	0.5	0.5	0.5	0.5	0.6
에너지	0.6	0.5	0.5	0.4	0.4	0.4
1차산업	1.0	0.9	0.9	0.9	1.0	0.9
2차산업	1.2	1.0	1.1	1.2	1.0	1.0
교통통신	3.8	4.1	3.9	4.3	3.8	3.7
기타	0.6	0.6	0.5	0.5	0.6	0.5
분류불능	6.7	7.4	7.1	7.7	7.3	7.6
전체	49.8	49.8	51.1	51.2	51.0	50.9

출처 : EUROSTAT, *General Government Accounts and Statistics*, 각년도

이태리의 정부예산지출에서 복지부문의 지출은 전체 GDP의 약 16.1%에 해당하는 비율로서, 1980년대의 기간동안 큰 변화를 보이지 않았다(<표 3> 참조). 이 비중은 방위비의 비중 2%, 그리고 교육예산의 비중인 5%와 비교하면 상대적으로 그 비중이 커 보인다. 그러나 실제로는 전체 복지예산중 절반 이상은 고령자를 위한 연금으로 지급되고 있고, 노동시장정책에 연관된 지출의 비중은 전체 복지예산의 3%에도 미치지 못하는 미미한 몫을 하고 있다(<표 4> 참조).

이태리의 노동자복지제도는 노동자, 자영노동자, 소상인 등이 총 소득의 약 54%를 기여금으로 납부한다. 이 중 8%는 피고용자가 부담하고 기업주는 나머지 46%를 부담한다. 이 기금을 통해 노동자들은 가족수당, 신체장해수당, 의료 등의 혜택을 얻는다. 연금에는 남자 60세, 여자 55세(공무원의 경우는 남자 65세, 여자 60세)에 달하면 자동으로 받는 노령연금과 연령에 상관없이 30년간 기여금을 납부하면 받는 근속연금이 있다.[12] 이태리 노동성은 20개 주와 95개 군에 노동감독청과 취업알선사무소를 설치하여 노동관련법규들의 준수 여부를 감독하고 실업자의 취업을 알선하고 있다. 그러나 실업수당은 앞에 언급한 바와 같이 취업알선사무소에 등재된 노동자에 한해 지급된다.

이러한 이태리 복지체계의 특징은 국가의 개입정도가 매우 낮으며, 전통적으로 교회를 중심으로 발전된 자발적 복지서비스가 공적인 사회보장제도들과 결합되어 공존하고 있다는 점이다. 일례로 오랜 역사적 뿌리를 가진 노동자상조회(Societa operaie di mutuo soccorso)는 길드조직의 여러 특성 중 현재까지 남아 있는 모습이다. 그러나 이태리의 정당 중심의 정권이 재생산되면서 정치집단의 헤게모니는 시민사회내의 다양한 잠재적 능력의 표출가능성을 제약하면서 시민사회의 여러 집단들이 후견주의적으로 공적 자원에 의존하도록 하는 통로를 만들게 되었다. 자발적 조직이었던 노동자 상조회도 국가가 이를 복지체계를 전달하는 창구로 이용하게 되면서 정치적 통제의 수단으로 전락하게 되었다. 예를 들면 국가사회보장기금(Cassa Nazionale di Previdenza)의 운영도 본래는 공식적으로 자율성을 지닌 이사회에 의해 운영되도록 규정되어 있으나

---

12) <표 4>에서 노령연금이 전체 복지예산의 절반 이상을 차지하는 이유는 퇴직자 연금의 시혜기준이 매우 관대하기 때문이다. 필자가 레기니(Marino Regini) 박사와 행한 인터뷰에 따르면 법에 정해진 연령에 도달하면 누구든 그동안 받은 월급에 상당하는 연금혜택을 받을 수 있기 때문에 이에 해당되는 사람들은 정년까지 기다리지 않고 조기퇴직을 신청하게 된다. 그리고 다시 직장을 구하게 되면 연금은 연금대로 수혜하고 새로 구한 직장에서 월급을 받기 때문에 수입을 2배로 확대할 수 있다고 한다. 이러한 관행은 전체복지예산에서 퇴직자연금의 비중을 엄청나게 높이기 때문에 여타의 복지부문, 특히 적극적 노동시장정책에 활용할 수 있는 재원을 고갈시킨다. 그리고 중장년층의 소득을 높이는 대신 청소년실업률을 증대시키는 부작용을 가져온다. 이러한 폐해를 막기 위해 DC정부는 수차례에 걸쳐 연금제도를 개혁하려는 시도를 해왔으나, 번번이 연금수혜자들과 노동자들의 엄청난 반발에 부닥쳐 무산되었다. 특히 1990년에는 연금제도 개혁안을 반대하기 위해 로마에서 100만 명 이상이 참여하는 대규모 시위가 벌어지기도 했다.

실제적으로는 친정부 인사들에 의해 장악되곤 했다.

<표 4> 1993년 항목별 및 유형별 사회보장서비스지출내역

(단위: %)

	의료보험	연금	부조	총계
질병	23.0	0.8	0.0	23.8
장애자	1.1	1.3	4.8	7.2
산업재해	0.2	2.0	0.0	2.3
출산		0.5		0.5
가족		1.6	0.6	2.1
노인		48.5	1.5	50.0
보훈		11.2	0.4	11.6
실업			2.3	2.3
기타			0.1	0.1
총계	24.4	68.2	7.4	100.0

출처: CENSIS, *Rapporto sulla Situazione Sociale Del Paese 1994*, 1994.

이태리의 복지체계는 한편으론 조합주의적-포괄적(corporative-guarantistic)이며 다른 한편으로는 후견주의적-부조적(clientalistic-assistential)이다. 전자는 직업집단을 중심으로 한 사적인 복지체계가 발전했다는 의미이며, 후자는 공공부조의 집행프로그램이 공공기관의 정치적 및 행정적 판단에 의해 집행되어 수혜자를 공공기관에 종속적이 되도록 했다는 의미이다.

<표 5> 실업자 중 각종 실업자혜택을 받은 사람의 비율

국가	실업자 중 수혜자비율
덴마크	85
벨기에	81
에이레	69
독일	64
영국	62
프랑스	44
네델란드	38
스페인	29
이태리	19
포르투갈	17
그리이스	9

출처: OECD(1994: 188)

그러나 이태리의 사회복지에서 무시할 수 없는 영역은 여전히 사적부문이다. 즉 공공부문의 제도화된 사회복지와는 별도로 국가의 개입이 이루어지지 않았고, 노동력의 완전한 상품화가 이루어지지 않았기 때문에 작동하는 사적부문 혹은 비공식적 부문이 상당한 규모로 잔존하고 있는 것이다. 이러한 영역에는 탈세, 지하경제, 그리고 가족에 의한 사적부조 등이 포함된다. 일례로 한 연구에 의하면 이태리에서는 매년 약 5천억 리라 정도의 탈세가 이루어지는 것으로 추정되고 있다. 이는 전체 국가의 재정적자의 절반에 해당되는 규모이다(Paci, 1989: 223). 또한 전체 경제 중 지하경제가 차지하는 비중이 전체 GNP의 15% 정도를 차지하는 것으로 추정된다.

또한 전체 노동력의 약 10~15% 정도가 세원이 포착되지 않는 형태의 이중취업(moonlighting)을 하고 있다. 이러한 사회적 토대 위에서 사적인 복지체계가 발전하였고, 정치적으로 중도적인 입장을 유지할 수밖에 없었던 기민당 중심의 연정이 이를 급격히 변화시킬 정책선회를 하기 힘들었다는 점에서 공적인 복지체제는 뿌리내리기 힘들었다고 보인다.

이러한 상황은 이태리의 복지체계가 전형적인 이중구조를 가지고 있음을 보여주는 것이다. 즉 공공부문과 대기업 등에는 안정된 복지가, 그리고 중소기업과 자영업자들을 중심으로는 공적 복지에서 배제된 사적 복지가 발전하였으며, 이는 남녀 간, 세대 간, 그리고 노동시장의 부문 간의 차이와도 일맥상통한다. 복지예산의 동원도 주로 수익자 부담으로 되어 있다. 따라서 전반적인 양상은 복지기금을 충당하는 대기업의 노동자들이 이에 대한 부담을 회피하는 중소기업이나 자영업자들을 결과적으로 부조해주는 양상을 띠고 있다. 특히 <표 5>에서 보듯이 여타 유럽국가와 비교해보면 이태리의 공적인 실업보험의 규모가 매우 미약하다는 것이 잘 드러난다. 북구의 국가에서는 실업자들의 80% 이상에 대해 다양한 혜택을 제공하는 데 비해 이태리에서 실업자에 대한 혜택을 받은 사람의 비중은 매우 미약한 것으로 드러나고 있어 공식적인 복지제도가 매우 취약함을 알 수 있다.

그러나 복지의 이중구조를 지탱해준 조건들은 급격히 변화하고 있다. 첫째, 확대가족의 감소와 핵가족화는 사회적인 공적부조의 필요성을 증대시키고 있다. 그리고 제도화된 임금노동에 대해 복지비의 부담을 전가시키던 방식이 실업률과 자영업자의 증가에 따라 수입원의 감소와 수혜대상자의 증가라는 양면적 모순에 의해 근본적으로 와해되고 있다. 즉 사회적으로 보장받은 임금노동과 지하경제 간, 그리고 수익자 부담을 지켜야 하는 부문과 부담을 회피할 수 있는 집단 간의 관계가 도전받고 있다. 1986년에 제정된 고리아 법안(Goria draft)은 신자유주의적 대안을 제시한다. 그 주된 내용은 공공서비스에 대한 수요를 줄이면서 수혜자의 비용부담을 늘리는 것을 골자로 하고 부차적으로 사부문의 서비스 전달체계와 보험시장진입을 늘리는 것을 목표로 하고 있다.

3) 노동시장제도와 정책

노동시장은 한편으로는 노동력이 화폐와 교환되는 시장이면서 추상적인 노동(labor power)을 구체적인 노동(productive labor)으로 전환시키는 장이다. 앞으로 실현될 노동력을 임금과 교환한다는 점에서 노동시장내에서는 통제와 규제의 문제가 초미의 관심사가 된다. 따라서 노사 간의 관계를 규정하는 시장교환, 단체교섭(즉 조직화한 교환), 국가개입, 특수주의적 공동체적 관계 등은 노동시장의 내용을 규정하는 주요한 제도가 된다.[13]

이태리의 경우 형식적, 법률적 수준에서 국가의 노동시장개입은 포괄적이고 명시적이다. 반면에 실제 국가의 정책적 개입은 매우 비효율적이기 때문에 행위자들은 법률적 규범을 무시하고 가족이나 공동체에 기반을 둔 자발적인 사회적 규범을 만들어낸다. 따라서 이태리의 노동시장은 형식적으로는 엄격한 국가의 규제하에 있으나 실제로는 미시적-사회적 규제에 의해 작동하는 이중성을 보이고 있다. 이것이 첼라(Cella)가 언급한 미약한 제도화의 내용이다.

법률적 이상과 실제 상황과의 괴리가 가장 잘 드러나는 것은 고용과정에서

---

13) 노동에 대한 규제양식으로는 ① 개인적 경쟁적 시장, ② 국가, ③ 단체교섭, ④ 가족, 공동체, 연줄망 등에 의한 규제로 나뉠 수 있다. 시장에 의한 규제는 노동자들이 조직적·정치적으로 취약하다는 것을 전제한다. 국가에 의한 규제는 노동시장에의 진입과 퇴장, 임금의 결정 등이 정교한 국가의 보편적 법률에 의해 규제되는 상태를 의미한다. 단체교섭에 의한 규제는 미국의 예에서와 같이 개별기업이나 산업수준에서 이루어질 수도 있고, 유럽의 신조합주의에서처럼 국가수준의 노·사·정 간 합의에 의할 수도 있다. 마지막 규제양식인 연줄망은 저발전국이나 지하경제의 특성만은 아니며, 선진산업국에서도 발견되는 특성이다. 이 양식은 '미시적-사회적' 규제양식이며, 국가나 단체교섭의 '거시적' 특성과 구별된다(Reyneri, 1989: 130-131).

이다. 전후 이태리의 고용은 법률적으로 국영취업알선소(State Employment Office)를 통해 이루어져야 했다.[14] 이태리의 취업알선제도는 국가가 노동력의 분배를 직접 관장하여 노동력의 수급균형을 이루고자 하는 의도로 만들어낸 적극적 노동시장정책의 일환이다. 실업자들은 취업알선소에 취업신청을 하고 노동력을 필요로 하는 기업은 취업알선소에 충원인력을 신청하는 제도이다. 문제는 기업이 원하는 노동자를 선발하지 못하고, 기업이 요구한 인원을 취업 알선소에서 선정한 인력으로 채워야 한다는 점이다. 기업은 노동자의 경력과 기술수준을 중시하는 데 반해 취업알선소에서는 노동자의 실업기간과 가족의 경제적 필요에 기반해 배정을 하였기 때문에 당연히 마찰이 생길 수밖에 없었 다. 이러한 정책은 기업의 선발권을 박탈한 것으로서, 이 규칙을 지키는 기업 이 거의 존재하지 않았다. 1950년대에 노동력이 상대적으로 과잉이고 정치적 으로 반공주의가 드세었던 시기에는 이 규칙은 기업에 의해 완전히 무시되어 기업은 거의 완벽한 선발권을 실질적으로 행사하여 기술수준이 높은 비노조 노동자를 주로 선발하였다. 1960년대 들어 좌파에 대한 정치적 배제가 희석된 후에는 통제의 필요성이 증대함에 따라 미시적-사회적 규제를 강화하기 위해 성당의 교구나 선거구의 인적 네트워크를 통한 충원이 강화되었다.

<표 6> 각종 임금보전제도의 수혜자와 지출액

	수혜자 수	지출액 (billion lire)		
		직접지불금액	연금기여액	전체
CIG				
정규프로그램 (산업)	160,000	1,000	350	1,350
정규프로그램 (건설업)	80,000	400	150	550
특별프로그램	200,000	2,000	1,000	300
전직수당	75,000	1,000	500	1,500
조기퇴직연금	45,000	600	1,600	2,400
전체	560,000	5,000	3,800	8,800

규범과 현실의 괴리의 두번째 예는 임시고용이나 비정규노동에 관한 것이 다. 최근까지도 임시고나 일고의 고용은 이태리의 법률에 의해 금지되어 있었 다(Ferner and Hyman, 1992: 532). 그러나 방대한 지하경제가 움직이기 위해

---

14) 이는 사설 직업알선소의 운영은 불법이었음을 의미한다.

서는 복잡한 가족 및 공동체의 연줄망이 필요하였다. 법률의 규정과는 독립적으로 자생적인 개별 노동자들의 노력은 법률체계의 집행을 무력화시키는 결과를 가져왔다. 심지어는 이중취업(doppio lavoro 혹은 moonlighting)이 법률적으로 금지된 공공부문의 취업자 사이에도 이중취업은 일반적인 형태로 광범히 관찰되고 있다(Gallino, 1985).

또 다른 예는 실업수당의 분배에 관한 것이다. 법률적으로는 농업노동자에 대한 실업보험이나 사회보장수당은 노조에 의해 관리되도록 규정되어 있다. 그러나 실제로는 남부 농촌에서 이러한 혜택이 배분되는 것을 결정하는 데 가장 중요한 역할을 하는 것은 후견주의적 연줄망이나 공동체의 상호부조적인 전통이라는 것이 확인되고 있다(Reyneri, 1979).

한편 공시적(共時的)으로는 지역 간에도 노동시장제도의 실제 내용에 많은 차이가 발견되고 있다. 일례로 1960년대 후반까지도 이태리의 북부지역에서는 본래의 사회적 배경으로부터 분리된 유동적인 노동력이 많이 증가하여 자유경쟁시장이나 국가, 혹은 단체교섭에 의한 규제가 지배적이었다. 그러나 제3 이태리지역의 소기업에서는 개별노동자들이 공동체의 사회적 연줄망에 의해 배태되어 있기 때문에 미시적인 사회적 규제양식이 두드러진다. 그러나 이 경우 시장에 의한 규제나 미시적-사회적 규제가 상충하기보다는 체제의 효율성을 높이는 방향으로 작동하였다. 즉 가격뿐 아니라 신뢰가 매우 중요한 노동시장의 구성요소로 작동함을 보여주는 것이다. 반면에 남부지역에서는 미시적-사회적 규제가 시장논리와는 반대방향으로 작용하여 경제외적인 관계가 고용관계에서도 매우 중요함을 보여준다.

이태리에서 국가의 역할은 공식적으로는 중립적이었으나, 노사관계가 제도화되지 않았던 전후시기를 기점으로 노동계급에 대한 법적 보호를 위한 제도들을 만들어냈다. 그중 가장 대표적인 것이 물가-임금연동제(scala mobile)와 실업자 및 단기해고자를 보호하기 위한 단기임금보전기금(Cassa Integrazione Guadagni: CIG)이다. 노동정책의 의도는 급속한 변화를 경험하는 노동시장내의 직무와 노동자 간의 불일치현상을 효과적으로 줄임으로써 산업생산성을 높이려는 의도에서 출발한다. 그런 의미에서 1990년대 이태리의 노동정책은 전반적인 저성장과 급속한 산업구조조정하에서, 특히 서비스부문의 축소와 공공부문의 축소가 절실히 요구되는 상황에서 매우 중요한 의미를 갖는다. 노동시

장의 변화에 대응하기 위해 사용되고 있는 이태리의 적극적 노동정책은 크게
다음과 같은 세 가지로 나뉜다. 즉 CIG와 전직수당(mobility allowance), 그리
고 조기퇴직연금 등이다.

(1) 단기임금보전기금

단기 임금보전기금(CIG)은 경기불황기나 기업의 도산시에, 혹은 산업구조
의 조정기에 노동자들이 소득을 지속적으로 얻을 수 있게 하는 제도이다. 이
제도는 15인 이상을 고용하는 제조업, 200인 이상을 고용하는 판매업, 혹은
16인 이하인 장인생산기업에 적용되며, 정규혜택과 특별혜택으로 나뉜다. 정
규혜택은 기업의 책임이 아닌 산업구조 조정의 필요 때문에 생기는 일시적 실
업시에 제공되는 혜택이다. 특별혜택은 파산하였거나 업종을 전환하는 기업에
해당된다. CIG의 혜택을 받기 위해서 기업은 총 임금비용의 4.5%에 해당하는
기업 부담금을 납부한다.

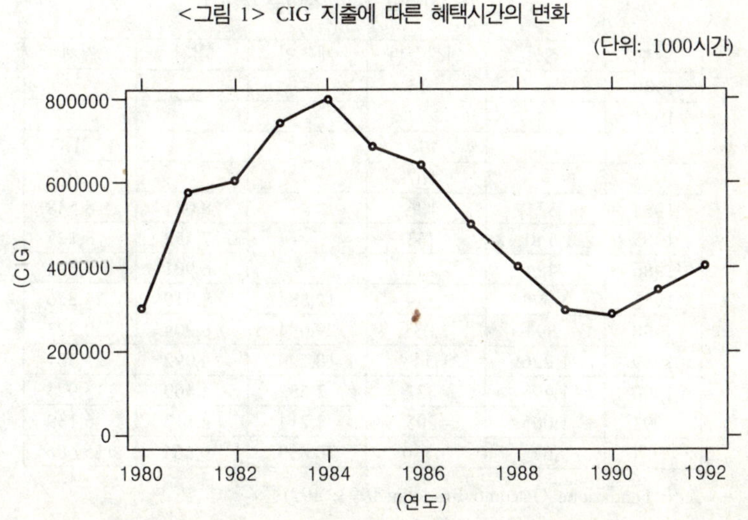

<그림 1> CIG 지출에 따른 혜택시간의 변화

<그림 1>에서 보는 바와 같이 1980년 이후 CIG의 수혜자는 1980년대 전
반기에는 증가한 반면 후반부에는 감소하고 있다. 1980년대 초반에 CIG수혜
자가 급증한 것은 2차 오일쇼크의 영향과 대기업의 산업재배치정책 때문에 발

생한 것이다. 1980년대 후반에 수혜자가 감소한 것은 전반적인 경기회복에 힘입었다고 생각된다. 그러나 1990년대 초반에 들어 미약하나마 수혜자가 증가하고 있다.[15]

(2) 조기퇴직제

조기퇴직제는 생산성이 떨어지는 고령층의 생산직과 화이트칼라 노동자들이 정년이전에 퇴직하도록 유도하여 생산을 증대시키려는 목적을 가진 제도이다. 이태리의 노동법에 따르면 조기퇴직제를 시행할 수 있는 사업장은 ① 기술혁신의 속도가 빠르고, 세계시장에서 경쟁이 치열하며, 국가이익을 위해 광범한 구조조정이 필요로 되는 기업으로서 조선산업, 전동기제조업, 알미늄 및 보크사이트 제련업, 철강산업 등을 주 타겟으로 한다. ② 조기퇴직제는 최소 30년 이상을 일한 60세 이하의 남자, 50세 이하의 여자에 해당된다. ③ 퇴직 후 받는 연금은 정년퇴직 후 받는 연금과 동일하다. <표 7>에서 보듯이 조기

<표 7> 산업별 조기퇴직연금 수혜자

연도	조선	인쇄출판	제조업	철강	전체
1980	-	15	-	-	15
1981	-	17	-	-	17
1982	-	178	-	-	167
1983	-	167	-	-	167
1984	331	186	-	8,021	8,538
1985	540	233	-	7,352	8,125
1986	484	244	245	6,901	7,874
1987	3,698	334	12,884	7,910	24,826
1988	894	2,031	29,094	8,204	40,223
1989	1,226	1,543	18,720	4,092	25,581
1990	1,495	377	7,682	4,369	13,923
1991	1,005	205	2,214	2,715	6,139
전체	9,673	5,530	70,839	49,564	135,606

출처: Fondazione Giacomo Brodolini(1993: 192)

---

15) 90년대 들어서의 CIG수혜자의 변화는 지역적으로는 매우 홍미로운 차이를 보여준다. 즉 경기불황의 심각성이 지역에 따라 다르게 표현되어 Lombardy(38.5%), Emilia Romagna(27.7%), Piedmont(23.8%), Sardinia(44%) 등에서 CIG의 수혜자가 급격히 증가하고 있다.

퇴직 희망자는 꾸준히 증가하여 1987년에 2만 4천 명에 불과하던 것이 1992년에는 4만 6천 명에 달하고 있다.

(3) 전직수당

전직수당은 회사 간 노동이동을 촉진시켜 마찰적 실업을 감소시키려는 제도이다. 전직수당은 CIG의 혜택을 받는 경우에 적용된다. 그리고 전직수당의 수혜기간은 연령에 따라 달라진다. 대개 최고 12개월까지 혜택을 받으며, CIG의 100%까지를 받을 수 있다. 40세 이상인 자는 24개월까지 연장이 가능하고, 50세 이상인 자는 36개월까지 연장이 가능하다. 그러나 13개월째부터는 CIG의 최고 80%까지만을 수혜할 수 있다. 또한 수혜기간은 지역에 따라 달라진다. 남부지역이나 사양산업에 속하는 노동자들에게는 수혜기간이 연장된다. 그리고 이동수당의 수혜기간은 노동자의 근속연수보다 길지 않아야 한다.

전직수당을 받을 수 없는 경우는 ① 직업훈련과정에 등록하기를 거부하는 경우, ② 직업알선소에서 전문가가 알선한 직업을 받아들이지 않는 경우,[16] ; ③ 공공사업에서 일하는 것을 거부하는 경우, ④ 임시직이나 파트타임 직업을 가졌을때 이를 INPS에 통고하지 않은 경우 등이다. 노동자들이 정규직장에 취업하거나 전직수당을 일시불로 지불받는 경우 혜택은 종료된다. 만일 수혜기간이 종료되고도 재취업을 하지 못한 경우는 실업자로 분류된다. 전직수당을 받는 노동자들의 재취업을 촉진시키기 위해 국가에서는 전직자를 임시로 고용하거나 정식으로 고용하는 경우 기업의 제반 부담금을 경감시켜준다. 또한 고용된 노동자의 전직수당의 50%에 해낭하는 금액을 보조해준다.

전직수당이 노동시장에 어떤 영향을 미쳤는지를 가늠하기는 아직은 이르다. 이태리 노동성이 제시한 자료에 따르면 1992년 9월까지 전직수당을 수혜한 노동자는 모두 7만 7천 명이며, 들어간 비용은 1.5조 리라이고 기업의 분담금은 8천억 리라이다.

---

16) 이동수당을 받는 사람에게 공공직업알선소에서는 직업을 알선해줄 수 있다. 이때 거리가 50km 이내거나 대중교통수단으로 1시간 이내의 거리에 있는 직장인 경우 노동자들이 이를 거부하면 이동수당을 받을 수 없다(Fondazione Giacomo Brodolini, 1993).

(4) 직업훈련

지난 20여 년간 직업훈련의 내용과 규모는 큰 변화를 겪었다. 이태리에서는 1980년대를 거치면서 공식학교교육의 양적 팽창을 경험하였다. 대학진학률이 증가하였고, 의무교육의 연한이 확대되었다. 그러나 학교교육에서의 중도탈락자가 증가하고 있다. 매년 대학 졸업자는 9만명 선을 유지하고 있는데 대학 입학자 수는 꾸준히 증가하고 있다. 반면에 8년의 의무교육연한을 채우지 못하는 중도탈락자가 매년 8~9% 가량 발생하고 있으며 고등학교 중퇴자도 매년 15%를 넘고 있다.

<표 8> 훈련생 계약제의 성과

	프로젝트수	훈련자수	고용인력		
			남자	여자	계
1984	7,244	32,569	7,132	3,382	10,694
1985	55,202	152,992	65,076	43,358	103,434
1986	87,440	299,106	133,568	95,558	229,126
1987	139,332	399,465	241,641	161,215	402,856
1988	192,784	438,190	293,220	200,423	493,643
1989	165,090	347,992	316,626	212,671	529,297
1990	153,960	327,223	281,624	187,426	469,050
1991	109,494	266,386	179,824	112,719	286,543
1992	69,614	171,661	113,411	74,632	188,043

자료: 이태리 노동성

전체적으로 보면 이태리의 공식교육체계의 효율성에는 문제가 있는 것으로 판단된다. 그리고 공식교육을 보완할 수 있는 직업훈련의 중요성이 부각되고 있다. 그러나 이태리의 직업훈련도 다음과 같은 이유 때문에 성공하지 못하고 있다. ① 전체 경제에서 소기업의 비중이 상대적으로 큰 반면 소기업들은 교육훈련에 대한 투자에 소극적이다, ② 노사 간에 교육훈련의 원칙(즉 훈련의 대상, 시기, 내용 등)에 대해 공동결정에 이르지 못하고 있다. 또한 전반적으로 장래의 노동력수요와 기술수준 등에 대한 예측을 정확히 하지 못하고 있다, ③ 직업훈련제도를 운영하기 위한 국가의 정책적 도구와 전략이 부재한다, ④ 전반적인 경기불황하에서 노·사·정 간의 합의에 의해 추진되어야 할 노동시장정책의 항목들은 다양한 반면 교육훈련에 대한 합의가 이루어지지 않았기 때문에 제한된 기금으로부터 재원을 확보하기 어렵다. ⑤ 기업은 전반적인 양성 훈련보다는 재직자의 향상훈련에 보다 관심을 갖는다(Ministero del Lavoro, 1993: 37-38).

이러한 문제점을 인정할 때, 이태리에서 발견되는 대표적인 교육훈련제도로 훈련생 계약제를 들 수 있다. 이 제도는 청소년들의 취업을 촉진시키기 위한 주된 정책수단이다. 이 제도의 목적은 기업이 노동시장에 진입하려는 청소년들을 훈련생으로 고용하여 기술습득기간동안 훈련을 제공하면서 다른 한편으로 숙련이 형성된 후 정식고용이 되도록 유도하려는 정책이다.

이태리의 경우 이처럼 청소년의 고용문제가 매우 심각한 이유는 청소년의 실업률이 유럽 전체에서 가장 높은 비율을 차지하기 때문이다.[17) 이태리의 청소년 실업률이 여타 유럽국가에 비해 유독 높은 이유는 기존의 노동시장정책이 주로 대기업의 노동자 그리고 노조에 가입된 노동자를 보호하는 정책으로 일관되었기 때문이다.

(5) 임금체계

이태리의 제조업과 서비스업에서 임금은 크게 네 가지의 구성요소로 나뉜다. 즉 ① 물가와 연동해 조정되는 전국적 수준에서 결정되는 최저생계비(indennita di contingenza), ② 매 3년마다 산업별로 열리는 전국수준 단체교섭에서 결정하는 산업별 최저임금으로서 법률적 구속성은 없지만 실질적으로 모든 기업에서 존중된다. ③ 개별 기업의 특성에 따라 기업내 노사 간 단체협상에 의해 결정되어 차별적으로 지급되는 보너스와 프리미엄, ④ 개별 노동자에

---

17) 레이너리(Reyneri)의 연구에 의하면, 1991년도 유럽 각국의 연령대별 실업률을 연령대별로 비교해보면 이태리는 특수한 사례에 속한다. 즉 14~24세층을 청소년층이라 하고, 30~49세층을 중년층이라 한다면, 이태리의 중년층 실업률은 1.8%에 불과한 데 비해 청소년 실업률은 23.9%에 달한다. 반면에 독일의 경우 중년층의 실업률은 3.0%이고 청소년층의 실업률은 3.7%로서 큰 차이를 보이지 않고 있다(Reyneri, 1991).

연령층	독일	포르투갈	네델란드	덴마크	벨기에	영국	프랑스	그리스	이태리
청소년 (14~24세)	3.7	6.2	10.4	10.7	11.0	15.9	17.0	17.1	23.9
중년 (40~49세)	3.0	1.3	3.9	6.5	3.3	6.0	4.6	2.4	1.8

대한 성과급 등이 그것이다.

1970년대 초에 물가임금연동제에 의한 임금인상분은 전체 임금인상의 20% 내외에 불과했으나 80년대에 들어서는 높은 인플레이션이 노조의 평등주의적인 임금전략과 맞물려 최저생계비(contingenza)의 비중이 매우 높게 나타나고 있다. 그 결과 산업 간 및 기업 간의 임금불평등은 상당히 작은 비중을 차지하게 됐다.

<표 9> 금속산업의 평균임금의 요소별 구성비: 1983년과 1988년의 비교

	1983		1988	
	블루칼라	화이트칼라	블루칼라	화이트칼라
Contingenza	48.9	38.1	47.5	37.6
산업별기초임금	32.1	27.9	29.0	28.0
기업별협상임금	15.0	14.2	16.1	14.1
개인협상임금	1.3	12.0	2.1	16.3
연공급	2.7	5.7	5.3	4.0
전체	100.0	100.0	100.0	100.0

출처: Regini(1995)

<표 9>는 금속산업의 평균임금의 요소별 구성비이다. 이 표에 의하면 전체 노동자의 임금 중 임금-물가연동제에 의해 전국수준의 단체협상에 의해 결정되는 비율이 전체 임금의 절반가량에 해당되며, 나머지는 산업별 협상에 의한 기초임금이고 기업별 혹은 개별협상에 의한 임금결정분은 블루칼라인 경우는 16~18%, 화이트칼라인 경우는 25~30%에 불과하다. 1980년대 후반에 들면 물가-임금연동제의 중요성은 급격히 감소하고 1992년에는 완전히 철폐된다.

1980년대 중반이후의 임금정책은 한편으로는 기업수준의 단체협약에 따른 인센티브에 의한 성과급제도가 광범히 도입되면서 다른 한편으로 개인의 업적급제도도 확대되는 경향을 보인다(Cella, 1989; Santi, 1989). 한 조사에 의하면 1984년과 1989년 사이에 체결된 약 130개의 협약에서 업적급의 도입을 명문화하였고, 이 협약에 의해 약 70만 명의 노동자들이 영향을 받고 있다고 한다(Regini, 1991). 이같은 변화가 일어난 이유는 고용주의 입장에서는 생산성을 높이기 위해 노동력을 사용하는 데서의 유연성을 높이고자 하는 의도가 반영된 것이다. 노조의 입장에서는 산업구조의 변화에 따라 분절이 심화되고 이질

<그림 2> 최저생계비(Contigenza)에 의한 임금인상요인의 변화: 1970~1980

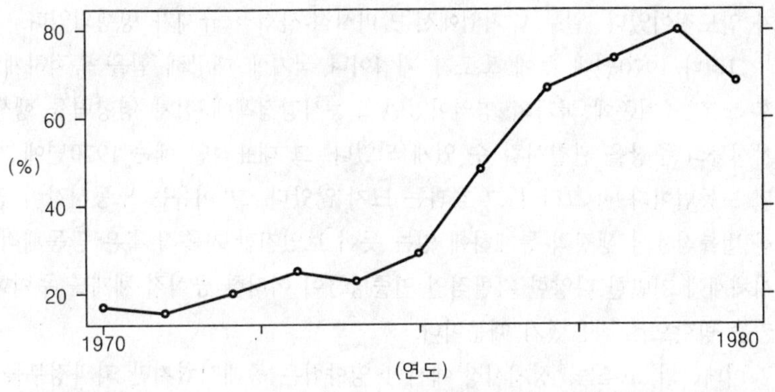

성이 강화된 노동자들의 다양성을 대표하기 위해 필요한 조치였다. 또한 기업의 생산성이 노동조합의 협조와 그에 따른 유연한 작업에 의해 크게 영향받는 상황에서 생산성의 증가분을 공유하고자 하는 노조의 의도도 작용하였다.

4. 노사관계의 구조화

이태리의 노사관계는 갈등적이고 대립적인 국가-노조관계를 배경으로 이해되어야 한다. 자본가조직의 세력이 미약한 반면 전통적으로 이념지향적이고 국가와 대립적인 노선을 견지해 온 분절된 노조들의 경쟁이 끊임없는 대립의 양상을 지속해 왔다는 점에서 이태리는 한편으로는 유럽에서 가장 산업평화를 기대하기 힘든 국가였으며, 상대적으로 산업분규에 의한 큰 피해를 입은 국가였다.

1) 단층구조의 형성: 1945~1975

제2차 세계대전 이후 이태리의 노동조합은 파시즘에 의해 빼앗겼던 취업에 관한 통제력을 회복하고자 하였으나 1948년 총선에서 좌파가 패배한 이후 국가로 취업에 관한 통제력이 이전되었다. 특히 전후의 과잉노동력과 이념적으로 뿌리 깊게 나뉘어진 노조의 취약성 앞에서 시장기제에 의한 노동시장규제가 압도적이었다. 일부 대기업에서는 미시적-사회적 규제가 병행되었다.

그러나 1970년대 초에 노조가 기업이나 국가에 대항해 힘을 축적하게 된 후 노조는 기존에 국가의 영역이었던 노동시장정책에 점차 영향력을 행사해 자신들의 주장을 관철시킬 수 있게 되었다. 그 대표적인 예는 1970년에 제정된 노동법이다.[18] 그러나 그 효과는 크지 않았다. 그 이유는 노동시장이 엄격한 법률적용과 행정적 통제하에 있는 듯이 보였지만 가족적 혹은 공동체적 미시체계에 기반한 다양한 자발적인 연줄망들이 이러한 공식적 체계를 무력화시키는 방향으로 작용했기 때문이다.

이태리의 노조는 '정치시장'에서의 영향력은 증대시켰지만 좌파정부를 만드는 데는 관심을 두지 않았기 때문이다. 대신 이들은 취약한 기반을 가진 중도좌파정부를 압박해 법률적 측면의 양보를 얻어내는 노-정 간의 게임에 몰두하였다. 이 때 국가는 기존에 맺은 기업과 정당들과의 관계를 수정함이 없이 노조에 명목적으로 양보하는 전략을 채택하였다.

이러한 '다원주의적 정체(pluralistic stagnation)'는 노동시장정책의 단층구조를 형성하였다. 즉 기존의 규칙에 새로운 규칙들이 계속 부가되면서 10여가지의 상이한 고용에 관한 규칙, 5~6가지의 상이한 실업보험에 관한 규칙, 9가지의 상이한 노·사·정 간 협약 등이 축적되었다. 기우니는 이러한 현상을 노동법의 충적(沖積, formazione alluvionale)이라고 표현하였고(Giugni, 1982), 레이너리는 비유적으로 '노동입법의 지질학적 성층화(geological stratification of legal instruments)'라고 표현하였다(Reyneri, 1989).

이 기간동안 노조는 정치적 영향력을 정부에 행사하면서 전통적인 정규노동력에 대한 진입과 유지를 강화하는 전략을 취하였다. 그 간에 임시고, 계절고 등으로 고용된 인력을 정규노동력화하는 전략을 취하였으며, 그 결과 특히 공공부문에서 엄청난 부담을 안게 되었다.

---

18) 노동법의 내용은 당시 유럽수준에서도 가장 급진적으로 노동자들의 고용권을 보장한 것이었다. 이 법의 주된 내용은 고용안정성의 우선적 보장, 해고시의 실업수당, 고용주의 일방적인 배치전환 금지, 노동자에 대한 감시와 경비원 사용의 금지, 음향-영상기기를 활용한 노동자관찰 금지, 노동자의 정치적, 종교적, 이데올로기적 성향에 대한 정보수집 금지, 교육과 휴가의 보장 등의 내용을 담고 있었다(Ferner and Hyman, 1992: 534).

또한 노조는 도제제도를 폐지하고 보편적인 공공직업훈련제도를 만들어 청년노동력의 노동시장진입과정에 대한 규제를 변경하고자 시도하였다. 그 목적은 전통적으로 도제제도가 값싼 노동력을 착취하는 수단으로 이용된 현실을 방지하고 특정기업에 종속적이지 않은 보편적인 직업훈련을 강화하려는 의도였으나 교육훈련의 학문화라는 비효율성을 낳게 되었다.

노조의 요구로 만들어진 1970년의 농업부문 인력배치법과 노동법(Statuto dei Lavoratori)은 직업알선을 보장하고 기업의 자의적 선발권을 축소했으나, 취업알선사무소 공무원들의 후견주의적인 권력을 깨뜨리는 데는 실패하였다. 이처럼 노조의 정치적 영향력이 증대되었음에도 불구하고 결과적으로 노조의 개입이 노동시장정책의 전반적인 불균형을 강화시키게 된 이유로는 다음과 같은 세 가지가 지적된다.

첫째, 이태리는 전통적으로 고용관계가 매우 불안정한 국가였기 때문에 노조는 직업의 안정성을 확보하는 것을 최우선의 과제로 설정하였다. 따라서 정규고용의 확대에 관심을 가지게 되었다. 둘째, 이태리 좌파나 노동조합은 오랫동안 국가주의적(statist) 이념과 전통을 가지고 있었다. 그러므로 노조는 사용자와의 교섭보다 노동시장정책의 내용을 규정하는 법률의 개정에 보다 많은 관심을 가져왔다. 셋째, 노조는 노동시장의 경직성의 증대 등과 같은 부작용을 예상치 못했거나 이에 대한 관심을 가지고 있지 못했다(Dell'Arringa, 1983).

이태리 노사관계의 패러다임적인 전환은 1969년의 '뜨거운 가을(hot autumn)'을 전후해 발생한 일련의 파업사태를 거쳐 확립되었다. 그 이전까지의 이태리의 노사관계는 프랑스와 더불어 남부유럽형 노사관계의 전형이었다. 즉 권위주의적 경영자들과 정치적으로 파편화되고 매우 미약한 노조로 대표되고 단체교섭이 미발달한 상태였다. 그러나 1969년부터 1975년 사이에 노조운동은 CIG를 보편적으로 적용하도록 함으로 해서 중·대기업의 해고를 동결시키는 법률제정에 성공하였다. CIG는 해고된 노동자들이 해고 이전의 급여에 해당되는 금액을 지급할 수 있도록 한 정부가 관리하는 기금을 의미한다. 최초에 CIG는 생산구조의 재구조화를 촉진시키는 개입수단으로 사용되었으나 점차 해고에 대한 대안적 소득원으로 기능이 정립되어 갔다. 그런 의미에서 CIG는 이태리에서 발견되는 거시적 수준의 대표적 노동시장정책이다.

그러나 경제상황의 변화에 따라 CIG는 점차 경제전반의 경직성을 증대시키는 방향으로 기능하게 된다. 만일 몇몇 기업만이 위기상황에서 해고를 하게 되면 CIG의 작동은 큰 문제가 없으나 경제전반이 위기인 상황에서 CIG는 노동계급 전체의 희생 위에 조직화한 노동력의 기득권을 수호하기 위한 방어적 경직성으로 작용하기 때문이다. 전체 노동계급을 보호할 수 없는 상황에서 그리고, 보호할 수 있는 기금이 전반적으로 한정된 반면 실업자는 증대하는 상황에서 '누구를 보호할 것인가'에 대한 제도적 결정권을 가진 노조가 이미 보호받고 있는 핵심노동자들을 더욱 보호하고 노동시장의 분절을 가속화시키는 결과를 가져왔다. 그런 점에서 이태리 노조에서 진정한 의미의 연대주의적 노동정책은 존재하지 않았다.

2) 특수주의적 이익추구와 경직성의 증대: 1976~1980

이 시기의 노사관계는 조직화한 노조의 노동시장정책개입이 극대점에 도달한 시기이다. 노조는 CIG의 적용범위를 해고된 노동자뿐 아니라 파산한 기업의 노동자에게까지 적용하도록 하는 법안을 통과시켰다. 또한 1977년의 산업구조조정법은 잉여인력이라고 확인된 노동자에게 동일한 지역내에서 동일한 기술수준을 요구하는 직장에 재취업시키도록 하는 의무조항을 삽입하고 있다 (Lenti, 1981). 이 법조항의 적용은 노조와 자본가 간의 타협의 산물로서 해고와 공적부조 간의 중간적인 대안을 선택한 것이다. 그러나 실제로는 노동력을 공급하는 측과 수요하는 측의 이기적 행위에 의해 이 역사적인 타협은 실패하고 만다. 성장을 통해 노동력을 확대해야 하는 기업에서는 위기에 처한 기업이 방출하는 노동력을 채용하기를 꺼리게 된다. 그 이유는 위기상황에 처한 기업이 방출하는 인력이 주로 노약자, 장애자, 태만자, 강성 노조원 등일 가능성이 높은 반면 인력을 보다 충원하고자 하는 기업은 '전직자명부(mobility lists)'에서 재량권을 가지고 원하는 인력을 선발할 수 없고 요구한 인원을 일방적으로 배정받기 때문이다. 또한 노동자들은 자신이 향유하던 제반 권리를 법적인 규제나 노조에 의한 보호가 미약한 소규모기업에 배정받는 것을 꺼리는 경향이 있었기 때문이다. 따라서 노조는 노동자들이 이전 기업에서 방출되기 전에 차후의 기업이 결정되도록 하는 무대기시간 이동(job-to-job mobility)의 원칙을 고수하게 되었다.

노조의 특수주의적이고 독점적인 이익의 추구에 따른 경직성의 증대는 집합적 이동(collective mobility) 규칙의 제정에서 그 극에 달한다. CIG를 통한 전직이동이 노동시장의 수요 공급기능을 제대로 발휘할 수 없게 되자 노조는 중앙정부 및 지방정부와의 협의하에 노동력을 방출하고자 하는 기업과 노동력을 추가로 모집하려는 기업 간의 협약을 통해 집단적으로 전직을 하게 하는 법률을 제정하게 되었다. 그러나 이러한 규정은 매우 반동적이면서 동시에 보편주의적 법률적용에 반하는 것이다. 이러한 비판은 법률계의 견해이기도 하며, 노조의 신조합주의적 행태에 대한 이태리 좌파의 정치적 비판이기도 하다. 집합적 이동규칙은 노동시장의 분절을 가속화시켰으며 중심부문과 주변부문 간, 노조원과 비노조원 간의 이질성을 확대재생산하는 데 기여하였다.

노동력의 재배치를 둘러싼 기업가와 노조 간의 팽팽한 대결은 1970년대 말 일련의 협약을 통해 해소되었다. 그 협약의 결과는 노조의 입장에서는 해고자의 원직장복귀를 최우선으로 한다는 조항을 얻어낸 것이었고, 기업의 입장에서는 선발권을 되찾고, 무대기시간 이동을 삭제하여 대기시간을 실제적으로 연장할 수 있다는 조항을 삽입한 것이다. 그러나 이는 CIG의 수혜자들이 사실상 실업자로 간주되게 되었음을 의미한다. 기업의 선택권과 노동자의 자기선택권이 강화된 후, CIG의 수혜자는 재취업의 능력이나 의사가 없는 핵심 실업자층으로 국한되게 되었다.

이태리의 최초의 적극적 노동시장정책은 1977년에 시작된 일련의 청소년 고용증대정책들이다. 그 주된 내용은 청소년 노동력을 고용하는 기업에 금전적 인센티브를 부여하고, 청소년 조합(youth cooperatives)을 설립해 이를 통해 노동력을 공급하려는 것이었다. 그러나 이 정책 역시 실패로 끝났다. 그 이유는 기업의 선발권을 박탈한 데도 있지만 이미 기업들은 법정 방식과는 별도로 자신들의 필요에 따른 비공식적인 채용관행을 광범히 이용하고 있었기 때문이다. 그리고 경기예측에 대한 실패로 청소년조합의 설립은 실현되지 못했기 때문이다. 청소년 고용증대정책이 외면적으로 효과를 거둔 곳은 공공부문에서이다. 그러나 이 부문에서도 실제 고용은 가족관계나 후견주의적 연줄망을 통한 고용의 확대를 가져왔을 따름이다.

그러나 전반적으로는 1980년대는 새로운 노사관계의 출발이었다고 볼 수 있다. 기업의 노동자 선발권이 복원되었고, 실직기간동안 제공되던 직업훈련

계약이 일정 기간이 지나면 만료되게 조정되었으며, 임시노동자를 고용하는 것이 가능하게 되었다.

3) 시장의 회복: 1980~1992

1970년대 후반에 시작된 국가와 노조 간의 첨예한 대립은 1980년대 초 실업위기가 가속화되면서 그 양상을 변화시켜 나갔다. 개혁의 첫번째 타겟은 기업측의 원성을 샀던 일방적인 고용알선제도(anonymous hiring system)의 폐지였다. 앞에서도 언급했다시피 일방적인 고용알선제도하에서는 기업이 자신들이 필요로 하는 인력을 구할 수 없고, 직업 알선소의 대기자 목록에서 차례로 원하는 인원만큼을 받아들여야 했다. 따라서 이 제도의 폐지는 기업의 입장에서 고용권을 회복한 조치가 되었다. 또한 CIG에 의한 임금보전기금의 존속기간도 법개정에 의해 한시적으로만 존속하도록 변경되었으며, 실업자에 대한 보조금의 지급비율도 점차 낮추어지게 되었다. 따라서 적극적인 '시장형성적' 노동시장정책 대신 국가는 기존의 취업기회 구조를 전제한 상태에서 노동시장정책을 추진하는 '시장적응적 정책'으로 선회하게 되었다.

1980년대 초까지만 해도 노조는 CIG의 존속과 농업부문 고용의 증대 등과 같은 적극적 고용정책을 추진하였지만 노동시간의 감소를 통한 실업률의 감소와 같은 정책에 대해서는 내부이견을 드러내었다. 그러나 1980년대 초반에 이르면 노조는 한발 물러서서 임시 노동자의 고용문제에 대해 양보하게 됐으며, 1983년 1월 22일에는 노·사·정 간의 합의에 의해 노동시장의 유연성을 증대시키는 정부정책을 지지하는 협약을 맺게 되었다. 이 협약에는 ① 고용계약의 유연성을 증대시키기 위한 고용기구의 설치 ② 교육훈련계약을 맺은 청소년 노동력의 풀(pool)에서 전체 신규노동수요의 절반을 채우고 나머지 절반은 다른 계약에서 충원하는 것 ③ 고용을 증대시키고 CIG의 소진을 막기 위해 노동시간을 단축하는 소위 '연대계약(solidarity contract)'을 지지하는 것 등이 포함된다.

노조의 역할은 주로 그동안 성취한 적극적 고용정책의 경직성을 고수하려는 입장이었다. 그러나 1986년 5월에 기업가단체인 컨피더스트리아와의 협약에서 비로소 훈련계약의 자유화를 인정해 지역의 훈련기관에 의한 일관적 훈련을 철폐하고, 청소년 노동자의 임금을 삭감하는 데 동의하게 되었다. 이처럼 노조가 계속 양보하게 된 배경은 반드시 자본가집단의 영향력이 강화되었기 때문만은 아니고 새로운 생산기술의 도입에 따라 다양한 유연적 고용형태의 필요성이 노조측과 노동자들에 의해 수용되었기 때문이기도 하다.

5. 노동시장정책의 미래와 이중주의의 한계

1993년 7월 3일, 수개월간의 협상 끝에 자본가단체와 노동자단체는 소득정책, 노사관계, 고용창출, 청소년, 장기실업자, 여성 등에 관한 특별노동시장정책, 기업의 재구조화와 실업보험, 생계비 조정 등의 광범한 항목에 관한 사회적 협약에 도달하게 되었다. 이 협약의 내용은 모두 29페이지에 달하는 광범한 문서이나 그 주된 골자만을 소개하면 다음과 같다.19)

① 소득정책: 매년 2회(5~6월과 9월) 노·사·정의 대표가 참석하는 심의회를 열어 주요 거시경제지표(GDP성장률, 가격, 관세 등)에 대한 중장기 예측을 하고, 경제정책의 입안과 집행에 관한 검토를 한다. 소득정책에 대해서도 노사정이 공동으로 책임을 질 것을 명백히 한다.

② 전국수준의 단체협약: 전국수준의 단체협약은 ㉠ 노동기준에 관한 협약은 매 4년마다 갱신하고, ㉡ 임금에 관한 협약은 매 2년마다 갱신한다. 노동성의 감독하에 잠정적으로 사설 고용알선소를 개설한다. 그리고 알선소의 상근자에 대한 수당은 단체협약에 따라 파견받은 기업에서 부담한다.

③ 보조적인 조치: 삼자협약을 실질적으로 성취하기 위해 노동부의 조례, 명령, 법안 등을 활용하고, 필요한 법률제정을 의회에 요청한다. 특히 ㉠ 노동정책의 개선을 위한 노동성의 내부 개혁, ㉡ 지역 고용사무소의 확대개편, ㉢ 과학기술에 대한 투자확대, ㉣ 교육훈련의 근대화, ㉤ 사설 사회보장기금과 연금기금의 확대 등을 추구한다.

사회적 협약의 내용 중 중요한 것은 다음과 같다. 첫째, 사회적 협약은 경제

---

19) 이하는 당시 노동성장관이었던 기우니(Gino Giuni)가 ILO에 기고한 내용을 요약한 것임.

정책입안과정에 중요한 방법론적 변화를 가져왔다. 이전까지의 경제정책은 주로 이태리 정부에 의해 입안되기는 하나 소수파 여당의 입지 때문에 의회에 상정되면 대폭 축소되기 마련이었으나 3자협약에 따른 지지기반의 확대로 복지국가로의 재편과 산업구조 조정과 같은 보다 근본적인 개혁정책이 가능하게 되었다. 둘째, 구조조정정책의 내용에 있어서도 변화를 가져왔다. 이전까지의 정책은 노동시장의 유연성을 강조하는 정책이 주조를 이루었다면, 3자협약에 의해서 보다 공격적인 유연성을 강조할 수 있게 되었다. 즉 생산요소의 질을 개선하기 위한 과학적 연구, 기술혁신, 교육훈련, 노동행정의 개선 등을 강조하여 고용안정을 희생하지 않으면서도 체제의 유연성을 확보하는 전략을 택할 수 있게 되었다.

그러나 이러한 정책의 변화가 실제로 소기의 목적을 거둘 수 있을지는 현재로서는 판단하기 힘들다. 가장 큰 이유는 현재까지 이태리의 노사관계를 구조화해 온 역사적 유산들이 짧은 시간동안의 개혁에 의해 근본적으로 달라질 수 있다고 생각할 수 없기 때문이다.

신조합주의적 노동정책이 형성되고 집행되기 위한 조건은 첫째, 배타적인 이익대변기능을 가진 정상조직이 존재해야 하며, 각 부문의 정상조직들은 산하 조직과 구성원들에 대해 자신들의 정책을 관철시킬 수 있는 실질적 영향력을 행사해야 한다. 또한 신조합주의적 노동정책이 이루어지기 위해서는 노동력에 대한 수량적 유연성을 증대시키기보다는 거시적인 체제의 기능적 유연성을 증대시킬 수 있는 정책수단을 확보해야 한다. 그러한 점에서 이태리의 노동정책은 일관성 있게 신조합주의적인 노동정책을 추진해 온 것으로 평가된다. 특히 1993년에 체결된 노사정간의 3자협약은 그동안 간헐적으로 이루어진 다양한 추진노력들이 체계적으로 결집됐다는 점에서 매우 고무적인 진전으로 파악된다. 그럼에도 불구하고 이태리의 노동정책이 패러다임적인 전환을 이루어낼 수 있을 것인지에 대해서는 강한 회의적 시각이 여전히 존재하고 있다.

무엇보다도 먼저 지적할 점은 그동안 진전된 경제의 국제화와 유럽통합, 그리고 유연성을 강조하는 다품종 소량생산방식의 진전은 과연 신조합주의적 노동정책이 지향하는 거시적 수준의 기능적 유연성의 제고와 노동시장의 경직적 보호 간의 결합을 무기로 한 경제체제의 경쟁력을 발휘할 수 있는 조건이 되느냐 하는 점이다. 오히려 스웨덴의 예에서 보듯이 신조합주의적 노동체제는

90년대 들어 그 경쟁력을 급속히 상실하고 있다는 점에서 이태리의 신조합주의적 전환의 장래는 그다지 밝다고 할 수 없다. 두번째로 전통적으로 이태리의 노동체제를 특징지어 온 다양한 구조적 분절과 조직의 파편화가 단기간내에 극복되리라는 전망은 비현실적이다. 오히려 정치적 측면에서의 새로운 지역주의의 대두와 지역에 기반을 둔 분권적 발전모형의 확대 등은 신조합주의 체제를 유지시킬 수 있는 정상조직들의 내부통제력이 점차 약화될 수 있는 구조적 조건들을 보여주고 있다. 전통적으로 이태리의 노동체제를 특징지어 온 미약한 제도화와 구조적으로 이질적인 조직화의 원리, 즉 공식적 제도화와 비공식적 자조체제의 공존은 이중주의의 구조적 기반위에서 추진되는 신조합주의적 전환이 맞게 될 한계를 잘 보여주고 있다.

<표 10> 이태리 노동시장의 특성: 1970~1988

	1970	1980	1988
전체 고용(천명)	18,956	20,487	21,253
노동시장참여율(%)	59.5	60.8	61.2
남	86.8	82.8	79.3
여	33.5	39.6	43.9
실업률(%)	3.1	7.8	12.0
남	-	4.7	8.0
여	-	13.0	18.6
청년(16~24세)	-	25.2	34.5
취업자구성(%)			
농업, 어업, 임업	19.4	14.2	9.8
제조업	43.3	37.6	32.2
서비스업	37.3	48.3	58.1

출처: ILO, *Yearbook of Labour Statistics*, 각년도; Ferner and Hyman(1992)

참고문헌

성경륭. 1995, 「이탈리아의 지자제와 북부동맹의 대응」, 『문민정부와 지방자치』 공동심포지엄 발표논문.

이재열. 1993, 「이태리 에밀리아형 생산방식의 사회적 기원」, 한림대학교 사회조사연구소 연구논문시리즈.

Allum, P. A. 1973, *Italy: Republic without Government?* New York: W. W. Norton.

Berger. S. & M. Piore. 1980, *Dualism and Discontinuity in Industrial Societies,* Cambridge: Cambridge University Press.

Cella, Gianprimo. 1989. "Criteria of Regulation in Italian Industrial Relations: A Case of Weak Institutions," in Peter Lange & Marino Regini(eds.), *State, Market, and Social Regulation: New Perspectives on Italy,* Cambridge: Cambridge University Press.

_____. 1990, "The Institutions in the Italian System of Industrial Relations," *Labour,* Vol.4, No.1.

Ferrera, M. 1984, *Il Welfare State in Italia.* Bologna: Il Mulino.

Ferner, Anthony & Hyman, Richard(eds.). 1992, *Industrial Relations in the New Europe,* Oxford: Basil Blackwell.

Gallino, L.(ed.). 1985, *Il lavoro e il suo doppio,* Bologna: Il Mulino.

Ginsborg, Paul. 1990, *A History of Contemporary Italy: Society and Politics 1943 ~ 1988,* London: Penguin Books.

Giugni, G. 1987, "Social Concertation and the Political System in Italy," *Labour and Society,* 12.

Goldthorpe, John H. 1984, *Order and Conflict in Contemporary Capitalism: Studies in the Political Economy of West European Nations,* Oxford: Oxford University Press.

Lange, Peter & S. G. Tarrow(eds.). 1980, *Italy in Transition,* London: Frank Cass and Company Limited.

_____. & Marino Regini(eds.). 1989, *State, Market, and Social Regulation: New Perspectives on Italy,* Cambridge: Cambridge University Press.

_____. 1990, "Twenty Years After the Hot Autumn: Work and Politics in Italy from Rupture to Change," *Labour,* Vol.4, No.1.

Lenti, L. 1981, "La moblita della forza lavoro: splendori e miserie di una legislazione speciale," in Scamuzzi(ed.), *Riforma del collocamento e mercato del lavoro.* Milan: F Angeli.

Leonardi, R. and M. Kovacs. 1993, "The Lega Nord: The Rise of a New Italian Catch-All Party," in S. Hellman and G. Pasquino(eds.), *Italian Politics: A Review,* London: Pinter Publications.

Mershon, Carol. 1990, "Relationships among Union Actors after the Hot

Autumn," *Labour,* Vol.4, No.1.

Ministero del Lavoro e della Previdenza Sociale, 1993, *Labour and Employment Policies in Italy,* Roma: Istituto Poligrafico e Zecca dello Stato.

Negrelli, Serafino & Ettore Santi. 1990, "Industrial Relations in Italy," in Guido Baglioni & Colin Crouch(eds.), *European Industrial Relations: The Challenge of Flexibility,* London: Sage Publications.

OECD. 1994, *The OECD Jobs Study: Evidende and Explanation(1): Labour Market Trends and Underlying Forces of Change,* Paris: Publications Office, OECD.

______. 1994, *The OECD Jobs Study: Evidende and Explanation(2): The Adjustment Potential of the Labour Market.* Paris: Publications Office, OECD.

Paci, Massimo. 1989, "Public and Private in the Italian Welfare System," in Peter Lange & Marino Regini(eds.), *State, Market, and Social Regulation: New Perspectives on Italy,* Cambridge: Cambridge University Press.

Putnam, Robert O. 1993, *Making Democracy Work: Civic Traditions in Modern Italy,* Princeton: Princeton University Press.

Regalia, Ida & Marino Regini. 1995, "Industrial Relations and Human Resource Practices in Italy: Between Voluntarism and Institutionalization," in T. Kochan, R. Locke and M. Piore(eds.), *Employment Relations in a Changing World Economy,* Cambridge: MIT Press.

Regalia, Ida. 1995, "Italy: The Costs and Benifits of Informality," Unpublished manuscript.

Regini, Marino. 1994, "Social Institutions and Production Structure: The Italian Variety of Capitalism in the 1980s," Unpublished manuscript.

Reyneri, Emilio. 1989, "The Italian Labor Market: Between State Control and Social Regulation," in Peter Lange & Marino Regini(eds.), *State, Market, and Social Regulation: New Perspectives on Italy,* Cambridge: Cambridge University Press.

______. 1995, "A Comparative Analysis of the Unemployment Patterns in European Countries," unpublished manuscript.

Sassoon, D. 1986, *Contemporary Italy: Politics, Economy and Society since 1945,* London: Longman

Woods, D. 1995, "The Crisis of Center-Periphery Integration in Italy and the Rise of Regional Populism," *Comparative Politics.*

한국 사회복지의 저발달 특성과 향후 발전 과제*

최균

한림대 사회복지학과 조교수

1. 서론

해방 이후 한국사회는 급속한 자본주의화 과정을 거치면서 본격적인 산업사회로 이행했다. 특히 1960년대 이후 국가주도하에 추진된 본격적인 산업화 정책은 경이적인 경제성장을 이룩했다는 평가를 받고 있다. 그러나 지난 30여 년 동안 '개발의 신화'에 기초하여 진행된 국가의 경제개발제일주의 발전전략은 자원배분의 우선순위를 경제부문의 투자에 두었기 때문에 사회복지부문의 개발은 주변적 차원에 머무르고 말았다. 또한 '후발성의 이익'을 향유하려는 정책목표와 발전전략도 경제부문에만 적용됐을 뿐 사회복지부문에는 거의 활용되지 못했다. 이와 같은 경제편향적 산업주의의 확산의 결과, 현재 한국사회의 실상은 천민자본주의 바로 그 자체라고 할 수 있으며, 불평등한 소득분배구조의 고착화와 사회적 안전망(social safety net) 구축의 실패 그리고 탈상품적 보호메커니즘의 부재와 같은 사회적 한계를 내포하고 있다고 하겠다.

1960년대 이후 한국사회는 산업화과정에서 발생하는 다양한 사회적 위험의 해결과 산업사회의 유지 필요성에 의하여 서구 선진복지국가들에서 실시되고 있는 각종 사회복지제도를 점차적으로 도입하여 실시하고 있다. 현재 한국의 사회복지체계는 1995년 7월 고용보험제도를 도입함으로써 외형적인 측면에서는 거의 완성된 구조를 지니고 있다고 할 수 있다. 그러나 실질적인 사회복지급여의 수준이나 사회복지체계에의 접근성과 생활밀착성 정도는 매우 낮은 실정이다.

한국사회에서의 이와 같은 사회복지부문의 제한적 포괄성과 저발달 특성은

---

* 이 연구는 1995년도 영도육영회 학술지원연구과제 연구조성비에 의해 이루어졌음.

한국적 사회발전모델이 내포하고 있는 정치·경제적 한계들의 결과라고 하겠다. 즉 한국사회에서 사회복지부문이 낙후성을 극복하지 못하고 있는 배경에는 국가의 경제성장 중심의 발전전략, 국방비 지출 등으로 인한 국가예산 편성상의 경직성 문제, 국가의 억압적 계급정치 전략, 국민적 요구의 부족 등과 같은 다양한 요인들이 한계로서 작용하고 있다고 볼 수 있다.[1] 특히 선진 복지국가의 형성과정에서 보편적으로 발견되는 노동자계급의 계급투쟁 정도가 한국사회에서는 미약했다는 요인이 존재하기도 한다. 이 중에서도 사회복지부문의 발달에서 국가의 개입이 중추적인 역할을 수행한다는 사실을 전제하였을 때, 한국 국가의 성격이 다른 선진 복지국가들과 비교하여 특수한 성격을 지니고 있다는 점이 가장 핵심적인 부분이라고 할 수 있다.

최근 1980년대 후반 이후 변화된 한국사회의 사회적 지형과 향후 전개될 새로운 사회적 상황들을 고려해 보았을 때, 한국사회에서 사회복지부문이 수행해야 하는 사회적 역할의 중요성은 강조되어야 할 것이다. 즉 과거 한국경제의 성장기반이었던 포디즘적 축적체제의 한계를 보여준 지난 1987년의 노동자대투쟁 이후 변화된 사회역관계와 이에 따른 노동자계급의 지위향상은 보다 효과적인 사회적 효율성 유지 전략을 필요로 하고 있다. 또한 UR협상 이후 진전될 농촌의 하강분해와 도시-농촌 간 지역불균형의 심화, 생산기술의 발달과 작업장조직의 변화로 인한 노동시장의 유연성 증가, 산업구조조정에 따른 노동력 재배치 증대 등은 사회적 비효율성을 증가시킬 가능성을 한층 증대시키고 있다. 더 나아가 냉전체제의 종식과 같은 국제정세의 변화는 남북한의 통일 논의를 실질적으로 진전시킬 것이므로 통일을 대비하는 입장에서 새로운 사회체제의 구상과 관련된 논의도 진행되어야 할 것이다. 이상과 같은 사회적 상황들의 변화는 한국 사회구조의 개혁과 질적 발전을 절실하게 요구하고 있다. 따라서 향후 한국사회의 발전을 도모하기 위해서는 사회 각부문에서 변화를 위한 다각적인 노력이 경주되어야 할 것이다. 이 중에서도 사회복지정책은 사회적 효율성 제고와 안정적 사회체제의 구축, 그리고 국내외적 여건의 변화에 대한 탄력적 대응구조의 형성이라는 측면에서 획기적인 개혁이 진행되어야 할 부문이라고 하겠다.

---

1) 이외에도 정부와 국민의 사회복지에 대한 관심의 부족, 혈연적 가족주의의 강조 등을 한국 사회복지부문의 낙후성 원인으로 들기도 한다(조흥식, 1995: 437-439).

본 글에서는 한국 국가의 성격, 시장개입전략과 노동정책의 지향 분석을 통한 복지이념의 검토, 한국 사회복지부문의 형성구조와 논리, 사회복지부문의 구조적 특성을 분석하고 이에 따른 향후 과제들에 관하여 개략적으로 살펴보고자 한다.

2. 한국 국가의 정책지향과 사회복지부문의 위상

국가의 복지이념을 규정하기 위해서는 국가의 성격과 정책지향, 사회의 지배적인 가치, 그리고 사회복지제도의 구성 및 운영형태 등을 포괄적으로 분석하여야 한다. 이 중에서도 국가의 성격과 정책지향은 사회복지부문의 발전을 규정하는 데 가장 핵심적인 위치를 차지하고 있다. 이와 같이 사회복지의 변천에서 국가의 성격 및 정책지향이 강조되는 이유는 사회복지부문의 성장과 관련된 사회적 기초에 국가-자본-노동 3자 간의 역관계가 존재하기 때문이다.

일반적으로 사회복지의 형성 및 변화를 설명하는 관점으로서는 경제적 관계, 즉 노동력재생산과 자본의 확대재생산논리와 같은 자본의 경제적 필요성에 초점을 두어 '경제적 재생산'을 강조하는 관점과 계급관계론의 입장에서 계급갈등과 사회제계급관계의 안정적 재생산에 초점을 두어 '사회적 재생산'을 강조하는 관점이 존재한다.[2] 이러한 사회복지의 형성과 변천을 설명하는 관점들은 사회복지정책의 실시를 통한 국가의 역할과 기능을 규정하고 있다고 볼 수 있다. 또한 복지국가를 자본주의시장에의 국가개입 확대를 통해 시장기구의 모순과 폐해, 계급갈등을 해결하고자 하는 국가체제로 이해한다면, 국가의 정책지향, 특히 국가의 시장개입전략과 노동정책의 지향은 국가의 복지이념을 규정하는 요소로서 이해될 수 있을 것이다.

여기에서는 한국 국가의 성격, 시장개입전략과 노동정책의 지향이 한국 사

---

2) '경제적 재생산'과 '사회적 재생산'과 관련된 논의는 B. Fine & L. Harris(1985), 本間要一郎(1986)을 참조하기 바람. '경제적 재생산'을 강조한 입장으로서는 J. O'Connor(1973)를 대표적으로 들 수 있으며, '사회적 재생산'을 강조한 입장으로서는 V. Navarro(1981), R. M. Shalev(1983), F. Piven & R. Cloward(1972), 성경륭(1991)을 들 수 있다. 이의 통합적 입장으로서는 J. Saville(1979), I. Gough(1979), C. Offe(1984)를 들 수 있다.

회복지부문의 형성과 변천에 어떠한 영향을 미쳤는가에 관해 검토하겠다.

1) 한국 국가의 성격: 반노동 국가주도자본주의

한국 국가는 제3세계 국가와 유사하게 시민사회에 비해서 국가가 상대적으로 강력한 권력을 소유하고, 자본주의체제의 구축과정에서 자본의 형성 및 축적을 지원하면서 노동자계급의 요구를 억압하는 권위주의적 과대성장국가(over-developed state)의 특징을 지니는 반노동 국가주도자본의적 성격을 강하게 내포하고 있다. 한국사회에서의 국가형성은 시민사회가 미발달된 상태에서 식민지하에 발달된 억압적인 강력한 국가관료기구가 지속적으로 잔존하여 국가가 시민사회 위에 군림하는 과대성장국가의 형성을 의미하는 것으로서, 종속적 발전의 과정에서 노동자계급의 이해표출을 이념적, 제도적, 법적으로 억제하는 국가를 의미한다(최장집, 1985a).

한국에서 1950년대가 국가권력의 기반이 형성된 시기였다면, 1960년대는 사회경제적 조치를 통해 국가중심적 지배의 기초를 확립시켜 나갔던 시기였다고 할 수 있다. 즉 5·16 군사쿠데타로 정권을 획득한 군부정권에 의한 의도적이고 적극적인 사회경제적 재조직화의 추진은 한국에서의 국가가 지니는 개입주의적 성격이 구축돼 나가는 과정이었던 것이다. 이를 통해 경제발전에서 한국 국가는 주도적인 역할을 수행하게 되고, 국가자체가 국가-자본-노동관계와 같은 사회관계들에 대한 목적적인 관계설정과 이의 통제과정에 개입하여 경제적 과정을 통제할 뿐만 아니라 사회내의 다양한 이익집단, 특히 자본과 노동의 이해와 이들 관계를 조정하는 국가주도자본주의(state-initiated capitalism)의 한 전형이라고 할 수 있다(김영명, 1985).[3] 이와 같은 국가주도 자본주의의 일반적인 특징으로서는 첫째로 자원부족의 한계를 극복하기 위하여 외국자본과 차관을 통한 자본확대전략을 추구하며, 둘째로 억압적인 노동정책을 통해 국가가 노사관계를 직접 통제하는 정책을 실시하고, 셋째로 국가에 의한 임금결정 및 기술도입, 무역 등에 대한 통제정책의 실시를 들 수 있다(신광영,

---

3) 동아시아의 발전모델의 주요한 특징으로서는 공동체적 자본주의, 발전주의 국가, 권위주의 정치체제 등을 들 수 있으며, 한국의 경우 발전주의 국가와 강성국가적 성격이 강한 신중상주의적 국가의 특징을 보인다고 한다(김영명, 1994).

1990b: 8-9).

이와 같이 한국 국가는 자본과 노동이 그들의 이익을 관철시키기 위해 표방하는 행동양식을 강력하게 규제하거나 변화시켰으며, 특히 자본의 축적을 위하여 노동자계급의 이익을 억압적으로 규제하였던 것이다. 이로 인하여 한국 사회는 '복지와 권리의 부재(without welfare and rights)'라는 사회적 특성을 지니게 되었던 것이다.

2) 한국 국가의 시장개입전략과 사회복지

국가의 시장개입전략은 크게 경제정책을 중심으로 하여 국가의 시장대체(market replacement)전략과 시장기구 활성화전략으로서의 시장순응적(market confirming) 정책과 시장형성적(market shaping) 정책으로 구분할 수 있다. 국가에 의한 시장대체전략은 국가가 상당부분 시장에 개입하여 시장의 기능을 대신하는 것을 의미한다(김형국, 1990). 반면에 시장기구 활성화전략으로서의 시장순응적 정책이란 시장에 대한 적응력을 강조하면서 적자생존의 원칙을 기초로 하는 거시적인 정책적 입장이라고 할 수 있고, 시장형성적 정책이란 시장의 불합리적 요소에 대한 일정한 개입을 통해 시장기능의 재편성 및 구조의 정리를 위한 미시적인 정책적 입장이라고 할 수 있다(임현진·김병국, 1991). 국가의 시장개입전략을 사회복지부문의 성장과 관련시켜 검토해보면 국가가 시장대체전략을 실시하는 경우 사회복지부문의 발달에 국가의 역할이 강조된다고 할 수 있을 것이다. 이는 사회복지부문이 시장의 실패와 같은 자본주의 시장기구의 한계를 극복하기 위한 사회영역이기 때문이다. 반면 시장순응적 정책의 경우는 시장기구의 영역에서 발생하는 복지욕구를 국가가 적극적으로 수용하기보다는 이를 시장기구의 원리에 의해 해결되도록 하는 소극적인 국가책임성의 특징을 지닌다. 또한 시장형성적 정책은 시장기구의 구조화 및 원활한 기능을 위한 국가의 개입전략이므로 사회복지부문의 성장은 시장의 형성이라는 정책목표하에 억압되고 배제되는 것이다. 이상에서 국가가 시장대체전략을 실시할 경우 사회복지부문의 성장은 국가의 주도적인 역할에 의해 추진되겠지만 시장기구의 활성화를 위한 전략을 채택할 경우에는 사회복지부문의 역할은 시장기구에 의존하게 된다는 사실을 알 수 있다.

한국 국가가 경제정책을 통해 지향한 시장개입전략은 시장대체적 전략이었다기보다는 시장기구의 활성화를 목표로 하는 시장순응적 경제정책과 시장형성적 경제정책으로 특징지을 수 있다. 한국의 대외지향적 수출주도형 발전전략은 해외수요를 성장의 원동력으로 설정하기 때문에, 단순한 국가의 시장조작과 통제만으로는 개선하기 어려운 국제경쟁력의 제고여부가 경제발전의 성장정도를 결정하게 된다. 이 전략은 경제의 요소부존도와 가격여건의 변동에 따라 능동적으로 수요관리정책을 변화시키는 시장순응적 정책을 전제로 한다(Krueger, 1978; 임현진·김병국, 1991: 125에서 재인용). 따라서 산업자본가는 한편으로 국제경쟁에서 경쟁력을 확보하기 위하여 가격설정과 금융지원을 통해 세계경제의 경기변동에 적응하면서, 다른 한편으로는 이의 적응을 위해 소요되는 조절부담의 상당 부분—저임금의 유지와 기업의 적정이윤률의 확보—을 생산자이면서 동시에 소비자인 국민에게 일방적으로 전가하면서 이의 부담을 강제하게 된다.

한국은 국가주도자본주의를 형성해 나가는 과정에서 경제발전을 중심으로 하여 시장의 원리를 강조하는 중상주의적인 정책적 입장을 견지했다고 볼 수 있다. 특히 1960, 70년대 국가가 시장형성적인 경제정책을 통해 경제성장을 최우선적인 정책목표로 설정하였기 때문에 사회복지부문은 이차적인 영역에 위치할 수밖에 없었으며, 경제성장에 기여하지 못하는 사회복지정책은 실시되지 못했다고 할 수 있다. 이는 1973년 제정되었으나 실시되지 못한 국민복지연금법의 제정배경에 '경제개발을 위한 내자동원 수단'과 같은 경제적 목적이 제시되어 있다는 사실에서 확인할 수 있으며(전남진, 1981), 1977년 의료보험의 실시배경에 '원활한 노동력재생산 및 노동력확보'와 같은 독점자본의 경제적 재생산을 위한 이해가 관철되고 있다는 논의와도 맥락을 같이 한다(홍경준, 1991). 또한 1980년대 한국 국가는 시장의 위기를 극복하기 위한 시장순응적 역할을 중심으로 경제정책을 추진하였기 때문에 사회복지정책의 실시 또한 매우 미진하였다고 할 수 있다. 이와 같은 경제시장 원리의 우선적 고려와 이에 따른 사회복지의 미발달은 1980년에 제기되었던 실업보험의 제정과 관련된 논의가 결실을 거두지 못하고 1995년에 와서야 비로소 고용보험의 형식으로 정착되었으며, 고용보험의 내용 또한 사회보장적 성격보다는 노동시장의 수량적 유연성 증대라는 경제적 필요성에 부응하기 위한 대책으로서 성립되었다는 사실에 잘 나타나고 있다(김진구, 1995). 또한 이와 같은 특징은 1988년부터 시행된 최저임금제의 경우 동아시아 신흥공업국 중 가장 늦게 실시되었다는 점과 이의 실시배경에 저임금을 기초로 하는 한국상품에 대한 외국의 보호무역 장벽을 극복하기 위한 조치의 하나였다라는 점 등에서 확인할 수 있을 것이다.

한국 국가에 의한 시장활성화전략은 사회복지부문을 확대함으로써 야기되는 자본의 비용부담 증가나 비생산적 부문에의 자원투자와 같은 왜곡된 시장형성의 결과를 의도하기보다는, 이를 자본의 책임과 관리하에 두는 것이 시장의 원리에 적합한 정책지향이라고 상정해 왔다.[4] 따라서 국가의 시장활성화를 위한 시장개입은 국가가 실시하는 사회복지부문의 영역이 상대적으로 미약하게 발전될 수밖에 없는 배경을 제공하였다고 하겠다.

3) 한국 노동정책의 지향과 사회복지

국가 노동정책의 기본목표는 ① 노동력의 원활한 재생산, ② 자본의 원활한 절대적·상대적 잉여가치의 추출을 위한 조건의 확보, ③ 가장 궁극적으로 노동자계급의 정치적 성장을 억제하고 노동자계급의 의식화운동을 자본주의체제내로 포섭하여 체제의 안정적인 재생산을 위한 조건을 확보하는 것이다(한국산업사회연구회, 1989: 199). 이와 같은 노동정책은 국가의 시장개입에 대한 입장의 차이에 따라 그 내용과 성격이 규정되기 때문에, 국가의 시장개입전략과도 밀접하게 관련을 맺고 있다. 즉 노동자계급의 상태와 저항에 대한 국가의 개입과 대응방식이 노동정책을 통해 구체화되므로, 자본의 형성 및 축적방식과 밀접하게 관련되어 있는 국가의 시장개입전략은 노동자계급의 이익보호와 복지문제의 해결에 매우 중대한 영향을 미친다. 이는 노동자계급의 복지문제에 대한 책임성을 시장기구에 위치시키는가 아니면 국가의 개입을 통한 적극적 보호를 하느냐와 관련되어 있다고 할 수 있을 것이다.[5]

---

4) 한국 국가의 이와 같은 시장책임성의 원리 강조와 함께 복지비용의 자본측 부담 전가는 특정계층(예로서 대기업 노동자)만을 사회복지급여의 수급대상자로 제한하는 결과를 초래하여, 사회복지부문의 전사회적 확장에 일정한 한계로서 작용하였다.

5) 노동자계급의 복지문제와 국가의 개입과의 관계를 설명하는 개념으로서는 '생산

국가와 노동과의 관계에서 국가의 노동자계급(또는 노동조합)에 대한 대응 방식 유형은 크게 국가조합주의적 전략과 시장기제적 전략으로 구분하여 볼 수 있다. 국가조합주의적 전략은 국가에 의하여 인정된 공식적 노동조합에 의하여 노동자계급을 매수함으로써 이들을 체제내부로 '차별적으로 포섭'하는 방법이라면,[6] 시장기제적 전략은 국가가 노동자계급의 조직화를 저지하면서 그리고 노동조합을 최대한 분산시킴으로써 그들을 '배제적으로 억압'하는 방법이다.[7] 그러므로 국가조합주의적 전략하에서의 단체교섭은 국가에 의해 공식노조의 수준에서 중앙집권적으로 통제되며 반면에 시장기제적 전략하에서의 단체교섭은 국가에 의해 개별기업 수준에서 분산적으로 처리된다.

노동력의 원활한 재생산과 자본의 축적을 보장하기 위한 조건과 노동자계급의 정치적 성장을 억제하고 이들을 체제내로 포섭하여 체제를 안정적으로 재생산할 수 있는 조건의 확보를 위하여 국가가 실시하는 노동통제전략은 사

의 정치(politics of production)'와 '생산체제(production regime)'를 들 수 있다. '생산의 정치'란 거시적 차원에서는 노사관계, 고용, 잉여의 분배, 복지 등과 관련된 제도화된 정치적 실천이나 정책이라고 규정할 수 있다. 뷰러오이(M. Burawoy)는 '생산체제' 개념을 중심으로 하여, 자본주의체제를 전제체제(despotic regimes), 헤게모니체제(hegemonic regimes), 헤게모니적 전제체제(hegemonic despotism)로 구분하고 있다. 전제체제는 노동에 대한 자본의 강제가 주된 역할을 하지만 헤게모니체제는 강제보다는 동의를 특징으로 하며 국가의 개입이 매개되어 노동력재생산이 생산과정으로부터 제한적으로 분리되어 있는 형태를 의미한다. 전제체제에서 헤게모니체제로의 이행에는 국가가 노동자계급의 저항에 대응하여 사회보험의 입법과 임금을 착취하는 경영지배에 제한을 가하는 형태로 개입하게 된다고 한다. 즉 이러한 국가의 개입은 자본에 제한을 가하면서 노동자계급의 복지문제를 국가가 일정 정도 책임지는 것을 의미한다. '생산의 정치'와 '생산체제'에 관한 자세한 논의는 M. Burawoy(1985)와 신광영(1990a)을 참조

6) 현대적 의미의 국가조합주의는 1930년대 중남미에서 등장하였다. 당시 중남미는 대공황의 혼란과정에서 지속적으로 전개되는 지역 간, 계급 간 갈등을 겪고 있었는데, 이에 대한 제도적 해결책으로 등장하게 된 것이 바로 국가조합주의이다. 이는 정치적 억압의 한계를 인정하고, 사회통합을 이루기 위해서 국가가 정치적 타협에 앞장서거나 다양한 이익집단체계를 구축하면서 복지지출을 확대시키게 되었다. 이것은 억압이 아닌 회유전략의 전개를 의미하지만 궁극적으로는 '유인과 제재(incentives and constraints)'라는 처방책을 국가가 선택적으로 제시하는 것을 의미한다(임현진·김병국, 1991: 133-137; 최장집, 1985b).

7) 제3세계 국가들과의 비교연구에서 남미국가들의 경우에는 '국가조합주의적' 전략을 이용하고, 아시아 신흥공업국들의 경우 일정한 차별성이 존재하지만 대체적으로 '시장기제적' 전략을 이용하고 있다고 할 수 있다(송호근, 1990).

회복지부문의 전개 및 성장과 일정한 관련성을 맺고 있다고 할 수 있다. 즉 국가가 국가조합주의적 전략을 채택하는 경우에는 노동자계급의 복지를 국가의 주도하에 적극적으로 보장하는 정책지향을 지니게 되어 사회복지가 성장하게 되며, 시장기제적 전략을 이용하는 경우에는 노동자계급의 복지는 시장의 원리에 기초하여 개별기업의 차원에서 해결되는 기업복지와 같은 형태가 담당하게 되는 것이다.

한국에서의 국가-노동관계는 서구 자본주의국가의 경우와는 상이하게 국가가 노동조합과 노동자계급을 억압적 국가기구, 법적·제도적 장치, 이데올로기기구 등을 이용하여 이들의 요구를 억압하고 정치적 영역에서 배제시키는 특징을 지닌다. 즉 국가기구를 이용한 노동자계급의 요구에 대한 물리적 탄압, 노동자들의 선택(노동조합의 조직, 가입, 활동)과 노동조합의 선택(활동, 요구의 내용)에 대한 법적·제도적 규제, 그리고 반공 이데올로기를 이용한 이데올로기적 억압과 규제가 바로 그것이다. 이는 산업자본주의사회에서 가장 핵심적인 집단이라고 할 수 있는 노동자계급의 이익 및 요구가 정치적으로 국가기구를 통하여 대변되지 못하고 강압적인 통제의 대상이 되었던 것을 의미한다.

한국이 시행하는 노동통제방식에 관한 설명은 크게 국가조합주의적 전략과 시장기제적 전략으로 나누어 볼 수 있다.[8] 이들 설명들을 종합해보면 한국 국가에 의한 노동통제는 국가조합주의의 외형을 갖춘 변형된 국가조합주의의 형태를 지니고 있다고 평가되고 있으며, 국가단원주의 혹은 시장기제적 전략의 성격이 강하다고 볼 수 있다. 특히 한국은 시민사회내의 그 어떠한 자생적이거나 인위적인 조직도 인정하지 않았으며 또한 시민사회를 억압하며 시장을 지키려는 경향이 있기 때문에, 이념적·조직적으로 노동을 억압하고 탄압함으로써 양적 경제성장의 기반을 조성하였다. 이를 위하여 한국 국가는 막대한 국가권력 투입을 필요로 하였음에도 불구하고, 시민사회에 대하여 그 어떠한 물질적 보상과 회유의 정치를 실시하지 않은 특징을 지닌다.

이와 같은 한국에서의 국가-노동관계의 특징을 요약하면(송호근, 1990), 첫

---

8) 국가조합주의적 입장에서 억압적 노동통제를 고찰한 연구로서는 최장집(1988)을 대표적으로 들 수 있고, 시장기제적 통제의 입장에서 노동통제를 고찰한 연구로서는 송호근(1990)을 들 수 있다. 이외에도 국가조합주의의 한계를 일정 정도 보완하면서 시장기제적 통제와 그 내용면에서는 유사하나 개념적 차별성을 시도하고 있지 않는 '국가단원주의'적 접근도 존재한다(임현진·김병국, 1991).

째로 국가가 사회안정과 조화를 선호하는 반면 반계급투쟁적 이데올로기를 내면화하기 때문에 노동자계급을 계급으로서 상정하지 않고 산업화과정에 참여하는 하나의 산업집단 내지 부문으로 간주한다는 것이다. 둘째로 경제발전의 이념을 공동체의 복지향상이라는 국가이념의 핵심적 가치와 연결시키면서 정치권력의 취약한 정당성을 보완하는 이념으로 유용한다는 점이다. 셋째로 노동자계급의 자율적 정치참여를 부정한다는 점이다. 넷째로 노동자계급에 대한 정치적 억압을 강화하면서도 자본가계급의 자유로운 경제활동과 자본축적을 위한 여건을 최대한 보장하는 경제정책을 실행한다는 점이다. 이와 같은 특징들은 자본의 이익을 위하여 노동문제의 직접적 통제자로서 기능하는 한국 자본주의의 권위주의적 특성과 시장활성화전략의 추진을 위해 반시장적 요소를 억압해 나가는 반노동적인 국가의 성격을 나타내주고 있다고 하겠다.

한국 국가와 노동과의 관계에서 국가에 의한 노동통제방식이 노동자계급의 정치적 무력화와 노동자계급의 조직화를 방지하기 위한 배제적인 성격을 강하게 지니고 있으며 또한 억압적 기제를 통해 노동자계급의 요구를 좌절시켜 왔기 때문에, 다른 제3세계 국가와 같은 제한적 정치참여나 사회복지의 실시를 통한 정치적 포섭이 부재했다고 할 수 있다. 특히 시장기제적 전략의 결과로서 등장하게 된 기업별 노동조합체제는 이와 같은 국가의 노동통제방식을 보다 효율적이고 용이하게 하는 수단으로서 활용되었던 것이다. 이러한 국가의 노동통제방식은 한국사회에서 노동자계급의 생활보장을 위한 사회복지가 덜 발달된 원인들 중의 하나로서 이해될 수 있을 것이며, 결국 노동자계급의 경제적 욕구와 사회적 욕구의 해결은 적극적인 국가의 개입을 통한 보장의 형태를 지닌 것이 아니라 노동자계급의 독자적인 노력과 개별 산업현장에서와 같은 시장 차원에서 담당하게 되는 결과를 초래하였던 것이다.

한국과 같이 노동자계급의 요구를 억압하면서 자본축적을 적극적으로 지원하는 국가주도자본주의적인 성격이 강한 체제에서 국민의 복지를 향상시키기 위한 국가의 역할은 적극적인 양상을 지니지 못했음은 분명하다. 또한 한국은 서구의 복지국가에서와 같이 시장기구에서 제기되는 국민의 복지욕구를 국가의 적극적인 시장개입에 의한 사회복지부문의 성장을 통해 해결한 것이 아니라 시장활성화를 위한 시장개입전략의 실시를 통해 국민의 복지욕구 해결을 시장기구의 기능에 거의 전적으로 위임함으로써 '사회복지부문의 저발달'이라고 특징지어지는 현재의 상태를 초래한 것이다.

특히 국가에 의한 노동정책의 지향은 종속적 자본주의하에서 전개되는 비민주적 성격이 강하게 표출되고 있다고 할 수 있는데, 이는 노동자계급의 복지를 향상하고 이들의 요구를 수용하기보다는 억압적이고 배제적인 정책지향을 통해 그리고 기업별 노동조합체제의 강화 등과 같은 조치들을 통해 노동자계급을 탈조직화시키고 탈정치화시키려고 했던 것이다. 이는 사회복지부문에서 제공되는 사회적 임금에 대한 노동자의 요구를 의도적으로 억제하고자 했던 의도로 파악된다. 즉 이러한 현상은 노동자계급의 탈정치화와 탈조직화를 통해 국가에 대한 요구를 잠재화시키고 산업현장내에서 노동자계급의 사회적 욕구를 해결하도록 하는 시장기제적 노동정책지향의 결과라고 할 수 있다. 이와 같은 국가의 노동자계급의 복지에 대한 소극적 대응을 특징으로 하는 정책지향은 사회복지부문의 미발달을 초래하였으며, 저열한 사회복지의 수준은 노동자계급의 생활상의 문제를 시장, 특히 기업이라는 생산현장에서 해결하도록 하는 데에 큰 영향을 미쳤다고 할 것이다. 이는 한국 사회복지의 실시와 관련하여 재정부담관계에서 나타나고 있는 자본-노동 2자부담의 원칙과 국가부담의 최소화 원칙에서 더욱 분명하게 파악할 수 있다.

3. 한국 사회복지의 형성과 특성

1) 한국 사회복지의 형성구조와 전개논리

한국 사회복지의 전개과정 검토를 통해 사회복지부문의 성격 파악을 위하여 상정할 수 있는 이론적 범주는 크게 '경제적 재생산,' '사회적 재생산,' '정치적 정당성 확보'로 구분할 수 있다.

우선 한국에서의 자본운동형태와 임노동재생산구조를 포괄하는 '경제적 재생산'의 범주에서 사회복지부문이 차지하는 위상을 개략적으로 살펴보면, 한국의 사회복지는 1960년대에 들어서의 독점자본주의 전개와 함께 1970년대 중반의 경제발전전략의 수정 그리고 노동력 수급의 변화와 밀접하게 관련되어 있다. 즉 급속한 산업화과정에서 필연적으로 발생이 예견되는 산업재해에 대한 구제 및 보상을 통해 원활한 노동력 재생산구조의 확립을 목표로 하는 1964년 산업재해보상보험의 실시, 중화학공업 육성에 따른 자본의 확보를 위한 1973년 국민복지연금법의 제정, 1970년대 중반 노동력 부족현상에 직면한 독점대자본의 노동력 확보와 관련된 이해를 직접적으로 반영하면서 등장한 1977년 의료보험제도의 실시가 그 예이다. 또한 1981년부터 생활보호사업의 일환으로 실시된 직업훈련은 노동력부족현상을 배경으로 노동력공급의 확보를 위한 조치의 일환으로 볼 수 있으며, 1988년부터 실시된 국민연금제도는 연금기금의 경제부문 투자라는 경제적 목적과 급격한 임금인상에 따른 자본의 노동비용 특히 퇴직금지출비용의 부담을 경감시키기 위한 자본의 이해를 도모하기 위한 목적으로, 그리고 1995년 실시된 고용보험은 산업구조조정에 따른 노동력의 재배치와 노동력의 효율적 이용이라는 노동시장정책적 목적으로 실시되는 양상을 보여주고 있다.

다음으로 사회적 관계들의 유지와 안정적 사회체제의 확보를 위한 '사회적 재생산'의 범주에서 고찰해보면,9) 1987년 노동자대투쟁 이후 제6공화국에서 실시된 3대 사회복지제도(전국민 의료보험, 국민연금, 최저임금제)를 노동자계급의 계급투쟁 산물로 파악할 수도 있다. 이와 같은 사회복지정책이 구체화되고 실시될 수 있었던 배경에 노동-자본 간 역관계의 지각변동에 따른 노동정치의 변화와 함께 지배연합의 양보와 자본과 국가의 노동에 대한 포섭적이고 동의적인 전략이 존재했기 때문이다(성경륭, 1991; 최균, 1992).10) 또한 이러한 관점은 1994년 농민과의 약속을 파기한 UR협상 타결 이후 실시된 농어민연금제도에도 적용된다.

---

9) 사회복지의 발달을 설명하는 데에 중요한 이론적 토대가 되는 '사회적 재생산'이라는 개념틀은 한국 사회복지부문의 전개과정을 설명함에 적용가능성이 그리 크지 않다. 이는 한국사회에서 노동자계급의 계급력이 서구 자본주의국가들과 비교하였을 때 상대적으로 크게 미약할 뿐만 아니라, 노동자계급의 요구와 저항을 한국국가가 권위주의적 지배체제하에서 성공적으로 통제하였기 때문이라고 할 수 있다. 한국사회에서의 산업화와 계급정치에 관한 글로서는 임영일(1992) 참조.

10) 1988년에 실시된 3대 사회복지제도의 성립을 단순하게 사회적 재생산 과정으로 파악하는 것에는 약간의 무리가 따른다. 왜냐하면 이들 제도의 실시는 이미 1986년부터 예견되었던 것이기 때문이다. 다만 이들 제도의 시행이 과거의 경험에 비추어 연기되거나 파기되지 않았다는 점에서 그 의미를 찾을 수 있을 것이다. 이와 비슷한 견해로서는 김종일(1992) 참조.

마지막으로 한국 사회복지부문의 성장배경을 면밀히 분석해보면, 신정권의 등장과 그 맥락을 같이 한다고 볼 수 있다. 이는 1960년대 초 5·16군사쿠데타 이후의 군사정권에 의한 대량의 사회복지관련입법, 1980년대 초 신군부정권에 의한 대량입법, 1987년 노동자대투쟁 이후 등장한 제6공화국에서 실시된 3대 사회복지제도가 이와 같은 이론적 범주와 부합하는 사실인 것이다. 즉 정권 초기에 진행된 사회복지부문의 확대 현상은 정권의 '정치적 정당성'을 확보함으로써 정치적 안정 및 국민적 지지를 도출하기 위한 것으로 그 의미를 해석할 수 있다. 또한 이 과정에서는 국가의기술관료들이 사회복지부문의 형성에 주도적인 역할을 수행했다는 특징을 지닌다(나병균, 1991).

1960년대 초반 5·16군사정권 이후 현재에 이르기까지 전개된 한국의 사회복지정책의 변천과정을 검토해보면, 사회복지정책은 산업화정책의 추진을 위한 보조적 도구나 정권의 정당성을 확보하기 위한 조치, 그리고 사회적 재생산을 위한 이데올로기적 통제의 일환으로서 기획되고 실시되었음을 알 수 있다. 이상과 같은 형성배경으로 인하여 한국 사회복지부문의 구성은 질적 차원에서 양질의 복지성을 확보하는 데 실패하여 형식적 외형만을 유지하는 현재의 상태를 결과하였으며, 국민의 참여를 통한 민주성, 제도형태와 내용의 적실성이 견지되지 못하고 독점대자본의 계급적 이해와 정치적 음모가 관철될 수밖에 없었던 것이다. 결국 이러한 사회복지부문의 정책기조는 저열한 수준의 사회복지지출, 급여수준의 열악성, 사회복지전달체계의 비민주성 등과 같은 '저발달'을 초래하였던 것이다.

2) 한국 사회복지의 구조적 특성

한국의 사회복지부문은 지난 30여년 동안 성장해왔음에도 불구하고 다른 국가와 비교해보았을 때 양적으로나 질적으로 덜 발달되어 있다. 일반적으로 5대 사회복지제도라고 한다면 국민연금, 의료보험, 산업재해보상보험, 실업보험(고용보험), 가족수당제도를 들 수 있는데, 1993년 현재 각 제도를 시행하고 있는 국가의 수(전체 163개국으로서 사회주의권국가 포함)와 한국의 실시유무 및 시행연도를 비교해보면 <표 1>과 같다.

<표 1>에서와 같이 한국에서 국민연금제도는 1973년 국민복지연금법이

제정되었으나 1988년에 와서야 시행되어 세계에서 130번째로 도입되었다. 또한 세계 102개국에서 실시되는 의료보험의 경우 1963년 의료보험법이 제정되었음에도 불구하고, 1977년에 최초로 도입되어 1989년 7월에서야 도시자영업자를 포함하는 전국민의료보험화가 실시되었다는 점을 고려한다면 제도의 완비가 늦게 되었다는 사실을 알 수 있다. 더욱이 세계 63개국에서 각각 실시되고 있는 실업보험은 1995년에, 그리고 세계 82개국에서 실시되고 있는 가족수당제도가 한국에서는 아직 거론조차 되고 있지 않다는 사실은 세계 제11위 교역국인 한국의 경제수준에 비추어 보았을 때 한국에서의 사회복지는 매우 낮은 수준임을 알 수 있다.

<표 1> 사회보험제도별 시행국가 수(1993년)

사회보험제도 유형	시행국가 수	한국의 경우
국민연금	155개국	1988년 실시
의료보험	102개국	1977년 실시
산업재해보상보험	155개국	1964년 실시
실업보험	63개국	1995년 실시
가족수당	82개국	미실시

출처: U.S. Department of Health and Human Services, *Social Security Programs Throughout The World - 1993*, 1994에서 재구성.

한국의 사회복지부문의 제도 내용도 질적으로 상당히 저열한 체계를 유지하고 있다는 사실을 알 수 있는데, 단적인 예로서 한국에서의 의료보험은 상병수당과 출산수딩제도가 실시되고 있지 않은 상태이기 때문에 국제적으로는 사회보장제도의 범주에 포함시키지 않고 있다는 사실을 들 수 있다. 이외에도 사회보험 적용대상의 제한성, 급여수준의 저열성, 사회복지서비스체계의 미발달 등은 한국 사회복지부문의 질적 낙후성을 반영하고 있다고 할 것이다.

한국 국가의 재정지출의 측면을 보면, 1994년 현재 사회복지 지출수준은 GNP대비 1.0%, 일반회계에서 차지하는 비율이 9.0%로서,11) 서구 선진복지국가들과 비교하였을 때 매우 낮은 수준이다.12) 또한 중앙정부의 재정지출구

---

11) 중앙정부재정지출과 지방비, 사용자 법인 그리고 개인이 지출하는 총 사회복지비지출은 GNP대비 1992년 현재 4.38%에 달하고 있다(이혜경, 1994: 49).
12) 1992년 현재 사회복지비용 지출이 GDP에서 차지하는 비율을 보면, 스웨덴 37.6%, 핀란드 30.2%, 영국 27.2%, 독일 27.3%, 스위스 18.1%이다(Abrahamson,

성비를 소득별 국가군들과 비교해보면, <표 2>에서와 같이 중상위소득국인 한국의 경우 국방부문에는 높은 지출수준을 보이고 있으나, 보건과 주택 및 사회보장의 경우 소득수준에 비하여 매우 낮은 수준에 머무르고 있다는 사실을 확인할 수 있다. 이와 같이 국가의 사회보장재정지출 수준을 국제적으로 비교해보았을 때에도 한국의 사회복지수준은 저발달되어 있음을 알 수 있다.

이와 같은 사회복지는 시행상에서도 많은 문제점을 내포하고 있는데, 계급

<표 2> 중앙정부 재정지출 구성의 국제비교

(단위: %)

국가군	국방		교육		보건		주택 및 사회보장	
	1980	1992	1980	1992	1980	1992	1980	1992
저소득국	11.0	10.3	12.3	12.1	5.2	5.6	5.4	6.0
중하위소득국	19.5	12.3	16.4	14.7	6.8	9.1	10.2	13.8
중상위소득국	12.5	10.4	12.4	12.2	5.8	5.5	19.2	23.6
-한국	34.3	22.1	17.1	16.2	1.2	1.2	7.5	12.5
고소득국	11.9	8.8	9.0	10.4	9.5	9.6	35.4	37.4

출처: The World Bank, *World Development Report 1994*, 1994.

<표 3> 노동자가구의 소득 5분위별 소득구조(1989년)

(단위: 천원, %)

소득분위 / 소득구분	1분위	2분위	3분위	4분위	5분위
소득	328.0 (100.0)	523.6 (100.0)	680.6 (100.0)	899.9 (100.0)	1592.0 (100.0)
근로소득	294.1 (89.7)	467.7 (89.3)	600.3 (88.2)	785.6 (87.3)	1324.6 (83.2)
사업 및 부업소득	5.8 (1.8)	11.2 (2.1)	15.8 (2.3)	20.8 (2.3)	46.0 (2.9)
기타소득	28.1 (8.6)	44.7 (8.5)	64.5 (9.5)	93.4 (10.4)	221.4 (13.9)
-사회보장수혜	0.8 (0.2)	0.9 (0.2)	2.5 (0.4)	3.2 (0.4)	7.0 (0.4)

* ( )은 전체 소득에 대한 구성비이며, 사회보장수혜는 기타소득에 포함.
　자료: 유길상, 『도시근로자가구의 가계경제 분석』, 한국노동연구원, 1991 56쪽에서 재구성.

1995: 114).

분석적 입장에서 사회복지급여의 분배상태를 나타낸 것이 <표 3>이다. <표 3>에서 보는 바와 같이 사회복지가 노동자계급의 소득에서 차지하는 비중 또한 적을 뿐만 아니라 오히려 역진적 분배의 형태까지 지니고 있음을 알 수 있다. 즉 가구소득 5분위별 소득구조에서 1분위에 속하는 최하층 노동자가구의 소득에서 사회복지를 통한 생활보장의 정도인 사회보장수혜는 월평균 800원으로서 전체가구소득의 0.2%를 차지하고 있음에 반해, 최상층인 5분위에 속하는 노동자가구의 경우 월평균 7,000원의 사회보장수혜를 받을 뿐만 아니라 전체가구소득에서도 0.4%의 비중을 차지하고 있다.

4. 한국 사회복지부문의 과제

사회복지부문의 개혁을 위한 기본과제로서는 첫째 국가의 재정책임성 강화, 둘째 전달체계의 민주성 확립, 세째 통합적인 사회복지체계의 운영, 네째 유기적이고 생산적인 복지모형 구축을 들 수 있다.

1) 국가의 재정책임성 강화

사회복지부문의 발전을 위해서 우선적으로 전제되어야 할 조건이 바로 국가의 사회복지재정지출 확대이다. 국가의 사회복지재정지출 규모가 확대된다는 것은 국민을 생활상에 식면하는 사회적 위험으로부터 보호하는 사회복지체계의 완비정도가 진전된다는 것을 의미한다. 즉 국가의 사회복지 재정지출의 증대는 국민들의 생활안정을 도모하고 잔인한 시장체계로부터 국민을 보호하기 위한 사회적 안전망 구축과 직결되는 것이다.

복지국가의 성립여부와 유형을 구분할 때, 가장 중요한 기준이 되는 것이 바로 국가의 사회복지재정지출 규모이다. 사회복지부문에서 국가의 재정지출이 적다는 것은 수익자부담의 원칙에 입각한 개인의 복지책임성이 강조되고 있다는 것을 의미한다. 수익자부담의 원칙은 시장의 원리이지 사회복지의 원리는 결코 될 수 없다. 따라서 사회복지부문의 발전을 위해서는 국가의 사회복지재정에의 책임성을 확대하여야 한다고 하겠다.

현재 한국사회에서 사회복지재정의 확충을 위한 대안마련에서 논의되어야 할 사항 중의 하나가 남북분단이라는 한국의 특수한 상황에서 비롯된 국방비 지출과 관련된 사항이다. 국방비 지출에 따른 예산지출구조의 경직성으로 인해 사회복지재정의 확대가 제약을 받아왔음은 부인할 수 없는 사실이다. 그러나 냉전체제의 종식과 함께 진행되고 있는 전지구적 변화가 우리에게 요구하고 있는 것이 무엇인가를 다시 한 번 검토해 볼 필요가 있다. 이는 바로 군축과 평화체제의 구축을 통한 민주복지국가체제의 성립이라고 할 수 있다. 따라서 향후 국방비의 감축과 이를 통한 사회복지재정의 확대는 통일한국을 대비하는 우리에게 주어진 역사적 과업임에 틀림 없다고 할 것이다. 한편 국방비 지출의 비중이 한국과 비슷한 국가들과 비교해 보았을 경우에도 한국의 사회복지부문에의 재정지출수준이 상대적으로 낮다는 점을 고려한다면 국가의 사회복지 책임성은 더욱 강화되어야 할 것이다.

2) 전달체계의 민주성 확립

사회복지는 국민의 권리로서 인정되어야 하며, 국민의 욕구와 의사를 적극적으로 반영하여야 한다. 따라서 사회복지전달체계의 민주성은 국민의 욕구수렴이라는 차원에서 뿐만 아니라 국가에 대한 국민의 요구의 반영이라는 차원에서도 강조되어야 할 것이다.

현행 사회복지부문에서 전달체계의 민주성과 밀접하게 관련된 부분은 사회보험분야라고 할 수 있다.[13] 사회보험의 기여금은 준조세적 성격을 지니지만 조세와 같이 일반회계에 의해 관리·운영되는 것은 아니며, 기여를 통해 형성된 사회보험기금 및 재정의 소유주체는 궁극적으로 국민이다. 따라서 사회보험기금 및 재정의 운용은 그 자체의 목표에 부합되게 국민의 복지향상을 위하여 사용되어져야 한다는 것은 자명하다고 하겠다. 즉 사회복지기여금은 국민복지향상 이외의 다른 용도로 전용되거나 남용될 수 없는 것이다.

이러한 관점에서 사회보험재정상태와 이의 사용에 대한 기여자인 국민의 참여와 감시는 필수적이다. 그러나 우리나라 사회보험기금과 재정운영을 담당

---

13) 사회보험분야의 전달체계 개선은 매우 시급한 과제이다. 국민연금제도는 이상은(1995), 의료보험제도는 김연명(1995)을 참조.

하고 있는 기구에 기여자인 국민의 참여는 철저하게 배제되어 있다고 할 수 있다. 따라서 전달체계에의 민주적 국민참여구조를 확립하는 것은 사회보험재정에 대한 감시뿐만 아니라, 더 나아가 정책결정과 정책실행에의 참여를 보장하는 것과 밀접하게 관련되어 있다고 하겠다.

3) 통합적인 사회복지체계의 운영

통합적인 사회복지체계의 운영은 관리기구의 통합을 통한 효과성과 효율성의 제고를 의미한다. 관리기구의 통합 측면을 살펴보면, 현재 실시되고 있는 사회보험제도(의료보험, 국민연금, 산재보험, 고용보험)는 도입시기가 상이함으로 인해 각각 독립적인 관리기구를 운영하고 있다. 따라서 이들 운영기구간의 상호연결구조가 형성되어 있지 않아서 사회보험행정 절차가 중복적이고 낭비적이라고 할 수 있다. 특히 농어민연금제도 및 고용보험제도가 1995년 7월부터 도입·실시됨으로 인해 사회보험관리행정의 효율성 제고를 위한 사회보험관리체계의 통합관리 필요성이 절실한 형편이라고 하겠다.

현재 국민연금제도는 국민연금관리공단 이외에도 공무원연금관리공단과 사립학교교직원연금관리공단, 국방부에 의해 관리·운영되고 있다. 또한 의료보험의 경우에는 의료보험관리공단, 직장의료보험조합(154개소), 지역의료보험조합(266개소)이 있으며, 이들의 총괄기구로서 의료보험연합회가 구성되어 있다. 또한 산재보험은 근로복지공단에서 그리고 고용보험은 노동부에서 각각 관리되고 있는 실정이다. 이와 같은 관리운영체계의 분립은 분산된 보험관리체계로 인한 비효율성을 초래한다는 문제점을 안고 있다. 즉 현행 사회보험제도가 거의 중복되는 동일한 대상-공무원, 사립학교교직원, 5인 이상 사업체 취업노동자(고용보험은 30인 이상 사업체 취업노동자)-을 보험가입자로 하면서도 피보험자 관리체계가 다원화되어 있어 자격관리와 급여산정업무의 중복이 이루어지고 있다. 따라서 통합적인 사회보험관리운영체계의 형성이 절대적으로 요구된다고 하겠다.

특히 우선적으로 의료보험제도의 조합주의 운영방식은 통합주의 방식으로 전환되어야 한다. 이는 의료보험의 안정적 운영과 국민의 욕구 반영, 그리고 의료보험 본연의 역할을 원활하게 수행하기 위한 기본적인 전제조건이라고 할 것이다.

4) 유기적이고 생산적인 복지모형 구축

사회복지제도 간의 유기적 결합을 통한 생산적인 복지체계를 형성하기 위해서는 우선 적극적인 정책의 실시가 필요하다. 여기에서 '적극적'이란 의미는 사회적 위험이 사회문제로 현재화된 이후 이에 대처하고자 개입하는 사회복지정책에 의존하는 사후적이고 소극적인 정책이 아니라, 예방적 차원의 성격을 의미한다. 이는 정책의 '선매적(pre-emptive)' 성격을 강조하는 것인데, 이것은 생활주기적 접근방식을 통해 국가가 개인에 개입하여 투자하는 것이 차후에 발생하는 문제의 해결에 소요되는 비용보다 상대적으로 저렴하다는 사실을 의미한다. 즉 고용문제의 경우 실업 발생 이후 시민 개인과 가족의 생활보장을 위한 실업보험급여의 제공보다는 실업을 예방하기 위한 국가의 정책적 노력이 선행되어야 한다는 것이다.

둘째로는 생산적인 고용정책과 사회복지정책이 실시되어야 한다. 여기에서 '생산적'이라는 개념은 사회복지정책의 기능을 경제성장에 기여하는 경제종속적인 차원에 한정시키는 의미가 아니라, 경제부문과 사회복지부문을 이분법적인 구분이 아닌 통합된 인식틀 내에 포괄시켜야 한다는 의미이다.

여기에서는 현존 노동력의 질을 향상시키기 위한 직업훈련 및 교육의 실시뿐만 아니라 아동에 대한 사회복지서비스의 확대 등과 같은 예비노동력에 대한 배려도 필요하다는 것이다. 노동력개발을 위한 인적자본 투자는 생산성 향상을 통한 국가경쟁력 확보에도 중요한 의미를 지닌다. 또한 효과적인 직업재교육 프로그램과 직업알선 프로그램의 실시는 노동력의 효율적 공급과 노동시장의 안정을 가능하게 한다. 특히 직업재교육은 기술변화에 따른 노동력의 노후화를 예방하고 이에 따른 조기퇴직을 방지할 수 있어 산업노동력의 안정적 확보에도 기여하게 될 것이다. 한편 사회복지제도로서의 실업보험제도 완비는 고용의 불안정성으로 인한 생활상의 위협으로부터 노동자계급을 보호할 수 있는 것이다.

셋째로 보편적인 사회복지서비스의 확대가 필요하다. 이는 생애주기적 접근에 의한 가족정책을 통해 생의 모든 과정에서 다양한 복지서비스와 소득이

전, 교육, 예방적 보건의료, 재활 등과 관련된 서비스가 제공되는 것을 의미한다. 여기에는 아동, 노인, 장애인, 편부모가족, 여성 등에 대한 사회복지서비스의 확충이 절대적으로 필요하다는 점이다. 향후 도래될 노령화사회에 대비한 노인복지서비스의 확대와 함께 여성들의 노동시장 참여 증가로 인한 가족서비스의 확대 실시는 절실하게 필요하다. 특히 여성의 경제활동에 따른 아동양육 문제의 해결을 위한 아동양육 및 보호시설의 확대는 여성들의 안정적 경제활동참여를 확대시켜 국민경제의 성장에도 기여하게 될 것이다.

5. 결론

시장활성화를 위한 시장개입전략을 축으로 하여 전개된 국가의 사회발전전략은 경제성장에 국가목표의 최우선순위를 두었기 때문에 사회복지부문의 성장은 부차적인 영역으로 간주되었다. 또한 노동자계급의 저항과 같은 노동자계급의 계급력을 국가가 권위주의적 정치체제하에서 성공적으로 통제하였기 때문에, 1987년 노동자대투쟁과 같은 급격한 대규모의 노동자계급의 저항이 존재하기 이전에는 사회복지부문의 확대 필요성을 거의 인식하지 못했다는 데에서도 사회복지부문의 저발달 원인을 찾을 수 있을 것이다(김태성·성경륭, 1993: 331). 결국 한국 국가의 시장활성화 정책과 시장기제적 노동정책은 국민의 복지문제에 대해 소극적으로 대응하는 결과를 초래하여 사회복지부문의 저발달을 가져왔다. 이는 한국과 비슷한 경제성장 수준에 위치하는 국가들과의 비교에서도 한국의 사회복지부문이 저발달된 상태에 있다는 점에서 확인할 수 있을 것이다. 이와 같은 사회복지부문의 저발달은 복지문제 해결에서의 시장기구 역할과 기능의 중요성을 증대시켰으며, 그 결과 국민의 복지욕구는 시장체계내에서 수익자부담의 원칙하에서 해결될 수밖에 없는 시장의존적 구조를 고착화시켰다고 하겠다.

한국의 사회복지부문이 형식과 내용을 완비한 완결된 구조를 형성하기 위해서는 적용대상의 전국민화, 사회적 위험에 대한 포괄적 보호, 급여수준의 개선을 통한 생활보장성의 강화, 재정의 확충과 안정화를 위한 대책의 마련, 민주적 전달체계의 확립을 통한 급여수급자의 이익과 의견 반영, 소득재분배 기능의 강화를 통한 분배의 사회적 불평등 감소 등과 같은 요소들을 균형 있게 제도적 상황에 따라 다양하게 발현되고 있지만, 사회복지정책의 완성을 위하여 가장 핵심적으로 전제되어야 할 것이 바로 국가의 책임성이다.

사회복지부문에 대한 국가의 책임성은 사회복지입법을 통한 사회적 보호장치의 마련, 사회복지제도 운영에 필요한 재원의 적극적 확충, 국민들의 의견을 수렴하고 이익을 대변할 수 있는 민주적 전달체계의 형성, 관리행정체계의 효율성 확보 등과 같은 역할을 충실하게 수행함으로써 확보가능할 것이다. 이 중에서도 사회복지정책의 발전을 위해서 우선적으로 전제되어야 할 조건이 바로 국가의 사회복지재정지출 확대이다. 국가의 사회복지재정지출 규모가 확대된다는 것은 바로 사회복지체계의 완비정도가 진전된다는 것을 의미한다. 즉 사회복지체계가 국민들을 생활상에 직면하는 사회적 위험으로부터 보호하는 기능을 수행한다는 점을 고려했을 때, 국가의 사회복지재정지출의 증대는 국민들의 생활안정을 도모하고 자본제적 시장체계로부터의 보호를 위한 사회적 안전망 구축과 직결된다는 사실을 알 수 있다. 사회복지부문에 대한 국가의 재정지출이 적다는 것은 시장원리에 의한 수익자부담의 원칙이 관철되고 있다는 것을 의미한다. 따라서 사회복지정책의 발전을 위해서 국가의 사회복지재정에의 책임성을 확대하여야 하며, 이는 바로 사회복지비용의 사회화를 의미한다고 하겠다.

1987년 노동자대투쟁 이후 최근에 이르기까지 사회복지부문의 발전 정도를 가늠할 수 있는 국가재정 중 사회복지비용지출 정도를 검토해보면 과거의 소극적인 정책지향을 그대로 답습하고 있음을 알 수 있다.[14] 현재 한국의 사회복지예산은 전체 예산의 약 10% 수준으로서 선진 복지국가들과 비교하였을 때 불과 1/5 정도의 수준에 불과한 실정이며, 또한 우리와 경제수준이 유사한 중상위소득국가군에 속하고 있는 국가들과의 비교에서도 낮은 것으로 평가되고 있다. 따라서 우리사회 사회복지부문의 획기적인 발전을 위해서는 국가의 사회복지부문에의 투자 확대가 최우선적인 과제라고 하겠다.

한국사회에서는 최근 들어 복지국가위기에 직면한 서구 복지국가들에서 국가의 복지책임성을 분산시키기 위해 논의되고 있는 복지책임의 3자 부담방식(국가, 사회, 개인)이 거론되고 있다. 그러나 이러한 방식의 도입을 통하여 사

---

14) 한국국가의 사회복지재정 지출구조의 특징과 성격은 이영환(1995) 참조.

회복지부문에 대한 저투자를 특징으로 하는 한국사회의 후진적인 사회복지부문을 얼마만큼 효과적으로 발전시킬 수 있을 것인가에 관해서는 강한 의구심을 떨쳐 버릴 수가 없다. 왜냐하면 서구 복지국가들의 발전과정을 검토해보았을 때 사회복지부문의 발전에서 가장 중요한 역할을 수행하는 요인이 바로 국가의 복지책임성 확대이기 때문이다.

최근 한국사회에서는 '삶의 질의 세계화,' '최저생존권 확보'와 같은 구호의 등장과 함께 사회복지부문에 대한 관심과 기대가 증대되고 있다. 이와 같은 사회적 이슈의 제기는 국민들의 사회복지에 관한 이해의 증진과 인식의 폭을 확장시킬 수 있다는 점에서 매우 고무적인 일이라고 할 수 있다. 그러나 현재 한국 사회복지부문의 '저발달' 특성을 타개해 나갈 수 있는 주목할 만한 대책은 국가나 사회 그 어느 쪽에서도 제시하고 있지 못한 듯 하다.15) 이의 해결을 위해서는 우선적으로 한국사회에서 사회복지문제를 시장의 원리와 가족책임의 차원에서 해결하고자 하는 현재의 복지이데올로기가 폐기되어야 할 것이다. 이는 한국 국가정책의 권위주의적이고 시장기제적인 성격이 수정되어야 하며, 국가의 민주·복지성이 강조·확대되어야 함을 의미한다. 즉 한국사회와 같이 사회복지정책이 저발달되어 있는 경우, 가족은 시장에 완전히 노출되어 있어 시장의 폐해로부터 자신을 보호할 수 있는 사회적 방어기제를 거의 보유하고 있지 못한 것이 현실이다. 이러한 상황에서 가족의 안정적 재생산과 사회의 건전한 발전이 담보될 수 있겠는가?

1990년대에 들어 세계경제체제는 다극화 현상과 함께 국가 간 경쟁이 심화되는 양상을 보이고 있으며, 최근 타결된 UR협상이나 WTO체제의 출범은 이와 같은 신보수주의적인 세계질서의 재편과정을 단적으로 나타내주는 사례라고 할 수 있다. 자본 간 경쟁의 격화와 첨예한 국가이기주의 그리고 국가경쟁력이 강조되는 현 시점에서 한국사회가 당면하고 있는 과제 중의 하나는 시장경쟁력을 확보하는 일이다. 따라서 최근 진행되고 있는 국가정책의 주된 변화방향은 시장경쟁에서의 생존전략 구상이라는 측면에 초점이 맞추어져 있다고 해도 과언이 아니다. 시장에서의 생존을 최우선적인 목표로 전제하는 시대적

---

15) 1990년대 초반 김영삼 정부의 사회복지정책에 관한 분석과 전망으로서는 강혜규(1993)와 김기덕(1993)의 글을 참조하고, 최근 1995년 12월에 발표된 국민복지기획단의 기본구상에 관한 비판으로서는 석재은(1996)을 참조.

흐름은 일반적으로 사회복지의 위상을 상대적으로 축소시키거나 사회복지의 본질적 의미를 왜곡시킬 위험성을 다분히 내포하고 있음은 주지의 사실이다. 그러나 사회적 효율성, 즉 국민의 자발적 참여를 유인하기 위한·국민적 동의를 확보하는 조치 또한 비중 있게 다루어져야 할 것이다. 이와 같은 국민적 동의는 명확한 사회적 목표의 제시와 함께 결과에 대한 국민적 공유 가능성이 전제되어야 확보될 수 있는 것이다. 따라서 국민적 동의를 유도할 수 있는 사회적 조치들이 강구되어야 하며, 이 중에서 가장 효과적인 방법이 사회복지정책의 개혁을 통한 국민생활의 안정성 보장과 삶의 질 향상일 것이다.

한국 사회복지부문의 발전을 위해서 제시할 수 있는 구체적인 과제로서는 빈곤계층에 대한 최저생계수준의 보장, 노인이나 장애인, 그리고 아동 등과 같은 특수집단에 또는 계층에 대한 사회복지서비스의 확대, 본격적인 지방자치제의 실시에 따른 사회복지 역할분담과 재정의 효율적 이용방안 강구 등이다.16) 또한 2000년대를 준비하는 입장에서는 국민의 복지권 확보, 사회복지운동의 활성화, 노동정치의 개선을 통한 노동자계급의 권익 보호, 효율적인 노동시장 관리, 통일을 대비한 사회복지체계의 개선 등과 같은 과제를 효과적으로 수행해야 할 것이다.

참고문헌

강혜규. 1993, 「또 뒷전에 밀린 사회복지」, 『신경제정책과 한국경제의 미래』, 녹두.

김기덕. 1993, 「사회복지정책의 전망과 평가」, 한국사회과학연구소, ≪동향과 전망≫ 20호, 백산서당.

김상균. 1987, 『현대사회와 사회정책』, 서울대학교 출판부.

김연명. 1985, 『제3세계의 군부통치와 정치경제』, 한울.

______. 1994, 「일본과 한국의 발전모델 비교」, ≪아시아문화≫ 제10호, 한림대학교 아시아문화연구소.

______. 1995, 「의료보험제도의 동향과 쟁점」, 『한국사회복지의 이해』, 동풍.

---

16) 본격적인 지방자치제의 실시에 따른 사회복지부문의 발전 전망과 문제점에 관해서는 이인재(1995) 참조.

김종일. 1992, 「한국 사회복지정책의 흐름과 논리」, ≪경제와 사회≫ 제16호, 한울.

김진구. 1995, 「고용보험제도 도입의 성과와 한계」, 『한국사회복지의 이해』, 동풍.

김태성·성경륭. 1993, 『복지국가론』, 나남.

김형국. 1990, 「신업구조조정에 대한 정부의 전략과 민간기업의 상호작용」, 안청시 편, 『한국정치경제론』, 법문사.

나병균. 1991, 「한국 사회보장정책 형성에 있어서 국가의 역할」, 한림대학교 사회복지연구소, ≪비교사회복지≫ 제1집, 을유출판사.

석재은. 1996, 「삶의 질 세계화를 위한 국민복지 기본구상안의 주요내용 및 평가」, 월간 ≪흐름≫ 한국사회과학연구소.

성경륭. 1991, 「한국 정치체제의 변동과 사회정책의 변화」, 한국사회복지연구회, ≪사회복지연구≫ 제3호.

송호근. 1990, 「권위주의적 노동정치와 노동운동의 성장」, ≪아시아문화≫ 제6호, 한림대학교 아시아문화연구소.

신광영. 1990a, 「생산의 정치와 80년대 한국의 노동조합」, 한국사회사연구회, 『현대한국의 노동문제와 도시정책』, 문학과 지성사.

_____. 1990b, 「신흥공업국의 노사관계: 한국과 대만을 중심으로」, ≪아시아문화≫ 제6호, 한림대학교 아시아문화연구소.

유길상. 1991, 『도시근로자가구의 가계경제 분석』, 한국노동연구원.

이상은. 1995, 「국민연금재정과 공공자금관리기금법」, 『한국사회복지의 이해』, 동풍.

이영환. 1995, 「사회복지예산의 추세와 과제」, 『한국사회복지의 이해』, 동풍.

이인재. 1995, 「지방자치와 사회복지」, 『한국사회복지의 이해』, 동풍.

이혜경. 1994, 「한국 사회복지정책의 현황과 발전방향」, 『한국의 사회복지 어떻게 개혁할 것인가』, 경실련 사회복지심포지엄 자료집.

임영일. 1992, 「한국 산업화와 계급정치」, 『한국의 국가와 시민사회』, 한울.

임현진·김병국. 1991, 「노동의 좌절, 배반된 민주화: 국가, 자본, 노동관계의 한국적 현실」, ≪사상≫ 제3권 제4호.

전남진. 1981, 「한국 국민복지연금제도의 정책수립과정에 관한 연구」, ≪사회사업학회지≫ 제3호.

조흥식. 1995, 『한국사회복지론』, 나남.

최균. 1992, 「한국의 노동정치와 국가복지의 전개」, 한국사회과학연구소, ≪동향과 전망≫ 18호, 백산서당.

최장집. 1985a, 「과대성장국가의 형성과 정치균열의 구조」, 『한국사회연구』 3, 한길사.

______. 1985b, 「노동조합에 대한 조합주의적 통제」, 변형윤 외, 『분단사회와 한국사회』, 까치.

______. 1988, 『한국의 노동운동과 국가』, 열음사.

한국산업사회연구회. 1989, 「제6공화국의 노동정책」, 『1980년대 한국사회와 지배구조』, 풀빛.

홍경준. 1991, 「Neo-Marxism적 사회정책변천론에 관한 일고찰」, 서울대 석사학위논문.

Abrahamson, P. 1995, "The Scandinavian Welfare Model in a Time of Change," W. Cave, & P. Himmelstrup(ed.), *The Welfare Society in Transition*, The Danish Cultural Institute.

Burawoy, Michael. 1985, *The Politics of Production*, London: Verso.

Fine, B.& L. Harris. 1985, 『현대정치경제학 입문』(김수행 역), 한울.

Gough, I. 1979, *The Political Economy of The Welfare State*, London: Macmillan Press.

Navarro, V. 1981, *Class Struggle, the State and Medison*, Oxford: Martin Robertson.

O'Connor, J. 1973, *The Fiscal Crisis of The State*, N.Y.: St.Martin's Press.

Offe, C. 1984, *Contradictions of the Welfare State*, Cambridge: The MIT Press.

Piven, F. & R. Cloward. 1972, *Regulating the Poor*, N.Y.: Vintage Books.

Saville J. 1979, "The Welfare State: An Historical Aproach," in R. Holman, *Social Welfare in Modern Britain*, Glasgow: W. C. S & co.

Shalev, M. 1983, "Class Politics and Western Welfare State," in S. E. Spiro & E. Yuchtman-Yarr(eds.), *Evaluating the Welfare State*, N.Y.: Academic Press.

U. S. Department of Health and Human Services. 1994, *Social Security Programs Throughout The World-1993*.

The World Bank. 1994, *World Development Report 1994*.

本間要一郎. 1986, 『현대자본주의4 분석의 기초이론』(현대평론 역), 청사.

조기퇴직제도에 대한 국제간 비교와 사회경제적 파급효과
독일, 영국 그리고 스웨덴을 중심으로

이정우
한국보건사회연구원 책임연구원

1. 서론

20세기 이후 서구 산업사회에서 공통적으로 나타나고 있는 현상으로 노령근로자의 경제활동 참가율이 지속적으로 하락하고 있다. 이는 특히 남성에게 두드러지게 나타나고 있는데 일례로 60~64세(65세 이상) 남성인구의 경제활동 참가율은 1930년대 초반 80%(50%) 가량이었던 반면, 1990년 대에는 국가간 다소 차이가 있으나 30~50%(10% 미만) 정도까지 현격하게 하락하고 있다.[1] 이러한 노령인구 경제활동 참가율의 감소추세는 1970년대 중반 이후 서구사회가 고도실업단계로 접어들면서 현격하게 나타나고 있다.

노령계층의 경제활동 참가율이 감소하고 있다는 사실을 달리 표현하면, 이들 계층의 노동시장 탈퇴시점, 즉 퇴직시점이 앞당겨지고 있음을 보여주고 있다. 왜냐하면 노령계층의 경우 노동시장 참여여부 관련 행동변수로서 경제활동과 퇴직은 각각 서로 동전의 양면으로 이해될 수 있기 때문이다(Kühlewind, 1986). 일반적으로 조기퇴직(early retirement)이란 특정 근로자가 공적연금제도의 정규노령연금 수급연령에 도달하기 이전에 노동시장으로 부터 조기에 퇴거하는 것을 말한다.

노령근로자의 퇴직의사결정은 본인 자신과 관련한 요인(소득, 건강, 가족여건 등)뿐만 아니라 기타의 외부요인(기업 또는 정치집단의 이해관계) 등 다양한 변인들에 의해 이루어지게 된다. 따라서 노령근로자 조기퇴직의 원인을 명확하게 규명하는 작업은 사실상 무리가 있을 것으로 판단된다. 이러한 점을 감안하여 여기서는 각종 사회보장제도가 노령근로자의 조기퇴직유도를 위해

---

[1] 경제활동 참가율의 변화추이에 대한 국제간의 비교논문으로 Jacobs and Kohli (1990), Sorrentino(1986) 그리고 Mincer(1985) 등이 있다.

어떻게 활용돼 왔는가를 독일, 영국, 그리고 스웨덴을 중심으로 살펴보고자 한다. 고도실업기 노령근로자의 조기퇴직은 사회전체의 노동공급량을 감축하는 노동시장정책적 기능을 가지고 있으며, 관련국가에서는 조기퇴직에 따른 당사자의 소득보장문제를 해결하기 위해 별도의 제도적 장치를 마련하고 있다.

이러한 측면에서 본고는 다음과 같은 내용을 다루고자 한다. 첫째 노동시장정책적 수단을 이론적인 관점에서 노동의 수요자 그리고 공급자의 측면으로 구분하여 살펴본 후, 둘째 고도실업기 노령계층에 대한 고용정책과 관련하여 개별국가의 특성을 개관해 보고자 한다. 셋째 해당국가에 있어서 공적연금제도 또는 기타 사회보장제도가 노령근로자의 조기퇴직을 유도하기 위하여 구체적으로 어떠한 방향으로 발달해왔는지를 고찰해 보고자 한다. 마지막으로 노령근로자 조기퇴직제도의 경제사회적 파급효과를 분석하고자 한다.

2. 고도실업에 대처하기 위한 노동시장정책과 사회보장정책

1970년대 중반 이후 서구 선진국의 노동시장에서 공통적으로 나타난 특징으로서 고도실업과 노령기 근로자의 조기퇴직경향을 지적할 수 있다. 먼저 고도실업현상은 이 시기에 발생한 석유파동 및 세계경제의 전반적인 침체로 인한 노동수요의 절대적인 감소 그리고 베이비 붐(baby-boom) 세대의 본격적인 노동시장진입에 따른 노동공급의 과잉에 일차적인 원인이 있는 것으로 생각된다. 그리고 대외경쟁력의 제고를 위한 기업의 전략으로서 작업공정의 기계화 및 경영합리화로 인한 기업의 인력수요 감소도 고도실업현상의 장기화에 중요한 영향을 미친 것으로 보인다. 다음으로 노령기 근로자의 조기퇴직경향이 심화되고 있는 이유로는 상당부분 고도실업현상과 이러한 문제를 해결하기 위한 정책적 노력에 기인하고 있다.[2]

이 절에서는 고도실업에 대처한 제반 노동시장정책적 수단을 개괄해 보고, 구체적으로 노령근로자의 조기퇴직을 유도하기 위한 노동시장정책이 사회보

---

[2] 노령근로자 조기퇴직의 원인으로 이 외에 퇴직 후 여가에 대한 개별근로자의 의식변화, 체력의 저하에 따른 작업부담의 증가, 지속적인 기술혁신에 따른 인적자본(human capital)의 급속한 노후화와 이에 따른 고용불안정 등을 지적할 수 있다.

장제도와 어떠한 관련성을 가지고 있는지에 대해서 살펴보고자 한다.

1) 노동시장정책적 수단

고도실업현상은 해당 당사자 및 그 가족의 생계에 심각한 위협으로 작용하게 될 뿐만 아니라 정치적으로도 상당한 부담요인으로 작용하게 된다. 따라서 정부는 다양한 노동시장정책을 개발하여 고도실업의 문제에 적극적으로 대처하게 된다. 정부의 제반 노동시장정책적 수단은 크게 노동의 수요와 공급의 측면에서의 정책으로 구분하여 살펴볼 수 있다. <표 1>은 이와 관련한 정책적 수단을 개략적으로 제시해 주고 있다.

<표 1> 고도실업현상에 대처하기 위한 노동시장정책적 수단

정책	노동수요 측면에서의 정책	노동공급 측면에서의 정책
수단	·일반적인 경기부양정책 ·임금보조금의 지원 ·해고규정의 강화	·근로자의 지역 및 직역간 이동지원정책 ·직업교육의 강화 ·평균근로시간의 단축 ·학교교육기간의 연장 ·노령근로자의 조기퇴직유도

경기침체기 수요 측면에서의 노동시장정책으로는 적자재정 등의 팽창적 경제정책의 실시를 통한 노동수요 진작 그리고 기업의 인건비 부담을 경감해 주기 위한 임금보조금의 지원이 있다. 나아가 노동력의 수요자인 기업에 대하여 임의적인 인력감축을 통제하기 위하여 해고규정을 강화하는 방안도 동시에 고려될 수 있다. 그러나 이러한 수요자 측면의 노동시장정책은 인플레의 위험은 물론 기업의 경영합리화를 억제하여 궁극적으로 기업의 대외경쟁력을 약화시킬 우려가 있어 그 활용도는 제한적이라고 판단된다(Mirkin, 1987).

공급 측면에서의 노동시장정책으로는 산업의 불균형적인 발전에 따른 지역 및 직역 간의 인력수급의 격차를 해소하기 위한 일환으로서 실업자에 대한 이동지원금(mobility help)의 지급 그리고 직업재교육과 관련한 지원 등이 있다. 그리고 노동공급량의 절대적인 감축을 위한 정책으로서 평균근로시간의 단축, 교육기간의 연장 그리고 노령근로자의 조기퇴직유도정책 등이 있다.

다음은 노령기 근로자의 조기퇴직을 유도하기 위한 노동시장정책적 수단으로서 사회보장제도가 어떻게 활용되고 있는지를 살펴보고자 한다.

2) 노동시장정책과 사회보장정책간의 관련성

공적연금제도가 성숙된 서구선진국의 경우 퇴직은 근로자를 노령에 따른 작업부담에서 해방해 주고, 동시에 연금을 지급함으로써 노후의 안정적인 생활의 유지에 기여하는 사회정책적 기능을 가지게 된다. 이러한 기능 외에도 노령근로자의 퇴직은 자신의 일자리를 젊은 세대에게 물려주는 노동시장 참여 기회의 세대 간 재분배적 기능도 가지게 된다. 따라서 노령근로자 퇴직연령의 상향 또는 하향조정과 관련한 정책은 경기변동에 따른 사회전체 노동수요의 변화에 노동공급량을 적절하게 조절하는 수단으로 활용될 수 있을 것이다 (Kühlewind, 1986). 이러한 점에서 고도실업시기에 노령근로자의 조기퇴직을 유도하는 정책을 실시하게 될 경우, 이는 노동공급 과잉현상의 부분적 해소와 함께 실업률의 저하에도 기여하게 된다.

노령근로자의 조기퇴직을 장려하기 위한 노동시장정책적 수단으로서 사회보장제도가 활용되고 있는데, 여기에는 조기연금수급제도의 신설 및 기존제도의 수급요건 완화를 그 대표적인 사례로 지적할 수 있다. 나아가 조기노령연금 수급연령에 도달하지 않은 근로자에게도 퇴직의 기회를 부여하기 위하여 기타의 사회보장제도(예를 들어 실업보험, 의료보험, 공공부조제도 등)가 추가적으로 활용되는 경우도 발견할 수 있다. 종합하면 노령근로자의 조기퇴직을 유도하기 위한 노동시장정책적 수단으로서 사회전체의 안전망(social safety net)이 동원되고 있다(Jacobs and Schmähl, 1988).

3. 고도실업기 노령계층에 대한 고용정책과 관련한 개별국가의 특성

만성적인 고도실업의 위협에 처해 있는 후기산업사회에 있어서 경제활동의 후반기에 있는 근로자의 고용불안정은 해당 국가별로 그 정도에 있어서 다소

간의 차이에도 불구하고 공통적으로 나타나고 있는 현상으로 인식될 수 있다. 여기서 노령근로자의 고용안정과 국내 실업률의 축소라는 상호 배타적인 정책목표는 시장의 자율기능에 의해 동시에 달성될 수 없으며, 따라서 정부의 적절한 정책적 개입을 요구하고 있다. 이러한 목표체계의 중요성에 대한 인식에 따라 해당정부, 즉 독일, 영국, 그리고 스웨덴의 노령기 근로자에 대한 상이한 대응전략을 수행하고 있다(Helberger, 1987).

먼저 독일은 실업률 감소정책을 우선 목표로 설정하고 이를 추구하기 위한 수단으로서 공적연금 및 기타 사회보장제도를 통한 다양한 조기퇴직 프로그램을 개발하여 노령근로자의 조기퇴직을 유도해오고 있다. 이러한 점에서 독일은 고도실업의 위험을 사회보장제도로써 대처해 나간 대표적인 나라로 특징지을 수 있다.

다음으로 영국은 고도실업의 문제를 시장경제의 원리에 따라 해결하고자 하고 있다. 이에 따라 영국의 경우 독일과는 달리 노동시장정책과 사회보장정책 간 상호연계성이 미미하며, 개별 사회보장제도는 노령근로자 고용안정의 개선에 기여하기보다는 단순히 노동시장의 결과에 따라 나타난 위험(특히 실업, 빈곤 등)에 대해 급부를 제공하고 있다.

끝으로 스웨덴은 고도실업의 위협에도 불구하고 노령계층에 대하여 적극적인 고용정책을 추구하고 있다. 이는 스웨덴 복지국가의 기본적인 이념으로서, 최선의 사회보장정책은 예방적 차원의 완전고용정책을 통한 고용기회의 제고와 노동시장 참여기회의 개인 간 재분배에 있다는 신념을 바탕으로 하고 있다(Lawson, 1987). 이에 따라 스웨덴은 경기침체기 적자재정정책을 통한 노동수요 부족분의 보전은 물론 노동시장에도 적극적으로 개입하여 기업 임의의 해고를 억제하였고, 나아가 사회보장제도와의 밀접한 관계하에서 노령기 근로자의 장기고용을 유도하였다는 점에서 그 정책적 발상이 독일, 그리고 영국과 다르다.

고도실업기 독일, 영국, 그리고 스웨덴은 서로 상이한 정책이념을 바탕으로 노령계층에 대한 고용정책을 실시하였고, 그 결과 이들의 경제활동 참가수준은 해당 국가별로 현저한 차이를 보여주고 있다. <표 2>는 1990년 현재 경제활동 참가율을 국가별, 연령별, 그리고 성별로 구분하여 제시하고 있다. 여기서 연령별 경제활동 참가율이란 일정계층에 있는 경제활동인구, 즉 취업자

와 실업자의 합계를 해당 연령계층의 총인구수로 나눈 비율을 의미한다.[3]

<표 2> 연령별 경제활동 참가율의 국제간 비교, 1990

(단위: %)

국가	남자				여자			
	계[1]	55~59	60~64	65~	계[1]	55~59	60~64	65~
독일	80.8	78.2	34.8	4.6	57.0	41.9	11.1	2.2
영국	75.4	81.4	54.4	8.8	53.1	54.8	22.7	3.4
스웨덴	87.6	86.7	63.3	12.4	82.7	78.4	52.8	5.1

주: 1) 평균경제활동 참가율＝전체 경제활동인구/생산가능연령의 총인구수
자료: OECD, *Labour Force Statistics*, Paris, 1995.

위의 표에서 먼저 전체 생산가능연령의 인구 중 실제 경제활동 참가자의 비율, 즉 평균경제활동 참가율을 살펴보면 남성, 그리고 여성 모두 스웨덴이 가장 높고(87.6%, 82.7%), 다음은 독일(80.8%, 57.0%) 그리고 영국(75.4%, 53.1%)의 순으로 나타나고 있다. 여기서 특히 주목할 만한 사실은 스웨덴의 경우 여성의 경제활동 참가율이 남성과 버금가는 수준에 이르고 있다는 점이다. 이는 특히 여성의 경제활동상의 애로점을 고려한 특별한 노동시장정책의 실시, 그리고 가족정책적 배려 등에 기인하는 것으로 생각된다.

다음으로 55세 이상 노령인구의 경제활동 참가율을 연령별로 살펴볼 때 스웨덴이 역시 비교 대상국 가운데 남성과 여성 모두 가장 높고, 다음은 영국과 독일의 순으로 나타나고 있다. 특히 두드러지는 현상으로서 60~64세 연령계층의 경제활동 참가율의 경우 스웨덴은 남성(여성) 63.3%(52.8%)로 이는 대략 영국의 1.2배(2.3배) 그리고 독일의 1.8배(4.8배)에 이르고 있다. 그리고 영국의 경우 55세 이상 노령인구의 경제활동 참가율이 독일보다 상대적으로 높게 나타나고 있는 사실은 무엇보다도 노령근로자의 조기퇴직을 유도하기 위한 사회보장적인 측면에서의 제도적 장치가 미비하다는 점을 지적할 수 있다.[4]

---

3) 연령별 경제활동 참가율에 대한 국제적인 통계자료로는 OECD와 ILO에서 매년 도 각각 공개하는 *Labour Force Statistics* 그리고 *Year Book of Labor Statistics*가 있다.
4) 이에 대해서는 제3절에서 상세하게 다루고자 한다.

4. 조기퇴직 유도를 위한 사회보장정책

고도실업기 노령근로자의 조기퇴직은 사회전체적으로 노동공급량을 감축하는 기능을 가지게 되어 노동시장정책적 수단으로 활용된다는 사실은 주지한 바와 같다. 여기서는 관련국가의 개별 사회보장제도가 이러한 정책적 기능을 활성화하기 위하여 구체적으로 어떻게 활용되고 있는지를 공적연금제도, 그리고 기타의 사회보장제도로 나누어서 살펴보고자 한다.

1) 공적연금제도를 통한 조기퇴직유형

공적연금제도를 통한 노령근로자의 조기퇴직유도는 대개의 경우 연금수급제도와 관련하여 이루어지게 된다. 즉 고도실업기에 노동공급량 축소의 일환으로서 관련국가는 다양한 연금수급제도를 신설하거나 기존 제도의 수급요건을 완화하여 연금의 조기수급에 따른 노령근로자의 조기퇴직을 가능하게 해주고 있다. 아래의 <표 3>은 독일, 영국, 그리고 스웨덴의 연금수급제도를 급여개시연령, 수급요건 그리고 급여수준을 기준으로 비교하고 있다.

<표 3> 독일, 영국 그리고 스웨덴 공적연금의 연금수급제

국가	연금수급제도	도입시기	수급연령	수급요건	급여수준
독일	정규노령연금	1889 1916	70세 65세	최소 5년 간의 제도가입 경력	급여산식에 의해 계산
	자율노령연금	1973	63세	최소 35년간의 제도가입 경력: 이중 180개월 이상 실제 보험료 납부	제도가입기간의 단축만을 고려하여 연금액 감액
	여성 근로자 특례노령연금	1957	60세	최소 180개월 동안의 제도가입경력: 퇴직전 20년 간 최소 10년 이상 실제 보험료의 납부	〃
	장해근로자 특례노령연금	1973 1979 1980	62세 61세 60세	최소 35년 간의 제도가입 경력: 이중 180개월 이상 실제 보험료 납부	〃
	실업자 특례노령연금	1929	60세	지난 1년 반 동안 최소 52주 이상 실업 경력: 180개월 이상 제도가입 경력	〃

<표 3 계속>

국가	연금수급제도	도입시기	수급연령	수급요건	급여수준
독일	장해연금	1889	없음	최소 5년 간의 제도가입 경력: 장해발생 5년전 최소 36개월 이상 지속적인 보험료 납부 경력	장해등급에 따라 노동불능, 그리고 취업불능으로 구분하여 급여를 차등
영국	정규노령연금	1908	남성: 65세 여성: 60세	최소 50회 이상의 보험료 납부 경력	제도가입기간에 따라 차등지급
	장해연금	1911	없음	장해발생 이후 168일 간 상병급여 수급경력	완전연금급여, 그리고 장해수당 지급
스웨덴	정규노령연금	1913 1976	67세 65세	없음	정액의 기초연금, 그리고 가입기간에 따라 추가연금의 차등지급
	자율노령연금	1963 1976	63세 60세	없음	정규노령연금 수급연령 이전까지의 기간에 대해 완전노령연금액에서 매 1개월마다 0.5%씩 감액조정
	장해연금	1913 1972	없음 60세	최소 50% 이상 노동능력 상실 실업급여 그리고 실업부조의 수급기간을 초과한 자	·장해등급에 따라 완전연금의 1/2, 2/3 또는 전액 지급 ·완전연금의 지급
	부분연금	1976	60세	45이세 이후 최소 10년 이상 추가연금에 가입한 경력: 주당 노동시간을 최소한 5시간 이상 단축: 동시에 최소한 주당 17시간 이상 근로	근로시간의 단축에 따른 임금상실분의 65% 보전: 단 보전대상 소득의 상한은 기본액의 7.5배 임

　　위의 표를 개괄적으로 살펴볼 때 독일과 스웨덴은 다양한 연금수급제도를 실시하고 있는 반면, 영국은 정규노령연금과 장해연금제도만을 두고 있는 것이 특징이다. 다음은 노동시장정책적 수단으로서 개별국가 연금수급제도의 변화를 정규노령연금제도, 자율노령연금제도, 특례노령 및 부분연금제도 그리고 장해연금제도 등 네 가지로 구분하여 살펴보고자 한다.

　　첫째, 정규노령연금 수급연령의 하향조정을 지적할 수 있다. 이에 따라 해당 연령에 도달한 모든 노령기 근로자의 경우 연금의 감액 없이 종전보다 빠른 시점에서 퇴직을 할 수 있게 되므로, 정규노령연금 수급연령의 하향조정에 따른 노동공급 감소효과는 다른 여타의 조기연금수급제도보다 크다고 할 수 있다. 스웨덴의 경우 1976년에 정규노령연금의 수급연령을 기존 67세에서 65세로 하향조정 하였다.

둘째, 자율노령연금제도(flexible pension system)의 도입을 들 수 있다. 자율노령연금제도란 정규노령연금 수급연령에 도달하기 이전 특정연령에서부터 해당 근로자가 임의의 시점을 정하여 조기에 연금을 수급할 수 있도록 허용해 주는 제도를 의미한다. 이러한 제도도입의 본래 취지는 근로와 퇴직 후 여가에 관한 선호와 신체적인 여건의 차이 등을 고려하여 연금수급연령 선택의 폭을 넓혀 주고자 하는 데 있다(Helberger, 1988). 그리고 자율노령연금제도의 도입에 따른 조기퇴직 유인효과는 최초수급가능연령의 설정, 그리고 연금의 조기수급에 따른 감액율의 크기에 따라 달라지게 된다. 이러한 자율노령연금제도는 현재 독일, 그리고 스웨덴에서 실시되고 있는 반면, 영국에서는 실시되지 않고 있다.

독일은 자율연금제도를 1973년에 최초로 도입하였으며, 이에 따라 일정한 자격요건[5]을 갖춘 노령근로자에게는 63세부터 임의적인 연금수급시점의 선택이 가능하게 되었다. 그리고 스웨덴은 관련제도를 이미 1963년부터 도입하여 실시해 오고 있으며, 수급가능연령은 최초 63세에서 1976년에 60세로 하향조정 되었다.

자율노령연금제도와 관련하여 독일과 스웨덴 간의 또다른 차이점은 연금의 조기수급에 따른 보험수리원칙의 적용 성도에 있다.[6] 독일의 자율노령연금제도는 연금의 조기수급에 따른 보험료 납부 기간의 단축부분을 고려하여 매 1년마다 2.2%~2.5% 정도 감액조정되고 있는데, 이는 보험수리원칙에 따른 조정률 7.5%[7]보다 훨씬 낮은 수준에 불과하다. 이는 조기노령연금의 선택에 따

---

5) 독일의 자율노령연금 수급요건과 관련한 사항은 <표 3>을 참조하기 바람.

6) 연금가입자가 조기에 연금을 수급하게 될 경우 보험수리의 원칙에 따른 연금의 감액은 보험료 납부기간의 단축, 조기에 지급된 연금액 그리고 이에 대한 이자분을 감안하여 이루어져야 한다(Helberger, 1984).

7) 뮬러(Müller, 1983)는 연금의 조기수급시 매 1년마다 7.5%씩 감액조정할 경우 개별 가입자 보험료부담과 연금수혜 간의 형평, 즉 개인적 수지상등(individual equivalence)과 연금수급시점과 상관 없이 연금재정의 중립화를 이룰 수 있다는 실증적 연구결과를 제시하고 있다.

른 당사자의 경제적 비용을 완화하여 궁극적으로 조기퇴직을 유도하는 방향으로 작용하게 되었다. 반면 스웨덴의 자율연금제도의 경우 연금의 조기수급에 따른 연금액의 감액은 매 1년마다 7%씩 이루어지고 있어 독일보다 상대적으로 보험수리의 원칙에 근접한 제도를 실시해오고 있다. 종합하면 스웨덴의 자율노령연금은 수급연령 선택의 폭에 있어서 독일보다 3년 가량 넓은 반면, 보험수리원칙에 근접하는 감액률을 적용함으로써 연금의 조기수급에 따른 경제적 비용의 대부분을 해당 당사자가 부담하도록 하고 있다.

셋째, 특례노령연금제도와 부분연금제도의 도입을 지적할 수 있다. 먼저 특례노령연금제도란 정규노령연금 수급시까지 취업이 현실적으로 한계가 있는 특정 취약집단에 대해 연금의 조기수급권을 인정해 주는 제도를 말하며,[8] 이는 현재 독일에서 실시되고 있다. 다음으로 부분연금제도란 노령에 따른 작업부담을 경감해 주기 위하여 기존의 작업시간을 단축할 수 있도록 허용해 주고 이에 따른 소득의 상실분을 연금으로 보충해 주는 제도를 말한다. 이는 현재 스웨덴에서 실시되고 있으며,[9] 제도의 취지는 노령근로자의 신체적 여건과 노동에 대한 개개인의 선호에 따라 기존 노동시간을 조절할 수 있도록 해줌으로써 궁극적으로 노령근로자의 계속근로를 유도하고자 하는 데 있다. 영국에서는 현재 특례노령연금, 그리고 부분연금과 관련한 제도를 실시하고 있지 않다.

독일의 경우 정상적인 연금수급연령이 65세인 반면, 장해근로자, 여성근로자 그리고 실업자에 대해서는 특례적으로 연금의 조기수급권을 인정해 주고 있다. 장해근로자를 위한 특례노령연금의 경우 연금수급개시연령은 1973년 제도도입 당시 62세에서 1979년 61세, 그리고 1980년에는 60세로 점차적으로 하향조정 되었다. 다음으로 실업자 그리고 여성근로자의 경우에도 60세부터 조기노령연금의 수급권을 인정해 주고 있다. 이러한 특례노령연금의 경우 자율노령연금에서 처럼 보험수리의 원칙을 완화하여 연금액의 감액폭이 작게 나타나고 있다.

---

8) 현재 정규노령연금 수급연령이 60세로 되어 있는 우리나라의 국민연금에서는 광부와 원양어선 선원에 한해서 55세부터 완전노령연금을 지급하도록 되어 있다.

9) 부분연금제도는 스웨덴 이외에도 노르웨이, 핀란드 그리고 덴마크에서도 실시되고 있다. 그리고 독일도 1992년 연금개혁과 함께 부분연금제도를 도입하여 실시해오고 있다. 독일의 부분연금제도에 대해서는 Bundesminister für Arbeit und Sozialordnung(1991), Übersicht über die Soziale Sicherheit, pp.166-168 참조.

스웨덴에서는 특례노령연금제도 대신 1976년부터 부분연금제도(partial pension system)를 도입하여 노령근로자에 대해서 기존의 근로시간을 단축할 수 있도록 해 주고 있다. 이 때 노동시간의 단축에 따른 근로소득의 상실분은 부분연금제도에서 65%까지 보전해 주도록 하여 해당 근로자의 과도한 소득 하락을 방지해 주고 있다.10) 부분연금제도의 운영을 위한 재원은 별도의 보험료 0.5%로 충당되며, 이는 사용주 또는 자영업자가 전적으로 부담하게 된다. 그리고 부분연금제도의 재원은 별도의 계정을 통해 독립적으로 관리되고 있다.

부분연금의 수급자격은 60세에서 65세 미만의 노령의 근로자 또는 자영자로서 45세 이후 최소한 10년 이상 기초연금(basic pension)뿐만 아니라 추가연금(supplementary pension)에 가입한 경력이 있는 자에 한정하고 있다. 나아가 부분연금을 수급하고자 할 경우 해당 근로자는 기존의 주당 근로시간을 최소한 5시간 이상 축소하여야 하며 동시에 17시간 이상 근로를 하여야만 한다. 이러한 규정에 따라 종전 주당 22시간 이하로 근로를 해오고 있던 자 또는 기초연금에만 가입해왔던 저소득계층은 부분연금의 자격요건에서 제외되게 되었다. 그리고 추후 정규노령연금의 수급시 부분연금의 조기수급에 따른 연금액의 감액조정이 발생하지 않는다. 나아가 부분연금의 수급자에 대해서는 정규노령연금 수급연령인 65세를 초과하여 최고 70세까지 계속근로를 하도록 허용해 주고 있으며, 이 경우 정규노령 연금액과 부분연금액의 차액분은 매 1년마다 7.2%씩 상향조정된다.

부분연금제도는 공무원과 민간의 사부직 근로자 등 고용조건이 안정된 특정집단이 주된 수혜대상이 되고 있다(Kruse and Söderström, 1989). 왜냐하면 이들 집단의 경우 부분연금을 수급하게 될 때 대개의 경우 해당 기업주가 추가로 소득보전을 해 주고 있기 때문이다. 따라서 이들의 경우 근로시간의 단축에도 불구하고 종전의 임금수준에 근접하는 소득을 보장받게 된다.11)

---

10) 부분연금제도를 통한 근로소득의 보전은 스웨덴 공적연금제도의 소득상한인 기본액(base amount)의 7.5 이내의 소득에 한해서 이루어지고 있다. 그리고 스웨덴의 조세제도는 소득의 증가에 따른 높은 누진율을 적용하고 있으므로 순소득을 기준으로 살펴볼 때 근로소득을 포함한 부분연금액은 해당 근로자 종전소득의 대략 85~90%까지 보장을 받게 된다(Gohl, 1984).

11) 1992년 현재 60세 이상 65세 미만 노령근로자의 19%가 부분연금을 받으며 계

　　이상을 종합해보면 고도실업기 독일과 스웨덴은 노동시장정책의 일환으로서 노령근로자에 대해 서로 상이한 정책을 추구해오고 있음을 알 수 있다. 먼저 독일은 특례노령연금의 수급요건을 완화하여 노령기 근로자의 조기퇴직을 유도하는 정책을 실시해왔다. 이러한 정책은 고도실업기에 노동시장 참가자의 수를 축소하여 실업률을 저하시키는 효과를 가지고 있다. 다음으로 스웨덴은 부분연금제도를 도입하여 노령근로자에게 기존의 근로시간을 단축하도록 유도하는 정책을 실시해오고 있다. 이러한 정책은 사회전체적으로 총노동공급시간을 축소하는 효과를 가져와 대량실업의 위협에 대한 대안적 대처방안으로 활용되고 있다.[12]

　　넷째, 노령근로자의 조기퇴직을 유도하기 위한 방안으로서 장해연금 수급요건의 완화를 지적할 수 있다. 장해연금은 질병, 사고 등 수급요건의 발생시 해당 당사자의 제도가입기간에 상관없이 지급되며, 급여는 장해로 인한 근로능력의 상실정도에 따라 등급별로 차등지급 된다. 그러나 건강의 악화가 상대적으로 덜 심각하여 장해연금의 수급요건을 충족하지 못하고 있을 경우에도 신체상의 여건에 적합한 일자리를 마련하지 못하여 실업상태에 놓이게 될 때 이는 장해연금의 수급사유로 작용할 수 있다. 이러한 현상은 특히 고도실업기에 빈번하게 발생하게 된다.

　　독일의 경우 1969년과 1976년 연방사회법원(Bundes-sozialgericht)의 판결에 따라 장해연금 수급권 인정여부 또는 장해등급의 판정시 건강상태에 대한 의학적 요건뿐만 아니라 일반적인 노동시장여건이 함께 고려되도록 했다(Conradi et al., 1987). 이에 따라 장해연금 수급권자의 급격한 증가는 물론 장해등급의 상향판정을 초래하여 근로자의 조기퇴직경향의 심화와 함께 연금재정에 심각한 압박요인으로 작용하고 있다.[13]

　　스웨덴의 장해연금제도는 통상적인 장해연금의 기능으로서 질병 또는 사고

　　속근로를 하고 있다(국민연금관리공단, 1995).

12) 1989년 말 현재 전체 부분연금 수급자 중 40% 가량이 자신의 주당 근로시간을 20% 이상 단축하여 계속근로를 해오고 있다(National Social Insurance Board, 1991).

13) 이에 대한 대표적인 사례로서 고도실업기인 1980년의 경우 전체 신규연금수급자의 50%가 장해연금을 수급하여 조기에 퇴직을 하였다. 이로 인하여 독일의 공적연금제도에 있어서 평균적인 연금수급개시연령은 해당년도의 경우 남성(여성)의 경우 58.8세(59.8세)로 나타났다(VDR, 1994).

로 인한 근로능력의 상실정도를 3등급으로 구분하여 차등지급하고 또한 노령의 장기실업자에 대해서는 장해의 유무와는 상관없이 완전장해연금이 지급되고 있다. 실업자에 대한 장해연금의 수급개시연령은 관련제도 도입당시인 1972년 62세에서 1974년에는 60세로 하향조정 되었다. 그리고 해고로 인한 실업의 경우 해당 기업주는 해당 당사자를 위해 65세까지 기초연금 및 추가연금제도의 보험료를 납부할 의무가 있다. 이러한 실업과 관련한 장해연금제도는 주로 소득수준이 낮은 미숙련 근로자가 주로 이용하고 있다. 왜냐하면 정액의 형태로 지급되는 스웨덴의 기초연금제도로 인하여 실업중인 저소득 임금근로자의 경우 연금의 임금대체율이 고소득자에 비해 상대적으로 높게 나타나기 때문이다(Kruse and Söderström, 1989).[14]

독일 그리고 스웨덴과는 달리 영국의 경우 장해연금 지급여부의 판정시 해당 당사자의 노동시장여건을 직접적으로 고려하지 않고 있다. 그러나 영국에 있어서도 고도실업기에 장해연금 수급자의 수가 증가하고 있다(Laczko and Phillipson, 1991). 이러한 현상은 무엇보다도 장해연금의 지급을 위한 명확한 의학적 기준이 결여되어 당사자의 근로능력 소지여부에 대한 주치의의 소견서만으로 장해연금 수급여부가 판정되는 현상과 밀접한 관련이 있다.[15] 즉 건강상태에 대한 주관적 판단이 장해연금의 수급에 상당한 영향을 미치게 되는데, 신체적 여건이 상대적으로 열등한 노령의 실업자의 경우 실업급여보다는 장해연금의 수급을 선호하여[16] 장해연금 수급자의 수가 증가하고 있는 것이다.

이상에서 살펴본 바와 같이 장해연금도 기타의 조기연금수급제도의 경우와 같이 고도실업기 해당국가의 노농시장여건을 직접적 또는 간접적으로 고려하

---

14) 소득비례의 추가연금의 수급권이 없거나 그 금액이 극히 미미한 연금수급자의 경우 추가적으로 기초연금의 산정기준인 기본액의 48%가 지급되고 있다. 1989년 현재 전체 장해연금 수급자의 32%가 낮은 연금의 수급에 따른 부가적인 성격의 보조금을 지급받고 있다(National Social Insurance Board, 1991).

15) 가정의제도를 유지하고 있는 영국의 경우 장해연금 수급여부를 판정함에 있어서 의학적 기준은 물론 환자와 의사 간의 개인적 친밀도가 상당한 영향을 미치게 된다(Laczko and Phillipson, 1991).

16) 장해급여는 실업급여보다 다음과 같은 점에서 유리하게 작용하고 있다(Laczko and Phillipson, 1991). 첫째, 장해연금은 실업급여보다 그 급여액에 있어서 대략 1/3가량 높게 책정되어 있다. 둘째, 실업급여의 지급기간은 최대한 1년으로 한정되어져 있는 반면, 장해연금은 기간의 제한 없이 정규노령연금 수급연령시까지 (경우에 따라서는 70세 까지) 지급될 수 있다.

고 있음을 알 수 있다. 따라서 노령기 근로자에게 있어서 장해연금은 조기퇴직에 상당한 영향을 미치게 된다고 할 수 있다.

  2) 기타 사회보장제도를 통한 조기퇴직 유형

  고도실업기 관련국가에서는 공적연금의 조기연금수급제도를 신설 또는 기존 제도의 수급요건을 완화하여 노령근로자의 조기퇴직을 유도해오고 있음을 살펴보았다. 실업률 축소를 위한 이러한 정책적 기능을 강화하기 위하여 관련국가는 연금수급연령 이전에 있는 노령근로자에게도 조기퇴직을 유도하고 있다. 그러나 이 경우 공적연금의 미지급으로 인해 해당 당사자의 소득보장문제가 발생하게 된다. 따라서 관련국가에서는 공적연금제도 외의 기타 사회보장제도를 통해 경과기간 동안의 소득을 보전해 주고 있다. 콜리와 레인(Kohli and Rein, 1991)은 노령근로자의 조기퇴직 이후 공적연금의 수급시까지를 퇴직경로(pathway of retirement)로 정의하고 이를 그 사안별로 실업, 건강, 그리고 기업경로로 구분하고 있다.

  첫째, 실업경로를 통한 조기퇴직의 경우 연금수급연령 도달시까지 해당 당사자의 소득보장문제는 대개의 경우 실업보험을 통하여 이루어지고 있다. 이때 실업급여는 그 기능별로 소득원의 상실에 따른 소득대체의 기능(income replacement function)과 노동공급량의 조절을 위한 노동시장정책적 기능(labour market function)을 가지게 된다(Calcoen et al., 1988). 고도실업기 후자의 기능을 강화하기 위한 일환으로 노령근로자에 대해서는 실업급여 수급기간의 연장 그리고 수급요건의 완화라는 제도적 장치가 별도로 마련되고 있다.

  독일의 경우 수차례의 관련법 개정을 통하여 실업급여의 지급기간이 연장되고 있다. 최근의 규정에 의하면 노령의 장기실업자에 대해서는 실업자 특례 노령연금 수급연령인 60세 이전까지 최고 32개월 동안 실업급여를 지급하도록 되어 있다(Jacobs et al., 1991). 반면에 영국의 경우 실업급여는 최고 1년 동안 지급된다. 그러나 노령의 저소득 실업자에 대해서는 1983년 법개정을 통해 특별히 정규노령연금 수급연령인 65세까지 사회연금(social pension)을 지급하도록 하고 있다. 수급자격은 60세 이상의 실업자로서 동시에 공공부조의 수혜대상자로 하고 있다. 이 경우 보험료의 납부 없이 65세까지 기초연금제도

(basic pension system)에 가입한 것으로 인정해 주고 있다. 스웨덴의 실업보험의 경우 노령의 실업자에 대해서 60세 이전 최장 21개월까지 실업급여가 지급되고 있다(Wadensjö, 1991).

급여수준을 살펴보면 독일의 경우 실업급여는 부양자녀의 유무에 따라 각종 공과금을 공제한 해당 당사자의 실업전 평균소득의 67% 또는 60%가 각각 지급된다. 반면 영국과 스웨덴의 경우 당사자 소득의 고저와 상관없이 정액의 형태로 실업급여가 지급되며, 영국의 제도는 부양가족이 있을 경우 추가로 가족수당을 지급하고 있다. 일반적으로 정액급여의 경우 임금대체율이 저임금 근로자에게 상대적으로 높게 되어, 실업보험제도를 통한 조기퇴직 유인효과는 저소득계층에서 높게 나타나게 된다.

실업보험제도를 통한 실업급여 이외에도 관련국가에서는 공공부조적 성격인 실업부조제도를 별도로 두고 있다. 이는 실업보험의 급여기간을 초과하여 계속적으로 실업상태에 있는 자에 대한 소득보전을 위하여 실시되고 있으며 필요재원은 일반재정에서 충당된다. 영국과 스웨덴의 경우 실업부조는 실업급여에서처럼 정액으로 지급되며, 독일의 경우 부양자녀의 유무에 따라 각각 종전 순소득의 57% 또는 53%가 지급된다. 그리고 급여기간을 살펴보면 독일과 영국의 경우 기간의 제한이 없는 반면, 스웨덴의 경우 300일로 그 기간이 한정되어 있다.

일반적으로 실업급여와 실업부조는 해당 당사자의 근로의사와 적극적인 구직활동을 수급요건으로 하고 있으나, 노령의 실업자에 대해서는 이러한 요건을 상당부분 완화해 주고 있다. 따라서 재취업의 기회가 희박한 노령 실업자의 경우 실업은 조기퇴직의 포괄적 단계로 이해되어 질 수 있을 것이다.

이상에서 살펴본 바와 같이 관련국가에서는 노령의 실업자에 대해 실업급여 지급기간을 연장 또는 수급요건을 완화하여 노령연금 수급시까지의 경과기간 동안 소득보장의 결함문제를 해소해 주도록 노력하고 있다. 나아가 각국의 실업부조제도는 이러한 경과기간을 더욱 확대하여 조기퇴직의 시점을 앞당겨 주는 역할을 하고 있다.

둘째, 건강경로를 통한 조기퇴직의 경우 공적연금의 수급시까지 해당 당사자의 소득보장문제는 사용주의 소득보장 의무규정 그리고 의료보험의 상병급여를 통하여 해결된다. 이와 관련하여 독일의 경우 근로자의 상병시 최초 6주간 기업주가 당사자의 종전소득 전액을 보전해 주도록 하고 그 이상의 상병기간에 대해서는 의료보험에서 소득상한 이내의 범위에서 당사자 종전소득의 80%를 지급하게 된다. 이 때 상병급여의 지급기간은 제한이 없으나, 다만 동일한 질병에 대해서는 최고 1년 반을 초과할 수 없도록 되어 있다. 반면 영국에 있어서 상병급여는 최고 28주로 제한되어져 있으며,[17] 급여는 소득등급을 이분화하여 차등지급된다. 스웨덴의 경우 상병수당은 최고 1년을 초과하지 못하도록 되어 있으며, 이 경우 기업에서 추가적으로 수당이 지급된다. 따라서 스웨덴에서는 상병시 대략 종전소득수준에 상응하는 보장이 이루어지고 있다(Wadensjö, 1991).

일반적으로 노령근로자의 경우 신체상의 결함 또는 질병으로 인해 장기간 동안 근로를 중단하고 상병급여 등 소득보조를 받게 될 경우 종국에는 장해연금을 수급해 조기퇴직을 하게 될 것이다. 그리고 해당국가의 경우 상병급여는 장해연금보다 높게 책정돼 있어 비용경감의 차원에서 재취업의 가능성이 희박한 노령의 만성 질환자에 대해서는 장해연금의 수급요건을 완화해 주고 있다.

셋째, 기업경로를 통한 조기퇴직의 경우 소득보장문제는 주로 기업내부에 마련된 기업연금제도를 통하여 해결이 되고 있다. 즉 기업은 기업연금의 수급요건을 완화하여 노령근로자의 조기퇴직을 유도하고, 이를 수락할 경우 추가적으로 급여액을 상향조정시켜 줌으로써 기업내 잉여인력을 감축하려고 노력하고 있다. 그러나 기업연금을 통한 종사근로자의 조기퇴직유도는 해당 기업에게 상당한 비용부담으로 작용하게 될 것이므로 기업내 특정집단에 대해서만 선별적으로 이루어지게 된다.

기업연금을 통한 조기퇴직 유인효과는 기업연금이 노후소득에서 차지하는 비중이 높을수록 크게 나타날 것이다. 이와 관련하여 연금수급자 가구소득 중 기업연금이 차지하는 비중은 1980년의 경우 평균적으로 볼 때 영국이 20%로 가장 높고[18] 독일 13% 그리고 스웨덴 1% 미만의 순으로 나타나고 있다

---

17) 질병상태가 28주를 초과할 경우 자동적으로 장해연금이 지급된다.

18) 노령의 연금수급자 가구의 소득원 가운데 기업연금이 차지하는 비율이 영국의 경우 가장 높게 나타나고 있는 사실은 무엇 보다도 영국 추가연금제도의 특징을 반영하는 것으로 판단된다. 즉 영국의 경우 다른 국가에 비해 기업연금제도가 상당히 발전되어 왔으며, 1978년 국가책임 하의 추가연금제도를 도입할 당시 이러한 점을 감안하여 기업에게 공적연금제도와 기업연금제도 중 하나를 선택할 수

(OECD, 1988). 실제로 영국의 경우 1983년 60세 이상 65세 미만 남성 근로자의 17% 가량이 기업연금의 수급을 통하여 기업으로부터 조기에 퇴직을 하였다(Laczko and Phillipson, 1991). 그리고 기업연금은 주로 대기업과 사무직의 근로자를 대상으로 실시되고 있어 기업연금을 통한 조기퇴직은 소득수준이 상대적으로 높고 고용조건이 안정된 집단에서 주로 나타나고 있다. 반면 독일과 스웨덴의 경우 노후소득 중 공적연금이 차지하는 비중이 상대적으로 높아[19] 기업연금 자체만으로 노령근로자의 조기퇴직을 유인하는 효과는 극히 미미하다. 따라서 이들 국가에서는 실업 또는 장기질병 등으로 노령근로자가 근로를 중단하고 사회보험급여를 수급할 경우 추가적으로 기업연금의 급여액을 상향조정해 줌으로써 당사자의 조기퇴직을 유도하고 있다.[20]

5. 조기퇴직의 경제사회적 파급효과

고도실업현상이 만성화되고 있는 서구선진국에 있어서 노령근로자의 조기퇴직을 유도하기 위한 일환으로써 사회보장제도의 성격이 변화하고 있다. 원래 특정한 사회적 위험(실업, 질병, 노령, 장해, 빈곤 등)에 대처하기 위해 마련된 개별 사회보장제도가 노령근로자의 조기퇴직을 유도하기 위한 보편적인 수단으로 활용되고 있다. 이에 따라 법적으로 정해진 정규노령연금의 수급연령과 노령근로자의 실제 퇴직연령 간의 괴리가 점차적으로 커져 가고 있다. 노령근로자의 조기퇴직은 앞에서 살펴본 바와 같은 노동시장정책적 효과뿐만 아니라 국가의 제반 정책적 분야에서도 많은 파급효과를 미치게 된다. 이러한 점을 감안하여 아래에서는 조기퇴직의 파급효과를 경제정책적, 그리고 사회정책적 의미로 구분하여 살펴보고자 한다.

있는 자격(contracting-out)을 부여하였다. 이에 따라 현재 전체 근로자의 절반 가량이 추가연금제도 대신 기업연금제도에 가입하고 있다(Kohl, 1988).

19) OECD(1988)의 통계자료에 의하면 연금수급자 가구의 전체소득 중 사회보험급여가 차지하는 비율을 살펴보면 1980년 독일과 스웨덴의 경우 83%인 반면, 영국의 경우 62% 수준에 불과하다.

20) 일례로 독일의 경우 기업은 해고방지규정(Kündigungsschutzregelung)과의 마찰을 피하기 위하여 노령의 종사근로자와 공모하여 실업급여를 수급하도록 유도하고, 이 경우 추가적으로 기업연금 또는 퇴직금을 일정부분 상향조정해 주고 있다.

1) 조기퇴직의 경제적 파급효과

노령근로자의 조기퇴직은 경제적인 의미에서 긍정적인 측면과 부정적인 측면을 동시에 가지고 있다. 먼저 조기퇴직의 긍정적인 점은 다시 기업과 국가의 측면으로 나누어 살펴볼 수 있다. 기업의 측면에서 노령근로자의 조기퇴직은 인건비의 절감, 인사적체현상의 해소, 기업내 인적구성의 연소화, 그리고 대외경쟁력 강화 등에 기여를 하게 된다. 그리고 국가의 측면에서도 노령근로자의 조기퇴직과 이로 인하여 생기게 되는 공석을 젊은 실업자에게 제공하게 될 경우 이는 고도실업에 따른 정치적 부담의 경감은 물론 사회전체 생산성의 제고와 함께 경제성장에도 긍정적인 방향으로 작용하게 된다.

다음은 조기퇴직의 부정적인 점으로서 이는 인적자본에 대한 활용기간 (period of armortisation)의 단축을 의미하며, 사회적으로 심각한 낭비요인으로 작용하게 된다. 그리고 개인 및 사회평균적인 소비와 저축수준은 노령근로자의 퇴직행태 및 노령화 추세에 의해 영향을 받게 될 가능성이 있다(Hagemann and Nicoletti, 1989). 왜냐하면 노령인구 또는 연금수급계층의 한계소비성향은 경제활동중인 젊은 계층에 비해 상대적으로 높게 나타나기 때문이다. 따라서 조기퇴직경향의 심화는 장기적으로 국내저축률의 감소를 가져와 이에 따른 투자재원의 부족은 경제성장의 둔화로 작용하게 될 것이다.

일반적으로 조기퇴직은 비소득활동기간의 연장을 의미하며, 따라서 이 기간동안 해당 당사자의 소득보장을 위한 추가적인 비용을 수반하게 된다. 이러한 비용의 부담문제와 관련하여 노·사·정 당사자 간 첨예한 이해의 대립현상이 나타나고 있다(Casey, 1989). 먼저 조기퇴직에 따른 비용을 해당 당사자인 노령근로자가 부담하게 될 경우, 이는 심각한 노후빈곤문제를 초래할 우려가 있다. 특히 노령시기의 빈곤은 자력에 의한 현실극복 기회의 영구적인 상실 (irreversibility of poverty)을 의미하게 되며, 따라서 이는 생존권의 만성적 위협으로 작용하게 된다는 점에서 그 심각성이 제기되고 있다. 다음으로 조기퇴직에 따른 비용을 기업이 부담하게 되는 경우가 있다. 이 경우 근로자의 조기퇴직은 기업에게 과도한 비용부담을 초래하게 되므로, 해당기업은 명예퇴직제도 등을 도입하여 선별적으로 종사근로자의 조기퇴직을 유도하게 될 것이다. 이러한 현상은 근로자의 해고에 대한 법적규제가 엄격하고 또한 노동조합의 영향력이 큰 국가에서 주로 나타나고 있다. 마지막으로 조기퇴직의 비용을 사회보장제도가 부담하는 경우가 있다. 이러한 현상은 고도실업에 따른 정치적인 부담을 경감하기 위한 일환으로서 국가정책적 차원에서 노령근로자의 조기퇴직을 적극적으로 추진하게 될 경우 주로 발생하게 된다. 그러나 이는 노동시장 수급불균형과 관련한 문제를 사회보장제도로 전가, 즉 비용의 외부화(externality) 문제를 야기하여, 보험료 또는 조세의 주된 부담주체인 경제활동인구의 반발은 물론 기업의 대외경쟁력 저하를 초래할 우려가 있다.

2) 조기퇴직의 사회적 파급효과

조기퇴직의 사회정책적 의미와 관련하여 다음과 같은 의문을 제기해 볼 필요가 있다. 즉 조기퇴직제도의 주된 수혜계층이 누구이며, 동시에 이 경우 실제 수혜자에게 경제적으로 어떠한 파급효과가 있는가 하는 문제이다.

이러한 문제를 살펴보기 위하여 다음의 <표 4>는 독일의 공장직과 사무직 근로자 연금제도에 있어서 제반 연금수급제도의 수혜자가 공히 70세에 도달하였을 때의 연금수준을 성별로 구분하여 상호비교하고 있다. 비교의 기준으로서 여기서는 해당 연금수급제도를 선택한 전체 수급자의 평균연금액을 표준소득 근로자(Eckrentner)의 연금액[21]으로 나눈 비율을 채택하고 있다. <표 4>에서 우리는 다음과 같은 사실을 발견할 수 있다:

① 65세 이전 연금을 조기에 수급한 자의 평균연금액이 정규노령연금 수급자 또는 정규노령연금의 수급권을 유보하여 계속근로를 하고 65세 이후에 연금을 수급한 자의 평균연금액보다 월등히 높다.[22]

② 연금수급제도별로 살펴볼 때 사무직 근로자의 평균연금액이 공장직 근로자의 경우보다 높게 나타나고 있다.

③ 여성의 평균연금액이 남성의 경우보다 현저하게 낮게 나타나고 있다.

---

21) 독일에 있어서 표준소득 근로자의 연금액이란 공적연금제도에 40년동안 가입하고, 가입기간중 매년 전체가입자 평균임금에 상응하는 소득수준에 있었던 자가 65세 도달하였을 때 받게 되는 연금액을 의미한다.
22) 독일의 경우 해당 근로자가 희망을 할 경우 최고 67세까지 공적연금제도의 가입을 허용해 주고 있다. 이 때 연금수급권의 보류에 따른 연금액의 증액은 매년 7.2%씩 이루어지게 된다.

<표 4> 표준소득 근로자의 연금액 대비 개별 연금수급제도 수혜자의
평균연금액 비율, 1988년

(단위: %)

공적연금제도	수급개시연령	연금수급제도	남성[1]	여성[1]
공장직 근로자 연금제도	60세	실업자 특례노령연금	115	32.4
	60세	장해 근로자 특례노령연금	116.6	52.8
	60세	여성 근로자 특례노령연금	-	38.0
	63세	자율노령연금	120.7	45.2
	65세	정규노령연금	81.2	22.6
	65세 이후	정규노령연금 유보자의 연금	76.3	26.8
사무직 근로자 연금제도	60세	실업자 특례노령연금	133.6	47.7
	60세	장해 근로자 특례노령연금	139.4	91.8
	60세	여성 근로자 특례노령연금	-	78.7
	63세	자율노령연금	146.1	86.1
	65세	정규노령연금	104.3	39.1
	65세 이후	정규노령연금 유보자의 연금	112.7	47.5

주: 1) 각종 연금수급제도의 전체 수혜자가 70세에 도달한 시점을 기준으로 해당년도
　　 표준소득자의 연금액과 비교한 수치임.
자료: VDR, *Statistik Rentenbestand*, 1988

이상에서 살펴볼 때 독일의 경우 조기노령연금제도의 주된 수혜계층은 기
대 연금액이 높은 남성 근로자집단(특히 사무직 근로자)에서 나타나고 있음을
알 수 있다. 이러한 현상은 다음과 같은 제도적인 요인에 기인하고 있다. 첫째,
조기노령연금의 수급시 실제 연금액의 감액이 보험수리원칙에 의한 조정률보
다 월등히 낮은 수준에서 이루어지고 있다는 점이다. 이에 따라 조기연금수급
자에게는 실제로 납부한 보험료 총액보다 추후 받게 될 총 기대연금액이 높아
지게 되는 것을 의미하게 된다. 그리고 연금수급시점별 수익율의 변화를 살펴
보면 가급적 빠른 시점에서 연금을 수급하게 될 경우 당사자의 경제적 이익
(즉 수익률)이 극대화 될 수 있게 된다.[23] 둘째, 연금의 조기수급은 연금가입기
간의 단축에 따른 절대 연금액의 하락과 함께 노후빈곤을 초래할 위험이 있다

---

23) 수지상등의 원칙을 완화하여 적용하게 될 경우 각 개개인에게 있어서 연금수급
　　 개시시점별 보험료 납부와 연금의 수혜 간의 관계에서 나타나게 되는 수익률의
　　 변화는 그 시기가 늦춰질 수록 하락하게 된다. 미국 공적연금제도에 있어서 이러
　　 한 연금수급시점별 특정 가입자의 부담과 수혜간의 관계의 변화에 대한 논문으
　　 로 Burkhauser and Quinn, "American Patterns of Work and Retirement," 1989
　　 참조

는 점이다. 따라서 수익률의 극대화와 노후빈곤문제를 극복하기 위한 적절한 연금수급권의 확보라는 두 가지 상반된 목표체계하에서 소득수준이 상대적으로 높고 별도의 노후대비를 마련해 둔 노령근로자가 주로 연금의 조기수급에 따른 경제적 이익을 도모하게 될 것이다. 셋째, 근로소득과는 달리 연금소득에 대해서는 상대적으로 높은 세금공제와 사회보험료 납부면제의 혜택이 부여되고 있다는 점이다. 따라서 순소득을 기준으로 볼 때 임금소득과 연금소득 간의 격차가 크게 나타나지 않게 된다.24) 종합해보면 독일의 경우 조기연금수급자에 대한 보험수리원칙의 완화와 연금에 대한 각종 제세 공과금의 면제는 수혜자에게 상당한 경제적 혜택을 제공해 주고 있으며, 나아가 실제 수혜계층이 주로 소득수준이 높은 남성근로자라는 점에서 사회정책적 측면에서 부정적 요인으로 대두되고 있다.

독일과는 달리 영국의 경우 조기퇴직의 주된 대상이 저소득의 노령근로자가 되고 있다. 이에 대한 주된 이유로서 영국에는 근로자에 대한 해고방지규정이 미비되어 노령근로자의 조기퇴직에 기업의 영향력이 크게 작용하고 있다는 점을 지적할 수 있다.25) 즉 해고방지규정의 미비는 근로자 간 노동시장 참여기회의 불평등으로 작용하게 되어 교육수준 및 생산성이 높은 소수의 중심부 근로자에 대해서는 장기간동안의 고용안정과 함께 높은 임금이 제공되고 있는 반면, 대다수 미숙련의 노령근로자에 대해서는 고용의 중반기 이후부터 이미 조기해고의 위협이 상존하게 된다. 나아가 영국의 경우 노령기 직업상실에 따른 소득보장의 문제를 흡수하기 위한 특례노령연금제도의 결여와 낮은 실업급여수준으로 인하여 해당 계층의 노후빈곤문제가 심각하게 대두되고 있다(Lawson, 1987).

스웨덴은 특유의 완전고용정책에 기반을 둔 복지국가이념에 따라 노령기 근로자에 대해 고용안정화 정책을 실시함으로써, 조기퇴직에 따른 경제사회적

---

24) 공적연금제도에 40년(45년)동안 가입한 표준소득 근로자(Eckrentner)에 대한 연금의 임금대체율은 순소득을 기준으로 해서 볼 때 1989년의 경우 64.3%(72.4%)에 달하고 있다(Bundesminister für Arbeit und Sozialordnung, 1991).

25) 해고방지법에 의거 근로자의 해고를 엄격하게 규제하고 있는 스웨덴, 독일과는 달리 영국에는 근로자의 해고와 관련하여 1966년에 제정된 잉여인력 해고보상법(redundancy payment act)이 있다. 이 법은 근로자의 해고에 대한 기업의 자율권을 일정부분 보장해 주고, 대신 해고예고기간과 퇴직급여의 수준을 해당 근로자의 종사기간과 연령에 따라 차등화하도록 규정하고 있다.

폐해를 극소화하려 하고 있다. 이에 대한 대표적인 사례로서 부분연금제도를 지적할 수 있는데, 동제도는 노령에 따른 체력의 저하를 감안하여 근로시간을 단축할 수 있도록 해 주고 임금보조금 형태의 부분연금을 지급함으로써 노령근로자의 장기근로에 효과적으로 기여를 하고 있다. 이러한 노령계층에 대한 고용정책의 효과는 앞의 <표 2>에서 살펴본 바와 같이 스웨덴 노령인구의 경제활동 참가율이 비교대상국 가운데 월등하게 높게 나타나고 있다는 점에서 입증되고 있다. 그리고 노령계층에 대한 적극적인 고용안정정책의 실시에 따른 사회보장정책적 효과로서 스웨덴의 경우 65세 이상 전체 노령인구에서 공공부조를 수혜하고 있는 자의 비율이 2% 이내로 전체 서구선진국 가운데 가장 낮다는 점을 지적할 수 있다(Kohl, 1988).

위에서 언급한 스웨덴의 노령계층에 대한 고용정책의 장점에도 불구하고 이는 다음과 같은 측면에서 문제점을 제기하고 있다. 첫째, 근로자의 고용안정을 위한 시간제 근로제도의 권장으로 인하여 노령기 근로자의 평균근로시간이 단축되어 가고 있다는 점이다. 일례로 60세 이상 65세 미만 노령근로자 가운데 전시간 근로자가 차지하는 비율이 1970년 70%에서 1985년 50%로 현격하게 감소하고 있다(Kruse and Söderström, 1989). 둘째, 생산성이 저하된 노령근로자에 대한 장기고용정책으로 인하여 해당 기업은 물론 사회전체적인 생산성이 둔화되고 있다는 점이다. 셋째, 완전고용을 추구하기 위한 정부주도의 지속적인 팽창정책의 부작용으로 만성적인 인플레 현상과 함께 전체산업에 대한 국가부분의 비율이 점차적으로 높아져 가고 있다는 점을 지적할 수 있다.[26]

6. 결론

1970년대 중반 이후 세계경제의 전반적인 침체에 따른 노동수요의 절대적 감소 그리고 베이비 붐(baby-boom) 세대의 대규모적인 노동시장진입으로 인한 노동공급의 과잉현상은 고도실업현상을 초래하였다. 나아가 급속한 산업화 및 기계화 그리고 기업의 경영합리화에 따른 노동수요의 감소추세는 고도실업

---

26) 일례로 1988년의 경우 스웨덴 전체 3차산업 가운데 국가부분이 차지하는 비율은 대략 60%에 달하고 있다(Kruse and Söderström, 1989).

현상의 장기화로 작용하고 있다. 이러한 상황하에서 특히 경제활동의 후반기에 있는 노령근로자의 노동시장여건이 지속적으로 위협을 받고 있다.

이상에서 언급한 사항을 고려해 볼 때 만성적인 고도실업의 위협에 처해 있는 산업화 후기사회에 있어서 경제활동의 후반기에 있는 근로자의 고용불안정은 해당 국가별로 그 정도에 있어서 다소간의 차이에도 불구하고 공통적으로 나타나고 있는 현상으로 인식되어질 수 있을 것이다. 그러나 노령근로자에 대한 고용정책은 실업률의 축소라는 정책적 목표와의 밀접한 상관관계로 인하여 해당 국가별로 상이하게 수립되어 왔으며, 따라서 그로 인한 파급효과 또한 서로 상이하게 나타나고 있다.

먼저 독일은 공적연금 및 기타 사회보장제도에 다양한 조기퇴직 프로그램을 설치하여 이를 고도실업의 위협에 대한 대처방안으로 활용하고 있다. 다음으로 영국은 고도실업현상에도 불구하고 노동시장에 대한 국가의 정책적 개입을 자제하였고, 따라서 노동시장정책과 사회보장정책간 상호 연계성이 미약하다는 점이 독일과는 다른 특징으로 지적되고 있다. 끝으로 스웨덴은 고도실업의 위험을 적극적인 고용창출정책의 일환으로서 경기부양정책을 통한 노동수요 부족분의 보전은 물론 사회보장제도와의 밀접한 관계하에서 노령기 근로자의 장기고용을 유도하고 있다.

이상에서는 독일, 영국 그리고 스웨덴에서 공통적으로 나타나고 있는 노령기 근로자의 고용불안정현상과 이에 대한 개별국가의 정책적 대응을 중심으로 살펴 보았다. 이러한 국가와 마찬가지로 우리나라의 경우에도 기업으로부터의 조기해고, 명예퇴직 나아가 공적연금 수급연령과 정년연령의 괴리 등을 고려해 볼 때 노령기 근로자의 고용불안정현상이 심각한 사회문제로 대두되고 있음을 알 수 있다. 특히 노령기 고용의 불안정에 따른 조기퇴직은 노후빈곤문제의 대량화를 초래할 우려가 있으며 따라서 고용안정을 위한 정부의 적절한 정책적 대응이 요구되고 있다. 이러한 점에서 노령기 근로자의 고용정책과 이에 대한 사회보장정책적 대응과 관련한 독일, 영국 그리고 스웨덴의 경험은 향후 우리나라 정책방향의 설정에도 상당한 시사점을 줄 수 있을 것이다.

참고문헌

국민연금관리공단. 1995, 「스웨덴 연금제도의 최근동향」, ≪연금동향≫ 제97호.

Bundesminister für Arbeit und Sozialordnung. 1991, *Übersicht über die Soziale Sicherheit*, Bonn.

Burkhauser, R. and J. Quinn, 1989, "American Patterns of Work and Retirement," in W. Schmähl(ed.), *Redifining the Process of Retirement: An international Perspective*, Heidelberg/Berlin.

Calcoen, F., L. Eeckhoudt und D. Greiner. 1988, "Leistungen bei Arbeitslosigkeit, Sozialschutz und Beschäftigungspolitik: ein internationaler Vergleich," in *Internationale Revue für Soziale Sicherheit*, Jg. 61.

Casey, B. 1989, "Early Retirement: the Problems of "Instrument Substitution" and "Cost Shifting" and their Implication for Restructuring the Process of Retirement," in W. Schmähl(ed.), *Redifining the Process of Retirement: An international Perspective*, Heidelberg/Berlin.

Conradi, H., K. Jacobs und W. Schmähl. 1987, "Vorzeitiger Rentenbezug in der Bundesrepublik Deutschland," in *Sozialer Fortschritt*, Jg. 36.

Gohl, H. 1984. "Die Entwicklung von Altersrenten und Vorruhestandsregelungen in westlichen Industriestaaten: Entwicklung und Grundzüge der Alterssicherung in Großbritannien bzw. in Schweden," in *Mitteilungen der LAV-üttemberg*.

Hagemann, R. and G. Nicoletti. 1989, "Population Aging: Economic effect and some policy implication for financing public pensions," in *OECD Economic Studies*, Nr. 12/Spring.

Helberger, Chr. 1984, "Notwendigkeit und Möglichkeiten der Reform der GRV-Leistungsseite," in H. Lampert und G. Kühlewind(ed.), *Das Sozialsystem der BRD: Bilanz und Perspektiven*, Beitrag AB, Bd. 83, Nürberg.

______. 1987, *The Impact of Exit on the Labor Market*.

______. 1988, "Staare Sozialversicherungssysteme für flexibilisierte Arbeitsmärkte?- Möglichkeiten und Probleme einer Flexibilisierung der Gesetzlichen Rentenversicherung," in G. Rolf, P. B. Spahn und G. Wagner(eds.), *Sozialvertrag und Sicherung: Zur ökonomischen Theorie staatlicher Versicherungs- und Umverteilungssysteme*, Frankfurt/New York.

Jacobs, K. und M. Kohli. 1990, "Der Trend zum frühen Ruhestand-die Entwicklung der Erwerbsbeteiligung der Älteren im internationalen Vergleich," in *WSI-Mitteilungen*, Jg. 43, Hf. 8.

Jacobs, K., M. Kohli and M. Rein. 1991, "Germany: The Diversity of Pathway," in M. Kohli, M. Rein, A.-M. Guillemard and H. van Gunsteren(eds.), *Time for Retirement; Comparative Studies of Early Exit from the Labour Force*, Cambridge/New York.

Jacobs, K. und W. Schmähl. 1988, "Der Übergang in den Ruhestand-Entwicklungen, Öffentliche Diskussion und Möglichkeiten seiner Umgestaltung," in *Mitteilungen des Instituts für Arbeitsmarkt-und Berufsforschung*, Bd. 21.

Kohl, J. 1988, "Alterssicherung in Westeuropa: Strukturen und Wirkungen," in M. G. Schmidt(ed.), *Staatstätigkeit; International und historisch vergleichende Analysen, politische Vierteljahresschrift*, Sonderheft 19.

Kohli, M. and M. Rein. 1991, "The Changing Balance of Work and Retirement," in M. Kohli, M. Rein, A.-M. Guillemard and H. van Gunsteren(eds.), *Time for Retirement: Comparative Studies of Early Exit from the Labour Force*, Cambridge/New York.

Kruse, A. and L. Söderström. 1989, "Early Retirement in Sweden," in W. Schmähl(ed.), *Redifining the Process of Retirement-An international Perspective*, Heidelberg/Berlin.

Kühlewind, G. 1986, "Beschäftigung und Ausgliederung älterer Arbeitnehmer: Empirische Befunde zu Erwerbsbeteiligung, Rentenübergang, Vorruhestandsregelung und Arbeitslosigkeit," in *Mitteilungen aus der Arbeitsmarkt-und Berufsforschung*, Jg. 19, Hf. 2.

Laczko, F. and C. Phillipson. 1991, "The Contradiction of Early Exit," in M. Kohli, M. Rein, A.-M. Guillemard and H. van Gunsteren(ed.), *Time for Retirement; Comparative Studies of Early Exit from the Labour Force*, Cambridge/New York.

Lawson, R. 1987, "Gegensätzliche Tendenz in der Sozialen Sicherheit: Ein Vergleich zwischen Großbritannien und Schweden," in *Zeitschriften für ausländisches und internationales Arbeits-und Sozialrecht*.

Mincer, J. 1985, "Intercountry Comparison of Labor Force Trends and of Related

Development: An Overview," in *Journal of Labor Economics*, Vol 3, Supplement.

Mirkin, B. A. 1987, "Early Retirement: an international overview," in *Monthly Labor Review*, Vol. 110, Nr. 3.

Müller, H.-W. 1983, "Zur Herabsetzung der Altersgrenze," in *Deutsche Rentenversicherung*, Hf. 2-3.

National Social Insurance Board. 1991, *Social insurance statistics: Facts 1990*.

OECD. 1988, *Reforming Public Pensions*, Paris.

Sorrentino, C. 1983, "International Comparison of labor force participation, 1960-1981," in *Monthly Labor Review*, Vol.106.

Wadensjö, E. 1991, "Sweden: Partial Exit," in M. Kohli, M. Rein, A.-M. Guillemard and H. van Gunsteren(eds.), *Time for Retirement: Comparative Studies of Early Exit from the Labour Force*, Cambridge/New York.

통계자료

OECD. 1990, 1995, *Labour Force Statistics*, Paris.

VDR. 1988, *VDR Statistik: Rentenbestand 1. 1. 1988*, Bd. 80.

VDR. 1994, *Rentenversicherung in Zahlen: Ausgewählte statistische Daten*, Stand Nov.

한림대학교 사회복지연구소 소개
(1996년 4월 현재)

강원도 춘천시 옥천동 1번지(우 200-702)
Tel: 0361-58-1940, 1331
Fax: 0361-52-3424

1. 연구소의 설립 목적

한림대학교 부설 사회복지연구소는 한국사회의 급격한 변화에 따라 발생하는 다양한 사회적 욕구와 이의 충족을 위한 사회복지정책 및 사회복지 실천 방법을 과학적으로 연구하기 위하여 1989년 8월 1일에 설립되었다. 본 연구소는 사회복지학이 내포하고 있는 응용과학적 성격을 활용하기 위하여 인접 과학인 인문과학과 사회과학 일반 분야와의 학제 간 교류와 접근을 주된 연구 활동 방향으로 설정하고 있다. 특히 사회복지부문의 세계적 확장 추세와 한국사회의 사회복지부문 확대 경향에 따른 한국형 사회복지모델의 개발을 위하여 비교론적 시각에 입각한 연구 지향을 강조하고 있다.

이러한 연구 관점에 입각하여 본 연구소에서는 ① 한국 사회복지부문에 관한 기초연구와 ② 한국과 다른 국가 간의 비교연구를 통해 사회복지관련 이론과 실천에 관한 지식과 경험을 축적하고 보급하는 것을 목적으로 한다. 이상의 연구를 위하여 본 연구소에서는 각종 경험적 연구를 수행하고, 세미나와 집담회를 개최한다. 또한 본 연구소의 설립 목적에 부응하기 위하여 연구소 발간 학술지인 ≪비교사회복지≫를 간행하고 있으며, 이 학술지는 비교연구 접근을 주된 연구방법으로 하는 국내 유일의 전문 사회복지학술지이다.

2. 연구 중점 분야

① 사회복지이론 연구

1980년대 복지국가위기론 이후 증대하고 있는 사회복지이론 개발 연구를 활성화하며, 이를 위하여 학제 간 연구를 활성화한다. 이를 통하여 사회복지관련 일반이론의 개발과 함께 서구 중심 사회복지이론의 한국사회 적합성을 검증한다.

② 비교연구

비교사회복지연구를 통한 사회복지정책 및 제도 간의 이해 확장과 한국형 사회복지 모델 개발에 노력한다. 특히 통일 후 독일이 경험한 사회보장체계 변화와 이의 교훈을 토대로 통일한국의 사회보장체계 개발에 역점을 둔다.

③ 사회복지실천 연구

사회적 요보호계층의 욕구에 대한 과학적 조사와 접근을 통해 전문적 사회복지실천 과 개입기법을 개발, 연구한다. 또한 보편적 사회복지 서비스의 개발과 함께 이의 효과 적 전달을 위한 사회복지전달체계의 개발에 역점을 둔다.

④ 지역사회연구

지방자치제의 실시와 지방분권화에 따른 지역사회 중심의 사회복지모델의 수립을 위하여 춘천지역을 중심으로 하는 지역사회복지 분야를 연구한다. 또한 강원, 춘천지역 의 지역사회개발을 위한 사회복지부문 계획의 수립에 적극 참여한다.

3. 출판물

한림대학교 사회복지연구소 편. 1991, ≪비교사회복지≫ 제1집, 을유문화사.
한림대학교 사회복지연구소 편. 1993, ≪비교사회복지≫ 제2집, 을유문화사.
한림대학교 사회복지연구소 편. 1996, ≪비교사회복지≫ 제3집, 한울.
한림대학교 사회복지연구소 편. 1996, 『춘천복지리포트』, 한림대학교 출판부.
한림과학원 편. 1993, 『복지국가의 현재와 미래』, 나남(이 책은 1991년 11월에 본 연
　　　구소와 한림과학원이 공동주최한 학술대회의 연구논문을 정리하여 발간).

4. 연구보고서

한림대학교 사회복지연구소. 1993, 「한국 사회복지전달체계의 정립방안에 관한 연구
　　　─춘천시를 중심으로」.
한림대학교 사회복지연구소. 1994(3), 「춘천시 저소득층 최저생계비 계측조사연구」.
한림대학교 사회복지연구소. 1996(6), 「사회문제의 사회복지학적 접근」.

5. 학술대회

<복지국가의 현재와 미래─비교론적 시각>: 1991년 11월 27일 한림과학원과 공동 주최로 한림대학교에서 개최.
<1995년 전기 아동복지학회>: 1995년 3월 31일 한국아동복지학회 주최로 학술대

회 개최.

6. 사회복지연구소 세미나

사회복지연구소는 본격적인 활동을 시작한 1990년 이후 1996년 5월까지 총 24회의
세미나를 개최하였다. 세미나 개최 일자와 발표자는 다음과 같다.

1. 발표자: 송호근(한림대 사회학과)
   주제: 사회정책에 관한 비교사회학적 방법론
   일시: 1990. 2. 28.
2. 발표자: 김태성(한림대 사회복지학과)
   주제: 복지국가 비료의 기준
   일시: 1990. 4. 23.
3. 발표자: 박근갑(한림대 사학과)
   주제: Bismarck의 사회정책의 역사적 성격
   일시: 1990. 6. 11.
4. 발표자: 윤현숙(한림대 사회복지학과)
   주제: 사회사업방법론과 사회복지정책의 관계
   일시: 1990. 6. 20.
5. 발표자: 김원준(경제기획원)
   주제: 한국 경제에서 사회보장의 위치
   일시: 1990. 9. 21.
6. 발표자: 나병균(한림대 사회복지학과)
   주제: 한국의 국가와 사회복지정책
   일시: 1990. 11. 12.
7. 발표자: 이두호(한림과학원 교수)
   주제: 우리나라 사회복지의 과제
   일시: 1990. 11. 19.
8. 발표자: 정연택(독일 Bielefeld 대학교 사회학부 박사과정)
   주제: 비스마르크 산재보험 입법 과정-행위자들의 입장과 결정과정을 중심으로-
   일시: 1991. 4. 8.
9. 발표자: 차흥봉(한림대 사회복지학과)
   주제: 한국의료보험 정책의 형성 및 변화에 관한 이론적 고찰
   일시: 1991. 5. 6.
10. 발표자: 이혜경(연세대 사회복지학과)
    주제: 미국과 일본의 복지국가 비교
    일시: 1992. 5. 13.
11. 발표자: 최균(한림대 사회복지학과)

　　주제: 한국 기업복지의 전개와 사회경제적 성격
　　일시: 1992. 6. 15.
12. 발표자: 성경륭(한림대 사회학과)
　　주제: 자본주의 발전, 정치민주화, 사회복지성장의 역동적 관계
　　일시: 1992. 9. 3.
13. 발표자: 정무권(미국 Indiana대학, 정치학)
　　주제: 국가 자율성, 국가 역량 그리고 공공정책 - 한국 사회보장정책의 발달
　　일시: 1993. 1. 7.
14. 발표자: 남구현(한신대 교수)
　　주제: 한국 사회운동과 민주화
　　일시: 1993. 3. 15.
15. 발표자: 이종찬(아주대 의학과)
　　주제: 우리나라 의료보장정책에 대한 역사사회학적 연구
　　일시: 1993. 5. 18.
16. 발표자: 윤현숙(한림대 사회복지학과)
　　주제: 알콜중독자 문제에 대한 의료사회사업적 접근
　　일시: 1993. 9. 16.
17. 발표자: 김현용(한림대 사회복지학과)
　　주제: 민간사회복지전달체계의 개선방안 - 춘천시를 중심으로 -
　　일시: 1993. 12. 1.
18. 발표자: 오정수(부산여대 사회복지학과)
　　주제: 신보수주의 이념하의 영국복지 국가의 개편전략
　　일시: 1994. 5. 16.
19. 발표자: 박인선(이화여대 박사)
　　주제: 해외입양의 뿌리찾기에 관한 연구
　　일시: 1994. 6. 1.
20. 발표자: 박찬웅(시카고대학 사회학과 박사과정)
　　주제: 복지국가 이론의 재검토
　　An Action-Based Institution Approach on Institutions: An Alternative to Society
　　and State-Centered Approach
　　일시: 1994. 6. 8.
21. 발표자: 이브 생 쥬르(프랑스 뻬르뻬낭대학 교수)
　　주제: 1980년 이후 사회보장의 변화와 전망 - 프랑스 사회보장을 중심으로 -
　　일시: 1994. 9. 26.
22. 발표자: 장춘익(한림대 철학과)
　　주제: 사회정의와 복지
　　일시:1995. 5. 31.
23. 발표자: 김현용(한림대 사회복지학과)
　　주제: 춘천의 21세기 VISION - 사회복지부문 계획 -

일시: 1995. 10. 16.
24. 발표자: 류진석(경상대 사회복지학과)
주제: 최근 우리나라 사회보험제도의 동향
발표자: 정연택(한국노동연구원 연구위원)
주제: 독일 고용보험의 문제점과 한국에의 교훈
일시: 1995. 11. 22.
25. 발표자: 이선우(미국 버클리대학 박사, 서울대 강사)
주제: 미국 사회복지체계의 민영화
발표자: 허준수(미국 SUNY 박사, 한림대 강사)
주제: 미국 노인복지주택의 교훈
일시: 1996. 6. 13.

7. 기타 활동

본 연구소에서는 춘천시 사회복지협의회(1996년 1월 설립)와 공동으로 <춘천사회복지연구회>를 설치, 운영하고 있으며, 현재 2회의 연구세미나를 개최하였다. 이 연구회는 매월 1회의 연구모임을 가질 계획으로 있다.

1. 제1회(특강)
발표자: Chris Cholarusso(미국 New York-Albany 사회사업가)
주제: 사회복지부문에서의 공공과 민간의 역할분담
일시: 1996. 4. 25.
장소: 한림대 신관 제1세미나실
2. 제2회(논문토론)
발표자: 지형구(춘천시 효자1동 사회복지전문요원)
주제: 사회복지전문요원과 일반 사회담당공무원의 업무 책임성 비교
일시: 1996. 5. 30.
장소: 한국복지재단 춘천종합사회복지관 강당

8. 연구소 조직 현황

1) 소장
최 균(한림대 사회복지학과 조교수)
2) 운영위원
김현용(한림대 사회복지학과 교수)
나병균(한림대 사회복지학과 교수)

　　윤현숙(한림대 사회복지학과 부교수)
　　차홍봉(한림대 사회복지학과 교수, 한림대 부총장)
　　허남순(한림대 사회복지학과 교수)
3) 연구위원
　　김영명(한림대 정치외교학과 부교수)
　　김현용(한림대 사회복지학과 교수)
　　나병균(한림대 사회복지학과 교수)
　　나성린(한림대 경제학과 부교수)
　　박근갑(한림대 사학과 부교수)
　　성경륭(한림대 사회학과 부교수)
　　신광영(한림대 사회학과 부교수)
　　윤현숙(한림대 사회복지학과 부교수)
　　장　훈(한림대 정치외교학과 조교수)
　　전광석(한림대 법학과 부교수)
　　차홍봉(한림대 사회복지학과 교수)
　　허남순(한림대 사회복지학과 교수)
4) ≪비교사회복지≫ 편집위원
　　나병균(한림대 사회복지학과 교수)
　　송근원(경성대 행정학과 교수)
　　이혜경(연세대 사회복지학과 교수)
　　최　균(한림대 사회복지학과 조교수)

논문기고안내

1. 본지에 기고할 수 있는 자격은 사회복지학 연구자와 비교사회복지분야에 관심을 가진 연구자를 원칙으로 한다.
2. 제출된 논문은 3인의 편집위원에 의한 심사를 거친 후 게재하며, 편집위원회에서는 논문의 수정을 요구할 수 있다.
3. 연구논문의 분량은 200자 원고지 100매(A4 20장) 내외로 한다.
4. 국한문 혼용이 가능하며, 외국어인 경우 인쇄체를 사용한다.
5. 인명, 지명 등 고유명사는 한글 표시후 괄호 안에 원문자를 사용하고, 숫자는 아라비아 숫자, 도량형은 미터법을 사용한다.
6. 원고는 장, 절 등의 계층표시어를 쓰지않고 Ⅰ., 1., 1), (1), ①의 순으로 정리한다.
7. 문헌의 인용 또는 참고는 본문 해당처에 순서있게 어깨번호를 붙이고 해당 페이지 하단에 각주로 처리함을 원칙으로 하며, 내각주를 사용할 수도 있다.
8. 각주처리방법
   1) 국문(잡지): 저자명, 「제목」, 《잡지명》, 권, 발행처, 발행년도, 인용페이지.
      예) 김현용, 「사회복지서비스의 접근권 보장에 대한 비교연구」, 《비교사회복지》 제2집, 1991, 485-527쪽.
   2) 국문(단행본): 저자명, 『책이름』, 발행처, 발행년도, 인용페이지.
      예) 나병균, 『사회보장론』, 유풍출판사, 1996, 44-53쪽.
   3) 영문(잡지): 저자명, "제목," 잡지명(이텔릭체), 권, 발행처, 발행년도, 인용페이지.
      예) Signified, Anderson, "Analysis in the Social Division of Welfare," *Journal of Social Policy*, Vol.7, No.2, 1978, pp.4-5.
   4) 영문(단행본): 저자명, 책이름(이텔릭체), 발행처, 발행년도, 인용페이지.
      예) Titimuss, Richard M., *Essays on the Welfare State*, Boston: Beacon Press, 1958. pp.66-79.
9. 참고문헌은 논문 말미에 첨부하는 것을 원칙으로 한다.
10. 본지에 게제를 원하는 논문은 심사용원고 3부와 원고내용이 수록된 디스켙 1개를 본 연구소로 우송하여야 한다.

■ 글쓴이들

나병균 한림대 교수, 사회복지학
오정수 충남대 조교수, 사회복지학
유팔무 한림대 부교수, 사회학
이선우 서울대, 한림대 강사
이재열 서울대 조교수, 사회학
이정우 한국보건사회연구원 책임연구원
장 훈 중앙대 조교수, 정치외교학
최 균 한림대 조교수, 사회복지학

비교사회복지 제3집

복지국가 위기와 사회정책의 전망

ⓒ 한림대학교 사회복지연구소, 1996

엮은이／한림대학교 사회복지연구소
펴낸이／김종수
펴낸곳／도서출판 한울

편집책임／오현주
편집／서영심

초판 1쇄 발행／1996년 11월 11일
초판 4쇄 발행／2000년 10월 23일

주소／120-180 서울시 서대문구 창천동 503-24 휴암빌딩 201호
전화／영업 326-0095(대표) 편집 336-6183(대표)
팩스／333-7543
등록／1980년 3월 13일, 제14-19호

Printed in Korea.
ISBN 89-460-2381-3 93330

값 8,000원